Nasr Hamid Abu Zaid

Ein Leben mit dem Islam

HERDER spektrum

Band 5209

Das Buch

Sein Vater, der optimistische Ladenbesitzer, nannte ihn „Nasr" („Sieg"), weil er an den Sieg der Alliierten glaubte. Die anderen im Dorf vertrauten dem Gerücht, der deutsche Führer sei zum Islam übergetreten und heiße Muhammed Hitler. In der einfachen und phantasievollen Welt des Dorfes Quhafa wächst der kleine Nasr auf. Mit drei Jahren wird er zu einem Scheich geschickt, um den Koran zu memorieren. Bald liest er den Bauern die Zeitung aus der großen weiten Welt vor. Schon als Kind ist er respektierter „Träger des Koran", darf sogar in der Moschee zum Gebet rufen. Als Jugendlicher sympathisiert er mit den „Muslimbrüdern". Nach Aufenthalten in USA und Japan lehrt er an der Universität Kairo. Als er 1995 wegen „Ketzerei" angeklagt und von Islamisten mit dem Tod bedroht wird, ist er bereits eine Berühmtheit, und sein Schicksal geht durch die Weltpresse. Erzählung und Reflexion verbinden sich in seinem Buch: Vom Dorf in die Weltstadt, aus dem Orient in die Zentren westlichen Lebens, als Vertriebener im Exil, als Muslim in der Diaspora. Er erzählt von seinen Visionen und Erfahrungen, davon, was ihn als Gelehrten bewegt und was sein Leben als Muslim prägt: Interpretation und Verständnis des Koran, das Verhältnis von Islam und Politik, der Islamismus – und immer wieder sein persönliches Verhältnis zur Religion. Wir alle werden im dritten Jahrtausend mit dem Islam leben, seinen Widersprüchen, seiner prägenden Kraft. Eine der wichtigsten Weltreligionen erhält hier ein faszinierendes Gesicht. „Gerade dieses Buch zeigt, wie wenig Abu Zaid in die gängigen Schablonen west-östlichen Gegensatzes unserer Tage passt. Ein beredtes Zeugnis dafür, dass die Welt doch nicht immer so einfach ist, wie es zuweilen den Anschein haben mag." (Neue Zürcher Zeitung)

Der Autor

Nasr Hamid Abu Zaid, geb. 1943, einer der bedeutendsten islamischen Denker der Gegenwart. Seine Thesen zum Koran, zur islamischen Theologiegeschichte und zum modernen Islamismus haben ihm den Vorwurf der Ketzerei und zahlreiche Morddrohungen eingebracht. Ein ägyptischer Richter verfügte 1995 die Zwangsscheidung von seiner Frau. Seitdem lebt das Ehepaar im holländischen Leiden, wo Abu Zaid Professor für Islamwissenschaften ist. Bei Herder Spektrum in Vorbereitung: Ibn Arabi, Meister der Spiritualität.

Der Herausgeber

Navid Kermani, Dr. phil., geb. 1967, hat Islamwissenschaft, Philosophie und Theaterwissenschaft studiert. Nachdem er zunächst für ein Jahr als wissenschaftliches Mitglied an das Wissenschaftskolleg zu Berlin berufen wurde, wurde ihm 2001 als Ständiges Mitglied die Verantwortung für den am Kolleg angesiedelten Arbeitskreis „Moderne und Islam" übertragen. Zahlreiche Publikationen.

Nasr Hamid Abu Zaid

Ein Leben mit dem Islam

Erzählt von Navid Kermani

Aus dem Arabischen von Cherifa Magdi

HERDER

FREIBURG · BASEL · WIEN

Gedruckt auf umweltfreundlichem,
chlorfrei gebleichtem Papier

Originalausgabe

2. Auflage

www.herder.de
Satz: Rudolf Kempf, Emmendingen
Herstellung: fgb · freiburger graphische betriebe 2002
www.fgb.de
Umschlaggestaltung und Konzeption:
R·M·E München / Roland Eschlbeck, Liana Tuchel
Umschlagmotiv: © Photoarchive Lammerhuber
ISBN: 3-451-05209-1

Bismillâh ar-Rahmân ar-Rahim
Im Namen Gottes, des barmherzigen Erbarmers

1

Mein Vater nannte mich Nasr, weil er Optimist war. Mit seinen Freunden hatte er gewettet, daß die Alliierten den Zweiten Weltkrieg gewinnen. Seine Freunde wie überhaupt die meisten Ägypter hofften auf den Sieg der Achsenmächte – vielmehr hofften sie eigentlich, daß England den Krieg verliert, denn England war damals Besatzungsmacht in Ägypten. Würde Deutschland siegen, so dachten sie, wäre Ägypten frei. Damals kam das Gerücht auf, Adolf Hitler sei zum Islam übergetreten und hieße in Wirklichkeit Muhammad. Das Gerücht verbreitete sich in unserem Dorf in Windeseile, und die Freunde meines Vaters begeisterten sich an der Vorstellung, daß der Muslim Muhammad Hitler die Ägypter aus den Händen der Kolonialisten befreien würde. Nur mein Vater setzte auf den Sieg der Engländer und nannte mich deswegen Nasr, denn Nasr bedeutet auf arabisch „Sieg".

Ich wurde zwei Jahre vor Kriegsende geboren, am 10. Juli 1943, aber das ist wahrscheinlich ein ungenaues Datum. Die Leute auf dem Dorf brauchten damals ein wenig Zeit, um ein Neugeborenes registrieren zu lassen, zum Beispiel weil dafür eine Fahrt in die Bezirkshauptstadt erforderlich war; manchmal verließ man sich darauf, daß die Hebamme das Kind anmeldet, und manchmal hatte man Angst, das Kind könne sterben, und so wartete man ein wenig, um sicherzugehen, daß das Neugeborene am Leben bleiben wird. Wenn das Kind dann endlich angemeldet werden sollte, wußten die Eltern oft nicht mehr genau, an welchem Tag es geboren worden war. Es war ihnen auch nicht so wichtig.

In unserem Dorf Quhafa, das in der Nähe von Tanta, irgendwo im Nildelta zwischen Kairo und Alexandria liegt, war die große Politik ein beliebtes Thema, auch nachdem der Krieg schon lange vorbei war. Die Leute saßen vor ihren Häusern, an der staubigen Hauptstraße oder im Teehaus und diskutierten über Stalin und Winston Churchill. Uns Kindern verschaffte dieses Interesse am Weltgeschehen eine besondere Stellung, denn wir konnten im Gegensatz zu den meisten Erwachsenen lesen und schreiben. Die Erwachsenen kauften die Tageszeitungen und gaben sie uns zum Vorlesen. „Komm her, kleiner Nasr, lies uns vor!" riefen sie, und ich las ihnen mit stolzgeschwellter Brust vor, wie sich in New York die Vereinten Nationen gründeten oder in Kairo eine neue Partei. Es war für sie wie Kino – es gab Gute und Böse, Helden und Verlierer. Und wir waren glücklich, daß wir den Großen etwas voraus hatten.

Das politische Interesse der Leute in unserem Dorf – und die meisten von ihnen waren Bauern – reichte über die Grenzen des Dorfes und sogar des Vaterlandes hinaus. Ich fand daran nichts Besonderes, bis ich 1978 zum Studium nach Amerika ging und regelmäßig gefragt wurde, wo denn dieses Ägypten liege. Sogar von Studenten wurde ich das gefragt. Jeder ägyptische Bauer wußte, was die Vereinigten Staaten, was Hitler und der Zweite Weltkrieg, was die Achsenmächte sind. In jener Zeit, vielleicht war es 1945 oder 1948, erreichte das Radio auch die Kaffeehäuser auf dem Dorf und nahm den Platz des Geschichtenerzählers ein. Die wichtigste Sendung waren die Nachrichten. Die Leute bekamen also ihre Informationen über die Zeitungen, das Radio, die Parteien, aber auch durch diejenigen Dorfbewohner, die jeden Tag zur Arbeit nach Tanta fuhren und denen deswegen großer Respekt entgegengebracht wurde, schließlich kannten sie die – so schien es uns – große weite Welt. Außerdem hatte die Mehrheit der Bauern noch Erinnerungen an die Revolution von 1919, ja sogar an den Orabi-Aufstand von 1882. Die Wafd-Partei hatte die Mehrheit im Parlament, und trotz der Besatzung und der Monarchie herrschte ein liberales Klima. Jede Partei verfügte über ein Büro in unserem Dorf, und die Leute waren entweder Wafdisten, Saadisten oder Verfassungsliberale, sie folgten Saad Zaghlul,

Mustafa an-Nahas oder anderen Politikern in Kairo. Populär waren auch die Muslimbrüder, da sich ihr Büro in unserem Dorf am meisten für die Menschen einsetzte. Im Prinzip strebten sie einen islamischen Staat an, aber in unserem Dorf wurden sie weniger als politische Gruppe wahrgenommen, eher als ein religiöser und karitativer Verein. Ihre Mitglieder waren gewöhnliche Dorfbewohner, die ein anderes Verständnis der islamischen Mission als der Gründer der Muslimbruderschaft, Hassan al-Banna, und seine Nachfolger hatten. Sie kümmerten sich um soziale Belange, religiöse Feierlichkeiten und die Ausbildung der Kinder. Von den übrigen Dorfbewohnern wurden sie „die Sunniten“ genannt, also diejenigen, welche die Sunna und den Koran achteten. Sie boten auch verschiedene Aktivitäten für die Kinder und Jugendlichen an. Anstatt die Kinder auf der Straße spielen zu lassen, schickten viele Eltern sie zu den Muslimbrüdern. Dort wurden sie unterrichtet, und es wurde über ernsthafte Dinge gesprochen.

Das Dorf hatte einen Bürgermeister, den wir *´Umda* nannten. Er wurde von den Behörden in Tanta aufgrund seines Geldes und des Einflusses seiner Familie ernannt. Eine religiöse Funktion oder Autorität hatte er nicht, wie überhaupt Politik und Religion in unserem Dorf getrennt waren; die Verwaltung und die politische Struktur hatte mit den Moscheen und Scheichs nichts zu tun. Weil es in unserem Dorf keine Großgrundbesitzer gab, war auch der *´Umda* weniger reich als in anderen Dörfern. Anders als dort kam es bei uns deshalb nicht zu Auseinandersetzungen und regelrechten Kämpfen zwischen den Getreuen des *´Umda* und den einfachen Fellachen. Der Grundbesitz war zersplittert – zwanzig Feddans waren der größte Besitz und ein pa'ar Qirat der kleinste. Ein Qirat ist der vierundzwanzigste Teil eines Feddan, das sind ungefähr 175 Quadratmeter. Mein Vater gehörte zu dieser Gruppe mit den paar Qirat Land, während dem *´Umda* zwanzig Feddan gehörten. Die sozialen Unterschiede waren geringer als in anderen Dörfern, und so war es in unserem Dorf auch nicht üblich, daß alle Leute aufstanden, wenn sie den *´Umda* sahen. In anderen Dörfern war das fast Gesetz.

Das Leben war einfach. Dem Bauern, dem ein Stück Vieh verendete, ein Wasserbüffel etwa, wurde die Hilfe des ganzen Dorfes zuteil. Außerdem unterstützten die Reichen die Armen, indem sie ihre Almosensteuer entrichteten, vor allem zu den religiösen Festen und im Ramadan. Die Armen arbeiteten dafür bei den Reichen, was ihnen nicht nur Lohn einbrachte, sondern ebenso Lebensmittel, Kleidung und manchmal die Kosten für den Schulbesuch der Kinder. Heute weiß ich, daß es religiöse Wertvorstellungen waren, die für diesen sozialen Ausgleich sorgten und es zum Beispiel verhinderten, daß jemand in unserem Dorf Hunger litt. Wenn wir Kinder hörten, daß ein Wasserbüffel oder eine Kuh verletzt war, freuten wir uns, weil wir wußten, daß das Tier geschlachtet und wir Fleisch zu essen bekommen würden, was keine Selbstverständlichkeit war. Die Dorfbewohner halfen dann nämlich dem Besitzer des Tieres, indem sie ihm gemeinsam das Fleisch abkauften. Dieses soziale System existiert heute nicht mehr.

Mein Vater gehörte zu den wenigen Erwachsenen im Dorf, die lesen und schreiben konnten. Er war in den *kuttâb* gegangen, in die Koranschule, und hatte den Koran und das Alphabet gelernt. Er war ein frommer Mann, der täglich seine fünf Gebete verrichtete. Seine Eltern waren Bauern, aber er selbst besaß einen Laden, als ich auf die Welt kam. Seit meinem siebten Lebensjahr mußte ich ihm im Laden helfen, weil er herzkrank wurde. Wenn ein Kunde etwas verlangte, dann sagte er mir, ich solle es holen. Ich öffnete auch den Laden, so daß er länger zu Hause bleiben und kommen konnte, wann es ihm paßte. Der Laden war für mich wie eine lebendige Enzyklopädie. Mein Vater hatte viele Freunde, nicht nur Bauern, sondern auch Regierungsbeamte mit mittlerer Schulbildung. Sie trafen sich vor dem Laden und diskutierten, ohne mich zu beachten oder überhaupt wahrzunehmen. Sie redeten über alle möglichen Dinge, über Politik, über die Leute im Dorf und auch über Sexualität, über letzteres vor allem in Metaphern. Sie sagten etwa „Soundso ist gestern nach Kafr az-Zayyat gegangen", wenn sie sagen wollten, daß er mit seiner Frau geschlafen hatte; Kafr az-Zayyat war die nördliche Nachbarstadt von Tanta. Nach und nach habe ich die Bilder entschlüsselt. Wenn die Frauen am Morgen das Badewasser mit dem wunderbaren Geruch der Seife vor die Haustür schütteten, war das ein untrügliches Zeichen, daß sie in der Nacht davor mit ihrem Mann geschlafen hatten, ein Zeichen, daß die Nacht schön gewesen war. Einmal fragte ich eine Nachbarin, die morgens das Badewasser vor die Tür schüttete:

„Na! Ist Onkel Mohammad gestern in Kafr az-Zayyat gewesen?"

Sie kannte die Metapher nicht und antwortete: „Nein. Er war zu Hause."

Das Problem war, daß sie ihren Mann daraufhin fragte, ob er gestern in Kafr az-Zayyat war. Er fragte, wer das denn gesagt hätte.

„Der Sohn von Hamid Abu Zaid", antwortete sie wahrheitsgemäß. Das Ergebnis war eine Tracht Prügel.

Im Laden meines Vaters lernte ich auch Riad Dschuaisa kennen, der aus der Familie des Bürgermeisters stammte. Er war ein großer Mann, aber ein Bein war ihm amputiert worden. Er humpelte immer auf Krücken in den Laden und unterhielt sich mit meinem Vater. Dabei erfuhr ich, daß dieser Riad früher zu den „Söhnen der Nacht" gehört hatte, also ein Verbrecher gewesen war. Er hatte Vieh gestohlen, Felder in Brand gesetzt und eine berüchtigte Bande um sich geschart. Aber er hatte auch den Ruf, mutig zu sein oder, wie wir sagten, „ein totes Herz" zu haben. Er war vielleicht der einzige, der gemerkt hat, daß ein Kind zuhörte. Er fragte mich, ob ich wüßte, warum sein Bein amputiert worden wäre, und als ich den Kopf schüttelte, fuhr er fort:

„Ich war sehr wild. Ich habe den Menschen viel Schlechtes angetan, ohne daß mir etwas zugestoßen ist. Aber Gott wollte mich bestrafen. Ein Gewicht wie dieses Gewicht hier auf der Waage, nur viel, viel größer, ist auf meinen großen Zeh gefallen. Der Zeh entzündete sich, ich bekam eine Blutvergiftung, und man mußte mir das Bein amputieren."

Ich erinnere mich an einen bitterkalten Winter. In unserem Haus gab es Räume für den Sommer und ein Winterzimmer, in dem auch der Backofen war. Das ist meine früheste Erinnerung überhaupt: der Backofen, das warme Zimmer, die Kälte draußen. Tagsüber wurde der Backofen benutzt. Man buk Brot oder garte schwarze Bohnen. Abends versammelten wir uns auf der „Kuppel" des Backofens, der *mastaba*. Ich kann mich an die kalten Nächte erinnern, wenn wir Apfelsinen aßen oder Zuckerrohr kauten, vor allem zu den christlichen Festen wie *Schamm an-nasîm*, dem koptischen Osterfest. Und nachts schliefen wir auf der *mastaba*, alle in dem einen Raum. Das Winterzimmer hatte eine bewegliche Öffnung im Dach, die wir *razana* nannten, was mir ein persisches Wort zu sein scheint. Die *razana* war so etwas wie ein Schornstein. Im Winterzimmer war auch der wichtigste Einrichtungsgegenstand des Hauses, die *kutbiyya*, eine Vertiefung in der Wand mit Regalen darin. In ihr waren die Bücher und wichtigsten Papiere der Familie wie der Eigentumsnachweis für den Boden oder der Ehevertrag untergebracht, und es war wichtig, daß sich auch der Koran in der *kutbiyya* befand.

Ich war ein dickes Kind, so wie heute, und die anderen Kinder haben sich immerfort über mich lustig gemacht. Sie riefen „Dicker, Dickerchen", und wenn sie mich ordentlich gehänselt hatten, rannten sie fort, und ich kam nicht hinterher. Ich erinnere mich ganz genau, daß auch mein Vater mich so gerufen hat. Das hat mich sehr verletzt. Eines Tages wurde das Dorf an das Stromnetz angeschlossen, allerdings nicht die Häuser selbst, sondern nur die Straßen. Die Kinder hatten ihren Spaß daran, auf die Strommasten zu klettern, und mein Vater hatte seinen Spaß daran, mir zu sagen: „Wenn du das auch machst, dann geb' ich dir einen Piaster." Natürlich konnte ich es nicht, und ich war dann jedesmal böse auf meinen Vater. Das war noch vor der Zeit, als mein Vater mich als gleichberechtigten Partner anerkannte.

Zu meiner Zeit gingen alle Kinder in den *kuttâb*, auch die Mädchen. Neben dem Koran und dem Alphabet lernte man dort auch Rechnen, so daß man anschließend die Grundschule besuchen konnte. Die Regel war das allerdings noch nicht. Wer eine religiöse Ausbildung erhalten sollte, wie mein Vater sie hatte, der ging zunächst in die Ahmadi-Schule in Tanta, die der Azhar-Universität unterstand. Später dann, wenn er besonders talentiert war, besuchte er die muslimische Oberschule der Azhar in Kairo. Die andere Möglichkeit war eine weltliche, und das hieß damals staatliche Schule, auf die meine Onkel gegangen waren. Sie hatten es bis zum Beamten gebracht. Einer ihrer Freunde war sogar Schreiber bei einem Rechtsanwalt.

Die Azhar ist die älteste Bildungseinrichtung Ägyptens. Sie wurde 972 nach der Eroberung Kairos durch die Dynastie der schiitischen Fatimiden gegründet und entwickelte sich im 14. und 15. Jahrhundert zur angesehensten Hochschule des sunnitischen Islams. Mit Beginn des zivilen Schulsystems unter Mohammed Ali wurde ein zweiter Ausbildungsweg geschaffen; neben den Scheich trat der Effendi. Der Beginn aller Ausbildung noch zu meiner Zeit war jedoch der *kuttâb* und damit das Memorieren des Korans.

Es gab zwei *kuttâb*s in unserem Dorf, die sich jeweils im Haus des Scheichs befanden. Meiner hieß Scheich Nemeisi. Der Unterricht begann im Alter von drei Jahren. Sobald ein Kind richtig sprechen konnte, schickten die Eltern es in den *kuttâb*, wo es zunächst vom *´Arrîf* unterrichtet wurde, der so etwas wie der Assistent des Scheichs war. Der Scheich war nur zuständig für das Memorieren des Korans. Er stellte eine Autorität dar und gab sich daher nicht mit Kleinkindern ab, die vielleicht noch heulten oder in die Hose machten. Die Eltern mußten Schulgeld bezahlen, das in der Regel aus Naturalien bestand, Weizen, Mais, ein Huhn, Eier und ähnlichem. Zum Kleinen Opferfest erhielt der Scheich Gebäck, und wenn einer seiner Schüler den Koran vollständig auswendig gelernt hatte, richteten selbst die ärmsten Eltern ein imposantes Fest aus und gaben dem Scheich fünf oder zehn Pfund sowie eine *gubba* und ein *quftân*. Die *gubba* ist ein langes Obergewand, das vorne offen ist, ähnlich also einem Mantel. Der *quftân* wird unter der *gubba* getragen. Er ist aus leichterem, meist glänzendem Stoff und wird von einem Gürtel gehalten. Ein armer Mann war der Scheich also nicht.

Im *kuttâb* war ich sehr glücklich. Anders als auf der Straße hatte ich hier den anderen Kinder etwas voraus und wurde deshalb selten ausgeschimpft und geschlagen. So kompensierte ich den Frust eines gehänselten Dickwanstes. Gewiß, man bekam Schläge, aber das war zu Hause nicht anders. Ich hielt das für selbstverständlich. Der Stock des Rechtsgelehrten stammt vom Ast eines Paradiesbaumes, hieß es. Wenn man wegen der Schläge heulend nach Hause lief, trösteten einen die Eltern mit diesem Spruch. Mir wurde glauben gemacht, die Schläge seien eine *baraka*, ein Segen.

Von den dreißig oder vierzig Kindern, die vom *'Arrîf* unterrichtet wurden, kamen nur zehn in die Klasse des Scheichs. Die anderen lernten vom Koran nur die kurzen Suren, die sie zum Ritualgebet benötigten, und außerdem die Regeln der rituellen Waschung. Das Gebet hatte ich aber schon zu Hause von meiner Mutter gelernt, kaum daß ich anfing zu sprechen. Es begann damit, daß ich ihr täglich beim Beten zuschaute. Mein Vater dagegen war mehr ein Geschichtenerzähler. Am liebsten erzählte er die Geschichten der Propheten, von Mohammed, Jesus, Mose oder Josef. Ich erinnere mich vor allem an die Erzählung von Mohammeds Besuch in Taif, wie man ihn dort mit Steinen bewarf und er sich in die Nähe eines Gartens setzte. Ich konnte es mir so gut vorstellen, wie Mohammed, am ganzen Körper blutend, auf der Erde saß und wie er dann rief: „O Gott, ich beklage meine Schwäche, mein Unvermögen, du Barmherziger und Gnädiger, o du mein Gott. An wen lieferst du mich aus?

An einen Feind lieferst du mich aus." Ich erinnere mich heute noch mit pochendem Herzen daran: Wie konnte Mohammed dies alles erdulden? Auch die Geschichte des Waisenkindes Mohammed ist mir im Gedächtnis geblieben, des Kindes, das die Ammen ablehnten, weil es ohne Vater war, der sie bezahlt. Die einzige, die ihn aufgenommen hat, war die, für die kein anderes Kind mehr übrig war, Halima as-Sa´diya. All diese Episoden aus Mohammeds Leben haben mich seither begleitet. Sie waren präsent, als ich etwa mein Buch über den Koran, „Der Begriff des Textes", schrieb. Meine Liebe zu Mohammed, meine Achtung für seine Person, nicht nur für den Propheten, sondern für den Menschen Mohammed, der an eine Sache geglaubt und für sie gekämpft hat, rühren aus dieser Zeit, aus den Erzählungen meines Vaters. Besonders nach dem Gerichtsurteil habe ich oft an diese Worte gedacht: „O Gott, ich beklage meine Schwäche, mein Unvermögen."

Mit vierzehn Jahren wurde auch ich Halbwaise. Ich habe mich zeit meines Lebens, ich will nicht sagen: mit dem Propheten identifiziert, aber mich ihm doch besonders verbunden und nahe gefühlt. Ich war der älteste Sohn und mußte manche Pflichten eines Vaters übernehmen. Gegen Ende seines Lebens hat mein Vater mit mir wie mit einem Erwachsenen geredet. Selbst zu seinen Freunden und Kunden sagte er: „Das ist ein Junge, um den man keine Angst zu haben braucht." Er schickte mich auch allein nach Tanta, um Waren einzukaufen. Nach und nach hatte er das Gefühl, daß ich ihn ersetzen könne, wenn er nicht mehr da ist. Das beruhigte ihn. Ich erinnere mich an den Abend vor meiner Abschlußprüfung an der Mittelschule, es war im Mai oder Juni 1957, ein paar Monate vor seinem Tod. Seine Freunde waren da, und er sprach zu mir in ihrer Anwesenheit, damit sie es bezeugen können.

„Wenn ich sterbe und du am Tag darauf eine Prüfung hast, dann mußt du an der Prüfung teilnehmen", sagte mein Vater. „Die Prüfung ist wichtiger."

„Er ist doch ein Kind", wandten die Freunde ein.

„Nein, er ist kein Kind", antworte er. „Er muß ein Mann werden".

Als mein Vater starb, habe ich nicht geweint. Ich verlor meine Stimme, ich konnte keinen Ton herausbringen. Die Menschen bedrängten mich zu weinen, weil sie begriffen, daß es gefährlich ist, wenn ein Kind nicht weint. Tatsächlich wollte ich weinen, aber es gelang mir nicht. Weil ich ein Mann sein wollte, verleugnete ich alle persönlichen Wünsche, Hoffnungen und Ängste. Eigentlich war meine Kindheit schon mit sechs Jahren zu Ende. Ich mußte immer im Geschäft arbeiten, ich war beunruhigt über die Krankheit meines Vaters und fürchtete jeden Augenblick, daß er sterben würde. Als mein Vater starb, war der Lebensmittelladen fast leer. Leere Gläser, einzelne Dosen in den Regalen, ein paar Stück Seife. Die Krankheit hatte alles aufgefressen.

Die Erfahrung, eine Halbwaise zu sein, hat mein Verhältnis zu den Menschen geprägt. Als Halbwaise benötige ich die Liebe der Menschen. Ich will, daß sie mich lieben, und dafür muß ich bereit sein, viel zu ertragen. Wenn ein Mensch mich angreift, muß ich nach einer Entschuldigung für ihn suchen. Ich glaube, ich habe das so gemacht, bis das geschah, was geschehen ist. Da habe ich entdeckt, daß ich nicht mehr alles ertragen kann.

Im *kuttâb* gab es nicht einmal eine Strohmatte. Wir saßen gemeinsam mit dem *'Arrif* auf dem Lehmboden, während sich nebenan beim Scheich diejenigen befanden, die den Koran memorierten. Und weil ich davon träumte, ebenfalls im Nebenzimmer zu sitzen, war ich besonders fleißig. Früher als üblich, im Alter von fünf Jahren, durfte ich die Klasse wechseln. Der Scheich war blind und saß als einziger auf einem Stuhl. Als ich ihn mehr als dreißig Jahre später zum ersten Mal wiedersah, küßte ich ihm instinktiv die Hand.

„Wer bist du?" fragte er.

„Ich bin Nasr Abu Zaid", antwortete ich und stand stramm – dabei war ich zu der Zeit schon Universitätsprofessor in Kairo.

Die Kinder, die den Koran memorierten, waren in verschiedene Gruppen eingeteilt, ohne daß es ein strenges System gab. Wenn der Scheich das Gefühl hatte, daß ein Schüler besonders gut war, hat er ihn bis zum Abendgebet unterrichtet und manchmal noch darüber hinaus. Den Koran vollständig zu lernen bedeutete, daß man einen Abschnitt, der *hizb* genannt wird, täglich üben mußte. Zuerst schrieb der Schüler das Pensum, in der Regel fünfzig Verse, mit Tinte und einer Feder aus Bambusrohr auf eine Metalltafel. Merkwürdigerweise hat sich die Tinte darauf besonders gut gehalten. Wegwischen konnte man sie nur mit einem nassen Tuch. Die Metalltafel war sehr wichtig und dem Schreiben der Koranverse vorbehalten. Sie stand wohl für die „wohlverwahrte Tafel" im Himmel, auf der dem Volksglauben zufolge der Koran geschrieben ist. Es gab auch eine Schiefertafel, auf der wir mit Kreide schrieben, aber wir benutzten sie nicht für die Verse des Korans, sondern nur, um lesen und schreiben zu lernen. Den Schüler, der sein Pensum auf die Tafel geschrieben hatte, klemmte der Scheich zwischen seine Beine, um ihm die Koranverse vorzutragen. Anschließend mußte der Schüler die Verse aufsagen. Für jeden Fehler gab es einen Schlag mit dem Stock auf den Kopf. Es war ein leichter Schlag; man wußte, daß man einen Fehler begangen hatte und den Vers wiederholen mußte. Wenn man erneut etwas falsch vortrug, gab es wieder einen Schlag. Also mußte man den Vers zum dritten Mal aufsagen. Beim dritten Schlag korrigierte der Scheich den Fehler, niemals früher. Diese Korrektur vergißt man natürlich nie, sie hat einen schließlich drei Schläge gekostet.

Daß man ein Wort oder einen Satzteil vergaß, war nur einer von mehreren möglichen Fehlern. Der Scheich ahndete auch Aussprachefehler, die unkorrekte Flexion sowie Verstöße gegen die Regeln der Koranrezitation, den *tadschwîd*, dabei hatte er sie selbst gar nicht studiert, sondern sich nur bei dem Vortrag seines Lehrers angeeignet. Genauso brachte er uns den *tadschwîd* bei: nicht indem er die Regeln erklärte, sondern indem er sie im Vortrag anwendete. Die Regeln und Feinheiten mußten wir selbst wie bei einem Detektivspiel erkunden, wie bei einem Puzzle, das man zusammensetzt: So entdeckten wir die falschen Längungen oder die überflüssigen Silben, den *idghâm* (Assimilation eines Konsonanten), den *schamm* (Aussprechen eines */u/* wie */i/*) die *imâla* (Aussprechen des */a/* nach */ä/* hin). Wer den Koran solcherart im Rahmen eines praktischen Unterrichtes erlernt, lernt auch die arabische Sprache richtig. Er vermeidet es zum Beispiel, den Buchstaben *dâd* wie ein *dâl* zu sprechen, wie es selbst unter Gebildeten häufig vorkommt, und beherrscht den Unterschied zwischen einem hellen und dem emphatischen *tâ`*. Mir hat es als Kind großen Spaß bereitet, den Koran zu rezitieren, obwohl das nicht für alle Suren gilt. Aber insbesondere die frühen Suren des Korans sind wahre Poesie; sie als Rezitation zu hören ist für mich immer ein literarischer, künstlerischer und religiöser Genuß zugleich.

Wir begannen mit dem *dschuz` 'amma*; das ist der letzte von dreißig gleichlangen Teilen des Korans, der die kurzen Suren enthält. Schwieriger wurde es, als wir zu den längeren Suren kamen. Die Sätze wurden immer komplizierter. Heute würde ich das als Wissenschaftler natürlich anders formulieren, aber damals gefielen mir die kleineren Suren einfach besser, obwohl ich nichts verstand. Die kurzen Suren prägen sich auch besser ein, etwa *„tabbat yadâ Abî Lahabin wa-tabb / mâ aghnâ 'anhû mâluhû wa-mâ kasab* – Ab ist die Hand Abu Lahabs, und er ist ab! / Es half ihm nicht sein Gut und Hab" (Sure 111). Manchmal mögen die vielen Wiederholungen und Formeln wie *qul yâ ayyuhâ l-kâfirûn* – „Sprich: O ihr Ungläubigen", die in den kürzeren Suren besonders zahlreich sind, etwas irritieren, aber ich empfand es nicht als schwierig. Im Gegenteil habe ich es genossen zu spüren, wie variationsreich und musikalisch gerade die Wiederholungen sind.

Als Dozent habe ich später mit meinen Studenten ein Experiment unternommen. Wir haben uns die 55. Sure vorgenommen, in der sich der Vers „Welche von den Wohltaten eures Herrn wollt ihr leugnen?" wie ein Refrain ständig wiederholt. Diese Wiederholung unterbricht die Syntax und bereitet dem Interpreten Schwierigkeiten. Wir haben versucht, die Frage bei der Rezitation auszulassen, aber es war unmöglich. Die Sure verlor ihren Reiz, all ihre Eindringlichkeit und sogar ihren Bedeutungsreichtum. Es war einfach nicht mehr dieselbe Sure, obwohl doch der Refrain überflüssig erscheinen muß, wenn man sie bloß liest. Die Bedeutung des Korans geht also erst in der Rezitation wirklich auf. Beschränkt man sich auf das Schriftstück, mißachtet man den rituellen Aspekt des Korans, dann verliert man, was man die ästhetische oder sinnliche Erkenntnis der Offenbarung nennen kann. Die innere Stimme, die im Leser entsteht, unterscheidet sich von der konkreten Stimme eines Vortragenden, und zwar bei jedem Text und in jeder Religion. Eine Religion ohne die physische Erfahrung des Rituals ist kaum mehr als ein Gedankengebäude, ein Konstrukt. Jede Religion bedarf sinnlicher oder ästhetischer Erfahrungen. Im Islam ist es vor allem die Koranrezitation, die diese Funktion erfüllt. Sie ist ein spiritueller Vorgang und ritueller Akt: Indem der Gläubige die Rede Gottes hört, hört er den Sprecher selbst – er hört Gott. Gott wird ihm gegenwärtig, und gleichzeitig vergegenwärtigt er sich selbst im Angesicht dieses göttlichen Sprechers.

In vielen Hadithen wird unterstrichen, daß Gott dem Gläubigen sinnlich erfahrbar ist, wenn dieser den Koran rezitiert. Es wird von der göttlichen Gnade berichtet, die sich auf den Vortragenden „herabsenkt", und von den Engeln, die sich über ihm versammeln. Die Gelehrten sagen, daß sich die Gnade auch dann herabsenke, wenn der Gläubige falsch liest, und daß das Entscheidende nicht die Korrektheit des Vortrages, sondern die innere Haltung des Vortragenden sei. Es heißt sogar, daß die Rezitation um so löblicher sei, je mehr man beim Lesen stolpert, was diejenigen Muslime, für die Arabisch eine Fremdsprache ist, trösten mag. Und die Mystiker sprechen bisweilen davon, daß man den Koran so lange vortragen soll, bis man seine Zunge vergißt und ganz und gar im Vortrag aufgeht, sich im Vortrag auflöst. Der Mystiker wird dann zum Vortragenden, zum Vorgetragenen und zum Vortrag selbst – es ist eine Unio mystica, die sich einstellt, ein Nachvollzug des initialen Offenbarungsaktes. Soweit geht der einfache Gläubige zwar nicht, aber selbst für ihn ist die Koranrezitation zumindest ein Herbeirufen des göttlichen Segens. Das erste Ritual des Islams ist die Koranrezitation. Bereits in der Sure „Der Eingehüllte", die zu den frühesten Offenbarungen gehört, geht es um die Koranrezitation:

> Auf, Eingewickelter, entsteige!
> Wache die Nacht, bis auf ein kleines!
> Die halbe, oder brich nur ab ein kleines!
> Oder setz auch etwas zu und sing
> Den Koran ab sangweise!

Als Muslim betet man fünfmal am Tag. Morgens betet man zwei *rak'as*, mittags vier, nachmittags vier, abends drei und nachts wiederum vier, insgesamt also 17 *rak'as*. Jede *rak'a* besteht aus der *Fâtiha* und einer weiteren Sure des Korans. Dem Gläubigen wird also auferlegt, siebzehnmal am Tag mindestens zwei Suren aus dem Koran zu rezitieren. Die Rezitation ist zugleich Bestandteil anderer religiöser Zeremonien, etwa der Bittgebete im Ramadan oder der Riten der Pilgerfahrt. Der Koran erklingt auf Trauerfeiern, Hochzeiten und bei Anlässen des öffentlichen Lebens wie etwa der Einweihung eines Regierungsgebäudes – nicht zu reden von den vielen koranischen Ausdrücken und Redewendungen, die in die Alltagssprache eingegangen sind und sie prägen, und zwar nicht nur im Arabischen. Der gesprochene Koran ist mithin ein ordnendes Element im Leben des einzelnen Muslims und der Gemeinschaft, mag es ihm in vielen Situationen auch gar nicht bewußt sein.

Eben diese rituelle und über das mentale Begreifen hinausgehende Bedeutung der Rezitation scheint mir einer der Gründe dafür zu sein, daß sich die Muslime strikt an den Wortlaut des Korans halten und vor einem textkritischen Studium Angst haben. Sie fürchten sich instinktiv vor dem Verlust dieser sinnlichen Erfahrung, die sich nur in der Rezitation und im Ritual einstellt und eben darauf beruht, daß der Koran Wort für Wort als direkte Rede Gottes gilt. Sie fürchten sich davor, daß der Koran zu dem wird, was die Bibel ist, ein inspiriertes Buch über Gott, aber nicht mehr die Rede Gottes selbst. Ich hingegen sehe keinen Widerspruch darin, daß ein Text einerseits rezitiert und sinnlich erfahren, andererseits als ein sprachlicher Text gelesen und wissenschaftlich analysiert werden kann. Ich liebe es, den Koran laut zu lesen, und ich spüre, daß mir der Reichtum seiner Bedeutungen nur in der Rezitation zugänglich ist, weil diese mir andere als nur die mentalen Ebenen des Verständnisses eröffnet, aber gleichzeitig vermag ich den Koran als Literaturwissenschaftler zu studieren und seine sprachliche Struktur ein wenig aufzuschlüsseln.

Der mündliche Vortrag des Korans ist sehr wichtig, denn er ist seiner Natur nach kein Lektüretext. Er ist – nichts anderes bedeutet „Koran“ (arabisch *qur`ân*) – eine „Rezitation“. Der Koran wurde zwar relativ früh nach den Regeln schriftlich fixiert, die im 7. Jahrhundert gültig waren, aber er wurde auf Materialien geschrieben, die nicht zum Lesen geeignet waren, etwa Knochen, Baumrinde und anderes mehr. Das ist die Niederschrift, von der die Muslime sagen, sie erfolgte zur Zeit des Propheten. Er wurde sogar in Steine graviert. Die arabische Kultur war eine Kultur des mündlichen Wortes. Die Zahl derer, die schreiben konnten, war verschwindend gering. Manchmal soll der Prophet als Lösegeld für einen Kriegsgefangenen festgesetzt haben, daß dieser zehn Muslimen das Lesen und Schreiben beibrachte. Gewiß gab es auch Menschen wie Waraqa ibn

Naufal, den Cousin der Prophetengattin Chadidscha, von dem gesagt wird, er habe neben dem Arabischen auch das Hebräische beherrscht, aber die meisten Araber waren Analphabeten. In der Zeit des ersten Kalifen Abu Bakr wurden die verschiedenen Schriftstücke des Korans eingesammelt und noch einmal geschrieben. Unter dem dritten Kalifen Uthman wurde der Koran erneut niedergeschrieben, diesmal auf Blättern *(sahâ`if),* aber auf das Geschriebene allein konnte man sich nicht verlassen, weil die diakritischen Zeichen fehlten: ein und dasselbe Zeichen konnte genausogut als „b", „t", „th" oder „y" gelesen werden. Ohne die Erinnerung des Rezitators an den vorangegangenen mündlichen Vortrag wäre der geschriebene Text unverständlich geblieben; die Blätter waren kaum mehr als eine Gedächtnisstütze. Aufgrund der immer noch hauptsächlich mündlichen Überlieferung war es nur zu natürlich, daß unterschiedliche Lesarten des Korans im Umlauf waren. Unter dem dritten Kalifen Uthman einigte man sich zwar auf eine einheitliche schriftliche Fassung, aber die verschiedenen Lesarten existierten fort, weil diesem Schriftstück noch die diakritischen Punkte und Vokalzeichen fehlten und es unterschiedlich rezitiert werden konnte. Ohnehin wurden nur fünf Exemplare von dieser kanonischen Niederschrift erstellt.

Wenn man heute das Schriftstück des Korans, den *mushaf,* liest, dann liest man ihn – genaugenommen – falsch, weil er den Schreibregeln aus der Zeit des dritten Kalifen folgt. Es sind andere Regeln als unsere heutigen, und es wurde daher bereits mehrfach vorgeschlagen, den Koran der heutigen Orthographie und Rechtschreibung anzupassen, insbesondere für die Schulen, aber dagegen regte sich jedes Mal Widerstand, denn die uthmanische Schreibweise gilt mittlerweile als ebenso heilig wie die „Rezitation" selbst. Die traditionelle Wissenschaft behauptet, der Koran sei zur Zeit des Propheten in eben dieser Gestalt niedergeschrieben worden. Der Prophet habe dem nicht widersprochen, also habe er implizit zugestimmt, und es wäre ungehörig, etwas zu verändern, was die Zustimmung des Propheten gefunden habe. Als dann später die kanonische Fassung erstellt wurde, hätten die Prophetengenossen nicht widersprochen und also implizit zugestimmt und so weiter – solcherart sind die Argumente. Ibn Chaldun sagt in seiner „Einleitung" *(Muqaddima)* ganz offen, daß die Zeitgenossen Mohammeds weder richtig schreiben noch lesen konnten. Sie hätten so geschrieben, wie es ihnen gerade in den Sinn kam, ohne feste Regeln. Dennoch wird an ihrer Schreibweise und ihrer Orthographie festgehalten, weil man sich vor Veränderungen fürchtet, zumal wenn sie das Heilige Buch betreffen. Sie werden als *bid'a* denunziert, als ketzerische „Neuerung". Gleichzeitig akzeptierte man die Varianz der Lesarten, obwohl sie doch bedeutet, daß es keine endgültige Rezitation des Korans gibt. Als der dritte Kalif Uthman versuchte, die Rezitation, Schreibung und Surenfolge des Korans festzulegen, war ihre Vielfalt eine unbestreitbare Tatsache. Es gab andere Korane wie den von Ibn Mas'ud, der zwei Suren enthielt, die im uthmanischen Text nicht vorhanden sind. Uthman hat versucht, eine Krisensituation zu bewältigen. Die Vielzahl der Schreibweisen, Rezitationen und Rezitatoren hatte zu tiefgreifenden Meinungsverschiedenheiten geführt und dazu, daß man sich gegenseitig allzu rasch des Abfalls vom Glauben, der Apostasie, bezichtigte. Aber das Problem war viel gravierender, als daß es allein durch die Fixierung der Schreibweise und die Entsendung entsprechender Kopien in die Provinzen geregelt werden konnte. Dort waren die unterschiedlichen Rezitationen längst im Umlauf, was nur zu natürlich ist. Die Notwendigkeit, den Koran zu rezitieren und nicht einfach nur zu lesen, bringt mit sich, daß der Koran im wesentlichen mündlich überliefert wird. Es ist aber ausgeschlossen, daß zwei Rezitatoren genau die gleiche Version überliefern. Insofern hat Ibn Mudschahid Anfang des 10. Jahrhunderts eine geniale Idee gehabt. Er hat versucht, die wichtigsten Lesarten zu sammeln, die dem kanonisierten Schriftbild nicht widersprechen. Es können demnach Unterschiede in der Vokalisation eines Wortes durch den

Vortragenden bestehen, aber die Schreibweise des Wortes selbst bleibt die gleiche. Dazu muß man wissen, daß ein auf arabisch geschriebenes Wort unterschiedlich gelesen werden kann, da die kurzen Vokale nicht geschrieben werden: die Buchstabenfolge *k-t-b* kann also genausogut als *kataba* („Er schrieb") oder *kutiba* („Es wurde geschrieben") gelesen werden. Ibn Mudschahid erklärte, alle Lesarten, die nicht im Widerspruch zur Schriftform stehen, seien gültig und gingen auf den Propheten zurück. Die Unterschiede der sieben Lesarten waren zwar inhaltlich gering, entscheidend war jedoch, daß das Prinzip der Pluralität gewahrt blieb. Später wurden drei weitere Lesarten denen Ibn Mudschahids hinzugefügt, manche Gelehrte haben sogar vierzehn Lesarten als „annehmbar" *(maqbûl)* betrachtet. Alle anderen Lesarten galten fortan als „unregelmäßig" *(schâdh)*, womit gemeint ist, daß sie dem Schriftbild widersprechen.

Wenn man den Koran nicht im mündlichen Unterricht auswendig gelernt hat und sich nur auf die geschriebene Fassung verläßt, können einem beim Lesen Fehler unterlaufen, selbst beim Lesen der heutigen Druckausgaben, die den Wortlaut durch eine Vielzahl von diakritischen Zeichen, Vokalzeichen und Rezitationshilfen schon sehr genau ausdrücken. Noch immer muß ein Kode entschlüsselt werden, damit man etwa weiß, wo ein */w/* als ein */a/* gelesen wird oder wo sich ein kurzes, nicht geschriebenes */a/* oder eine *madda*, eine Längung, befindet. Schon deswegen wird es für die Muslime immer wichtig sein, den Koran auswendig zu lernen, ihn mündlich vorzutragen und mündlich zu lehren. Hinzu kommt, daß die religiöse arabische Tradition seit jeher tendenziell lesefeindlich ist. „Nimm dein Wissen nicht von einem Schreiber", heißt es, und auch, „daß das Wissen im Kopf und nicht im Heft ist". Das Wort „Entstellung" *(tashîf)* leitet sich im Arabischen bezeichnenderweise von „Blatt" *(sahîfa)* ab. Man hat mehr Vertrauen zum Gedächtnis als zum geschriebenen Wort. Eine solche Skepsis gegenüber dem geschriebenen Wort ist oft hinderlich, etwa im Bereich der Bildung, wo die Studenten heute noch allzuoft dazu neigen, die Worte des Dozenten auswendig zu lernen, anstatt sich in Schriften zu vertiefen und sie zu reflektieren.

Mit dem Erlernen des Korans stieg mein Ansehen im Dorf, schließlich gehörte ich zu den *hamalat al-Qur`ân*, den „Trägern des Korans". Wohl sagte mir der Scheich nicht, daß er mich für einen ausgezeichneten Schüler hielt, doch sagte er es meinem Vater. Mein Vater sagte es mir zwar ebensowenig, aber wir wohnten auf dem Dorf, und es war leicht, so etwas zu erfahren. Mein Vater hat es zum Beispiel meiner Mutter erzählt, von der ich es dann ganz zufällig erfahren habe, unter dem Mantel der Verschwiegenheit, versteht sich. Die Leute im Dorf haben große Hochachtung vor dem Lernenden, gleich ob er ein Erwachsener oder ein Kind ist. In der Moschee durfte ich sogar manchmal zum Gebet rufen. Dann sagten die Leute zu mir: „Führe uns im Gebet, Imam!", und ich habe dann tatsächlich das Gebet geleitet. Die Bauern sagten: „Das ist zwar ein Kind, aber er ist *metnawwar*. Er kann doch lesen und schreiben." *Metnawwar* bedeutet „erleuchtet" und ist ein dörflicher Ausdruck für jemanden, der viel gelernt hat.

Mit acht Jahren, sehr früh also, beherrschte ich den Koran auswendig. In der Regel geschieht dies erst im Alter von zehn oder zwölf Jahren. Aus diesem Anlaß fand, wie das heute noch üblich ist, in der Moschee von Quhafa eine große Feier statt, zu der sich vor allem mein Vater und der Scheich festlich angezogen haben. Ich weiß nicht, was mein Vater dem Scheich gegeben hat. Da er kein Bauer war und daher keine Naturalien schenken konnte, muß er ihm Geld gegeben haben, obwohl er nicht viel davon hatte. Außerdem kaufte er ihm eine *gubba*, einen *quftân* und dazu die Kopfbedeckung, die *'imma*. Der Scheich forderte mich auf, vor den Gästen einige Suren aufzusagen, aber nicht viele. Als ich fertig war, stand ich auf und küßte die Hand des Scheichs. Mein Vater überreichte ihm das

Geschenk. Meine Mutter hatte gebacken und begann, den Kuchen zu verteilen.

Nach der Freitagspredigt von Abd as-Sabur Schahin, in der er mich der Ketzerei bezichtigte, sprach der Prediger in Quhafa, der mein Mitschüler im *kuttâb* gewesen war, von „diesem Apostaten an der Kairo-Universität". Es war in derselben Moschee, in der mein Fest stattgefunden hatte. Er nannte zwar meinen Namen nicht, doch jeder wußte, wen er meinte. Mein Bruder stellte ihn nach dem Gebet zur Rede. Der Prediger gab zu, meine Bücher nicht zu kennen – aber schließlich sei Abd as-Sabur Schahin ein angesehener Mann. Mein Bruder hätte ihn beinahe in der Moschee zusammengeschlagen, konnte das jedoch schon deswegen nicht, weil der Prediger blind war. Die Zeiten hatten sich geändert. Ich hatte mein Dorf, seitdem ich es verlassen hatte, regelmäßig besucht, zu Hochzeiten, Begräbnissen und ähnlichen Anlässen. Nach dem Urteil war das nicht mehr möglich.

2

Mein Erfolg im *kuttâb* hat meinen Vater glücklich gemacht und gleichzeitig vor ein Problem gestellt. Er geriet sozusagen in einen Konflikt zwischen Tradition und Moderne: Sollte er seinem Wunsch nachgeben und mich die religiöse Ausbildung fortsetzen lassen oder mich doch noch auf eine zivile Schule schicken? Muhammad Abduh, der große ägyptische Reformator, war ein Name, den alle im Dorf kannten, und die Leute scherzten: „Donnerwetter, er wird ein zweiter Scheich Abduh." Ich war eigentlich schon zu alt für die staatliche Schule, in die man gewöhnlich mit sechs Jahren kommt. Andererseits war mein Vater krank, und die religiöse Ausbildung hätte sehr lange gedauert, mindestens bis zum dreißigsten Lebensjahr. Was würde geschehen, wenn mein Vater starb? Wer sollte die Kosten für mein Leben in Kairo, wo die Azhar-Universität ist, tragen? Wenn ich dann die Azhar verlassen müßte, wäre es zu spät, um noch Beamter zu werden. Ein Freund meines Vaters, der in Tanta bei der ägyptischen Eisenbahn arbeitete und zu der Zeit gleichfalls eine Schule für seinen Sohn suchte, schlug vor:

„Scheich Hamid" – so nannte man meinen Vater meistens –, „wir sollten die Kinder auf eine private Schule schicken. Die religiöse Erziehung dauert zu lange. Die Studenten heiraten und kriegen Kinder und sind trotzdem mit dem Studium nicht fertig. Und für die staatliche Schule ist dein Sohn zu alt."

Die Schule, auf die wir dann kamen, hieß al-ʿUbaidiyya-Schule. Der Direktor und Eigentümer war Kopte, und das Kollegium bestand unter anderem aus seinen beiden Söhnen. Anis unterrichtete Mathematik und Sami Sozialkunde. Mein Vater meldete mich zur Aufnahmeprüfung an und legte dabei ein Armutszeugnis vor, da er das Schulgeld nicht bezahlen konnte. Ich bestand die Prüfung, und weil Herr As´ad, der Direktor, sehr zufrieden mit mir war, nahm er mich gleich in die zweite Klasse auf. Er beschloß zudem, meinem Vater die Hälfte des Schulgeldes zu erlassen.

Ich habe also meine Schulausbildung in einer christlichen Schule erhalten, auch wenn einige Lehrer Muslime waren, etwa mein Arabischlehrer. Er hieß Issa, „Jesus", und mochte vor allem meine Aussprache des Hocharabischen. Damals war es zu einer Aggression der Israelis gekommen, auf die der jordanische König Hussein äußerst zurückhaltend reagiert hatte. Professor Issa verlangte, einer von uns solle vortreten und mündlich einen Brief an König Hussein formulieren. Weil ich der beste in Arabisch war, streckte ich augenblicklich meinen Finger in die Luft und hielt eine flammende Rede auf die ägyptische Nation und die Pflicht zur Selbstverteidigung; vor allem aber beklagte ich die Schwäche und Unfähigkeit König Husseins. Nachdem ich die Rede beendet hatte, lobte Professor Issa meinen Mut, aus dem Stegreif eine Rede vor der Klasse zu halten, noch dazu in klassischem Arabisch und ohne Grammatikfehler. Aber er gab mir dennoch eine Null, was die schlechteste von zehn möglichen Noten war.

„Ich wollte von dir einen Brief an König Hussein", belehrte er mich, „aber du kannst keinen Brief an jemanden schreiben, indem du ihn nur beschimpfst."

Ich hatte ihn wirklich beschimpft, aber das war damals so üblich, genauso wie der flammende Nationalismus. Das war eine wichtige Lektion. Man muß die Worte wählen. Nicht ich hatte die Worte beherrscht, sondern die Worte, die gerade in Mode waren und die ich aus dem Rundfunk und von Nassers Reden kannte, hatten mich beherrscht. Diese Sprache der Verführung, die nicht rational überzeugen, sondern Gefühle wecken will, ist in der arabischen Welt noch immer weit verbreitet. Sie ist voll von Floskeln und rhetorischen Stereotypen, die jedem Sprecher mühelos über die Lippen kommen. Jeder Intellektuelle, der über die arabische Geschichte spricht, versieht diese mit dem Attribut *ʿarîq* („tiefverwurzelt, altehrwürdig") – als reiche das Wort „Geschichte" nicht aus. Man gewinnt den Eindruck, daß nicht der Sprecher das Wort *ʿarîq* sagt; die Sprache selbst fügt es hinzu. Manchmal bemerke ich beim Schreiben, daß ich regelrecht dagegen kämpfe, von der Sprache übermannt zu werden. Die Demagogie der religiösen Extremisten beruht nicht zuletzt darauf, daß sie sich den vertrauten Sprachmustern des Hocharabischen überlassen. Gleich, was sie sagen – ihre Sprache kommt den Menschen gelehrt, vertraut und seriös vor. Das gilt besonders für diejenigen Menschen, die keine Bildung haben und diese Sprache nicht selbst beherrschen, für die also diese Floskeln noch nicht entzaubert sind. Stiege das Bildungsniveau in der arabischen Welt, hätten es die Demagogen weitaus schwerer. Manche Sprecher bedienen sich dieser leeren Rhetorik absichtlich und setzen solche Floskeln ganz bewußt ein, andere wiederum nicht. Sie sind diejenigen, von denen ich sage, daß die Sprache durch sie spricht. Ein Islamist wie Muhammad Amara spricht gewöhnlich in seinem ägyptischen Dialekt, aber sobald er sagt „Gott spricht", verfällt er in jene altertümliche Sprache, die er in der Moschee gelernt hat. Ich traf ihn einmal bei einem Streitgespräch des Fernsehsenders *al-Gazira*. Er sprach ganz normal, nur wenn die Kamera auf ihn gerichtet war, klang es, als würde er auf der Kanzel stehen. Er senkte die Stimme, um sie gleich darauf um eine ganze Oktave zu heben, er flüsterte und schrie abwechselnd, jeder Satz geriet ihm zum Drama. Ich sagte ihm bestimmt dreimal, er solle doch ganz normal sprechen, aber er war dazu offenbar gar nicht in der Lage. Ein Zuschauer rief während der Sendung sogar an und fragte, warum Dr. Amara so langsam und gestelzt spricht.

Kurz nachdem ich in die Schule aufgenommen worden war, also mit acht Jahren, beschloß ich, im Ramadan zu fasten. Es war im September oder im Oktober, der erste Tag im Ramadan. Ich mußte wach bleiben bis zum *suhûr*, der Mahlzeit vor Sonnenaufgang, da meine Eltern es abgelehnt hatten, mich zu wecken. Sie wollten nicht, daß ich fastete, und meinten, ich sei noch zu klein. Ich blieb also bis drei Uhr wach, aß etwas und schlief ein, ohne genügend getrunken zu haben. Am Morgen wachte ich zu spät auf und rannte in die Schule. Dummerweise hatte ich zum *suhûr* nicht nur zu wenig getrunken, sondern auch noch Leber gegessen, so daß sich meine Zunge nun wie ein Stück Holz anfühlte. Ich kam eine Stunde zu spät in die Schule und hatte einen übermenschlichen Durst. Die Tür war von innen verriegelt. Ich klopfte, und der Schulleiter, Herr As´ad, machte mir auf. Er sah furchterregend aus. Er runzelte die Stirn, holte tief Luft, blies sich förmlich auf. Er schloß die Tür hinter mir, stemmte die Hand in die Hüfte, sah mich an und sagte:

„Nanu, mein Herr, ist dein Moskitonetz dunkelblau?“ Das sagt man in Ägypten zu Langschläfern. „Und du wagst es anzuklopfen?“

Ich war verlegen und murmelte ein paar Worte, von denen er das Wort Ramadan verstand.

„Fastest du?“ fragte er.

„Ja.“

„Zeig mir deine Zunge!“

Ich streckte ihm die Zunge entgegen. Er lachte und sagte:

„Geh rein! Aber nur weil du fastest. Komm nicht wieder zu spät!“

Ich wußte, daß mein Schulleiter ein Kopte war. Weil ich fastete, sah er mir die Verspätung nach. Es war eine christliche Schule, die ich, ein Koranschüler, besuchte, in der mein muslimischer Arabischlehrer Herr „Jesus“ hieß und wir Muslime einen eigenen Gebetsraum hatten.

Heute wachsen viele unserer Jugendlichen in Saudi-Arabien oder Kuwait auf, weil ihre Eltern dort Gastarbeiter sind. In diesen Ländern ist die Vorstellung verbreitet, daß jeder Nichtmuslim ein *kâfir*, ein Ungläubiger, sei. Einige meiner Neffen und Nichten sind dort aufgewachsen. Ein Neffe bekam Angst, als seine Eltern nach Ägypten zurückkehrten und er in der Schule neben einen koptischen Schüler gesetzt wurde. Weinend lief er nach Hause und wollte die Schule wechseln, weil er neben einen *kâfir* gesetzt worden war. Meine Schwester kam zu mir und bat mich, ihm die Sache zu erklären. Ich antwortete, da gebe es nichts zu erklären. Sie sollten am besten wieder nach Saudi-Arabien gehen. Natürlich habe ich es ihm dann doch erklärt.

Auch in meinem Dorf wohnten Kopten. Ich weiß nicht, wie viele es gewesen sind, das hat uns damals auch nicht interessiert. Ich weiß nur, daß die meisten Handwerker Kopten waren. Mein Vater hatte einen koptischen Freund, der den ganzen Tag bei ihm im Geschäft verbrachte. Es war so auffällig, daß sich die Leute schon darüber lustig machten. Sie meinten es nicht böse und trieben ihre Späße auch in Gegenwart des koptischen Freundes. „Na, Scheich Hamid, machst du jetzt auf Kirche?" riefen sie, und alle lachten, am lautesten der Kopte. Er war nicht aus unserem Dorf. In der Stadt hatte er seine Familie verloren und kam uns seitdem immer häufiger im Dorf besuchen, bis er schließlich dort blieb. Als er starb, organisierte mein Vater alle notwendigen Zeremonien. Sein Bett steht wahrscheinlich heute noch bei meinem Bruder. Ich kann mich leider nicht mehr an seinen Namen erinnern. Wir nannten ihn „Onkel" – „Onkel sowieso".

Über das Zusammenleben von Kopten und Muslimen machte sich in jener Zeit niemand Gedanken. Zwar gab es keine Mischehen, aber das hing wohl mehr mit den Bräuchen im Dorf zusammen, die es verboten, ein Mädchen aus einer anderen Sippe zu heiraten. Die Kopten betrachten sich selbst nicht als Minderheit, sondern als Bestandteil der ägyptischen Gesellschaft. Sie verstehen sich als die ursprünglichen Bewohner des Landes und werden von den Muslimen auch als solche anerkannt. Ich hatte viele koptische Mitschüler, schließlich war es eine koptische Schule. Manche von ihnen, die in der Stadt selbst lebten, waren viel sauberer und eleganter gekleidet als ich Dörfler. Aber es gab unter den Kopten auch ärmere als mich, denn die Religionszugehörigkeit hatte nichts mit der sozialen Klasse zu tun. In manchen Dörfern in Oberägypten besteht die Bevölkerung zu 90 Prozent aus Kopten, und man findet dort keine Moscheen, sondern nur Kirchen. Es existieren natürlich ungeschriebene Gesetze, die sie diskriminieren – so wird es wohl nie einen koptischen Präsidenten in Ägypten geben–, und in den achtziger Jahren wurden Kopten in ärmeren Stadtteilen von Kairo wie az-Zawiya al-Hamra einige Male von Muslimen überfallen, aber eine Geschichte der Verfolgung von Kopten durch Muslime, die vergleichbar mit der Geschichte der Judenverfolgung in Europa wäre, hat Ägypten nicht aufzuweisen. Allerdings hat die Toleranz in den letzten Jahren abgenommen.

Als ich eine Assistentenstelle an der Universität erhielt, wollte meine Mutter zum Dank etwas Besonderes spenden. Sie ging zur Kirche von der Heiligen Jungfrau und spendete in ihrem Namen. Wir nennen das *nazr*. Mehr im Spaß fragte ich, warum sie ihren *nazr* nicht Sayyida Zeinab, Sayyida Nafisa oder Sayyidna al-Hussein zukommen ließ. Sie sagte, das hätte sie ebenfalls getan. Aber die Heilige Jungfrau sei doch eine Koptin, wandte ich ein, woraufhin sie richtig böse wurde und sagte: „Na und? Es sind doch allesamt Freunde Gottes." Dann erzählte sie mir, daß ich ohne die Hilfe der Nonnen im Krankenhaus von Tanta immer noch Schwierigkeiten mit meinem Ohr gehabt hätte. „Ich fühle mich eben wohl, wenn ich zur Heiligen Jungfrau gehe. Außerdem bist du ihnen noch etwas schuldig, den Kopten. Ich bin mit deinem kranken Ohr von Arzt zu Arzt gewandert, aber erst die Nonnen haben dich gesund gepflegt."

Heute gibt es Vorurteile, gegenseitige Vorwürfe, Terror. Das Gewebe der ägyptischen Gesellschaft ist beschädigt – aber es ist nicht zerstört. Nehmen wir den Mordanschlag in Luxor: Die Terroristen wurden nicht von der Polizei getötet, vielmehr waren es die einfachen Bewohner der Stadt, die die Ausländer verteidigten. Oder die Ansicht, daß die Kopten in einem islamischen Staat als *dhimmîs* behandelt werden sollten, als Schutzbefohlene mit eingeschränkten Rechten, die der Vorsitzende der Muslimbrüder vor einiger Zeit äußerte: Die Proteste kamen in erster Linie nicht von Kopten, sondern von Muslimen. Sogar einige Islamisten haben den Vorsitzenden deswegen angegriffen. Dann wiederum waren es die Kopten selbst, die am lautesten protestierten, als der amerikanische Kongreß wegen ihrer Diskriminierung Strafmaßnahmen gegen Ägypten verhängen wollte. All dies soll nicht von den Problemen im Zusammenleben von Muslimen und Kopten ablenken, aber es zeigt doch, daß ungeachtet der jeweiligen Religionszugehörigkeit immer noch ein Gefühl der Zusammengehörigkeit und der gegenseitigen Toleranz unter den Ägyptern herrscht.

Nach dem Grundschulabschluß kam ich 1956 in die Taufiqiyya-Mittelschule. Der Schulleiter, Scheich Abd al-Aziz, war ein muslimischer Theologe, kein typischer Absolvent der Azhar, sondern ein literarisch gebildeter Arabischlehrer, der sich immer sehr elegant kleidete. Von Scheich Issa hatte ich gelernt, daß ich mich streng an das Thema halten mußte. Von Scheich Abd al-Aziz lernte ich, Klischees und sprachliche Stereotypen zu vermeiden. Die Schule veranstaltete jedes Jahr einen Lesewettbewerb. Die Bücher waren „Don Quichote" sowie „Schuld und Sühne". Für mich war es eine Einführung in die Weltliteratur. Ich gewann den Wettbewerb und erhielt als Prämie einen Stapel Bücher. Zu hause nahm ich eine *kutbiyya* und ordnete sie ein. Mein Vater war sehr stolz auf die Bücher, obwohl es ihn störte, daß die meisten davon Romane und damit in seinen Augen nichts als Tand waren. Aber er war zufrieden, daß auch einige wissenschaftliche Bücher darunter waren. Er bestand darauf, den Koran zu den Büchern zu stellen, weil er Angst hatte, ich könnte ihn in der Schule verlernen. Erst als er erfuhr, daß ich in der Schule an der Rhetorik-Arbeitsgemeinschaft teilnahm und Reden auf Hocharabisch hielt, war er beruhigt.

Das war ein paar Jahre nach der Revolution von 1952. Die Leute in meinem Dorf freuten sich über die Revolution und darüber, daß wir zum ersten Mal von einem Ägypter regiert wurden. Die Dynastie Muhammad Alis war albanisch gewesen, und zuvor hatten die Türken geherrscht, und davor andere Fremde. Seit Jahrhunderten gab es nur fremde Herrscher. Muhammad Nagib, der erste Präsident nach der Revolution, und nach ihm Nasser waren hingegen echte Ägypter. Ich schrieb damals einen Brief an Nasser. Er antwortete mir und schickte ein Photo. Natürlich hat er den Brief nicht selbst verfaßt, doch für mich war es ein Ereignis – ich konnte mich mit dem Herrscher in Verbindung setzen. Der Herrscher stand nicht hoch oben über den Menschen. Ein Schulkind konnte ihm schreiben, und ihm wurde geantwortet.

Ich teilte die Gefühle meines Vaters und des Dorfes für die Revolution. Bald darauf begannen die Verhandlungen über den Rückzug der Engländer aus Ägypten. Sie hatten das Land 1882 besetzt und es seither nach Kräften ausgebeutet. Wir waren glücklich, daß die Besatzung, die weder von den ägyptischen Parteien noch von der Nationalbewegung beseitigt werden konnte, bald zu Ende gehen würde. Schon die Revolution von 1919 war ein Aufstand gegen die Fremdherrschaft. Wo Saad Zaghlul und Mustafa an-Nahas gescheitert waren, setzte sich ein ägyptischer Offizier aus einfachen Verhältnissen durch. Dementsprechend wütend waren wir über den militärischen Überfall, den die Briten 1956 gemeinsam mit den Israelis und den Franzosen unternahmen. Wir wollten als Freiwillige in die Armee eintreten und uns für das Vaterland opfern. Das Gefühl, eine Heimat zu haben und daß diese Heimat gefährdet ist, bestimmte meine Beziehung zur Literatur und Poesie. Es war auch der Beginn der Pubertät und der Gefühle für die Mädchen. Auf dem Weg zur Schule hörte ich jeden Tag die patriotischen Lieder, etwa „Laß meinen Himmel in Frieden, / denn mein Himmel wird dich verbrennen", ein aufwühlender Chorgesang, den ich bis heute auswendig beherrsche. Er erklang aus allen Cafés. Zugleich hörte ich die Musik von Abd al-Wahhab, Umm Kulthum und Farid al-Atrash, obgleich sie mich nicht wirklich bewegten. Erst Abd al-Halim Hafiz sagte etwas Neues in seinen Liebesliedern. Er sprach nicht nur vom Verlassen und den Tränen, sondern fand eine Sprache, die näher an der Wirklichkeit und der Sprache der jungen Generation war. Ich las die modernen Lyriker Mahmud Sami al-Barudi und Ahmad Schauqi, noch ehe ich die klassischen Dichter kennenlernte. Salah Dschahin begann, seine Diwane im ägyptischen Dialekt zu veröffentlichen.

> Hüte dich vor den Tagen und sei gewappnet.
> Hüte deinen Hals vor ihren Stricken.
> Sie werden vergehen, gewiß vergehen.
> Ist nicht die Trauer schon einmal vergangen?

Mein Bewußtsein und meine Gefühle öffneten sich in alle Richtungen – Poesie, Musik, Politik, Erkenntnis. Besonders wichtig wurde der Reiz, den die Welt der Mädchen auf uns ausübte. Damals war die Trennung zwischen Jungen und Mädchen auf dem Dorf nicht so rigide wie heute. Man konnte Mädchen treffen und sich mit ihnen unbeobachtet unterhalten, sie sprachen einen auch an. Wir sahen uns in der Regel außerhalb des Dorfes, auf dem Feld, am Ufer des Baches. Wir Jungen gingen eigens zum Bach, um die Mädchen beim Waschen der Kleider zu beobachten. Wir riefen ihnen dann nette Worte zu. Die Eltern fanden das nicht verwerflich, solange es nicht die Gefahrenzone erreichte, nämlich *al-chilwa*, „das Zusammensein allein". „Die *chilwa* ist vom Teufel", hieß es. Eine Mitschülerin hatte ich, die wir zu Hause besuchen durften, um gemeinsam zu lernen. Da waren wir bereits vierzehn oder fünfzehn. Allerdings besuchten nur wenige Mädchen die Schule.

Mein Vater hat sich nie um meine Schulangelegenheiten gekümmert. Ich habe die Papiere selbst eingereicht und bin allein hingegangen, um die Prüfungsergebnisse zu erfahren. Ich hatte eine undeutliche Wunschvorstellung, daß ich an der Geisteswissenschaftlichen Fakultät der Universität Kairo, und zwar am Arabistischen Seminar, studieren wollte. Warum das so war, weiß ich nicht; vielleicht weil eine ältere Cousine dort ihren Abschluß erworben hatte. Als ich meinem Vater sagte, ich hätte die Prüfung bestanden, erwartete ich, daß ich nun auf die Oberschule komme, um das Abitur zu machen. Mein Vater jedoch meinte, ich sollte meine Papiere vorbereiten, um an die Berufsschule zu gehen. Als ich mich widersetzen wollte, sagte er schlicht:

„Keiner fragt nach deiner Meinung. Wenn du nicht auf die Berufsschule gehen willst, wirst du im Laden arbeiten. Aus ist es dann mit der Schule!"

Es war nicht möglich, mit meinem Vater zu diskutieren – ich kann mich nicht erinnern, je mit ihm diskutiert zu haben. Ich war wütend und fuhr zu meinem Onkel nach Kafr az-Zayat, wo er als Leiter einer Technischen Oberschule arbeitete. Er war gebildeter und älter als mein Vater. Zu den Festen und religiösen Zeremonien besuchte er uns. Er lebte mit seiner Familie in der Stadt und hatte nur Töchter. Sie waren echte Stadtmädchen. Wenn sie uns besuchten – na ja! Es ist schwer, sich das vorzustellen, wenn man den Unterschied zwischen Stadt und Land in Ägypten nicht kennt. Es sind zwei Welten, selbst wenn sie manchmal nur fünfzehn Minuten zu Fuß entfernt sind. Dort war das Leben anders. Dort gab es Strom und fließendes Wasser, und die Wohnungen hatten gestrichene Wände und Steinfußböden. Alles war sauber. Sie waren meine Cousinen, aber auf mich wirkten sie, als gehörten sie einer anderen Gattung von Lebewesen an.

Ich fuhr also zu meinem Onkel, um mich bei ihm zu beschweren, und hoffte, er würde sich auf meine Seite schlagen. Tatsächlich war er erstaunt, daß mein Vater mich trotz des guten Zeugnisses auf die Berufsschule schicken wollte. Er begleitete mich ins Dorf, um ihn umzustimmen. Mein Vater ärgerte sich, daß ich überhaupt meinen Onkel aufgesucht hatte, und empfing uns ausgesprochen kühl; mich hätte er beinahe geschlagen. Zu meinem Onkel sagte er:

„Wenn ich sterbe – wirst du für seinen Lebensunterhalt sorgen?"

Mein Onkel schwieg.

„Und wenn du für den Jungen sorgst", setzte mein Vater nach, „wirst du auch seine Geschwister versorgen?"

Ich hatte das Gefühl, meinen Onkel in eine peinliche Situation gebracht zu haben. Ihm fiel kein Argument ein, um etwas zu erwidern. Mein Onkel fuhr zurück, und ich ging auf die Berufsschule. Das war es. Kurz darauf mußte ich einsehen, daß die Entscheidung meines Vaters richtig gewesen war: Er starb.

Ich habe drei Jahre auf der Berufsschule verbracht, ohne mich dort je wohl zu fühlen. Die Berufsschüler waren damals der Prototyp des undisziplinierten, vorlauten, gewalttätigen Jugendlichen, der sich von niemandem etwas sagen läßt. Sobald sie aus der Schule kamen, stellten sich meine Mitschüler an die Straßenecke, um den Mädchen der benachbarten Schule nachzustellen. Wenn man keiner ihrer Banden angehörte, war man von vornherein ein Verlierer. Einige Banden waren auch dafür bekannt, Wohnungen auszurauben. Ich war der jüngste in meiner Klasse und dazu noch ein sehr guter Schüler, was meine Mitschüler an sich schon für ein Verbrechen hielten. Ich hatte versucht, auch so ein Strolch zu werden wie sie, aber es gelang mir nicht. Zu meinem Glück – und zum Leidwesen der anderen – bekamen wir jedoch einen neuen Schulleiter. Er war entschlossen, aus der Berufsschule eine respektable Lehranstalt zu machen und der technischen Ausbildung wieder Ansehen zu verleihen. Damals hatten die Schüler die Gewohnheit, über die Mauer unserer Schule auf das Gelände der benachbarten Oberschule für Mädchen zu springen – bis zwei Schüler vom Direktor der Mädchenschule erwischt wurden. Das war ein Ereignis, das die ganze Schule umkrempelte. Der Direktor der Mädchenschule rief unseren Schulleiter an und erzählte ihm, was passiert war. Dieser meinte nur:

„Hol die Polizei! Das müssen Diebe sein, wenn sie über die Mauer springen. Ich bin nicht bereit, mit Dieben zu reden. Du kannst sie auch laufen lassen, aber dann trägst du die Verantwortung dafür, daß sie immer wieder über die Mauer springen werden."

Er war fest entschlossen, die Ordnung an der Schule wiederherzustellen. Der Schulleiter der Nachbarschule erstattete tatsächlich Anzeige gegen die beiden Schüler, woraufhin sie unter dem Verdacht des Diebstahls festgenommen wurden. Dieser neue Schulleiter hat alles verändert. Er sorgte sogar dafür, daß die Älteren uns Jüngeren beim Mittagessen nicht mehr alles wegaßen, indem er anordnete, die Töpfe nicht mehr einfach auf den Tisch zu stellen, sondern Essensmarken zu verteilen, um jedem Schüler seine eigene Portion zukommen zu lassen.

Ich schloß die Berufsschule schon mit siebzehn Jahren ab. Damals erhielten die Absolventen der Funkabteilung unserer Schule sofort eine Anstellung in der Funk-Abteilung des Verkehrsministeriums. Weil ich aber noch nicht volljährig war, durfte ich nicht eingestellt werden. Sie sagten, ich solle in neun Monaten wiederkehren. Daraufhin wandte ich mich an den staatlichen Rüstungsbetrieb, wo man mir eine Arbeit mit einem guten Gehalt anbot. Als das Verkehrsministerium jedoch davon erfuhr, legte es Einspruch ein, weil ich eine sogenannte Arbeitsverpflichtung hatte. Also schickten mich auch die Rüstungsbetriebe weg. Ich schrieb Beschwerdebriefe an verschiedene Minister und hatte Erfolg. Der Verkehrsminister veranlaßte, mich trotz meines Alters in der Funk-Abteilung einzustellen. Ich erhielt ein „vorläufiges Tageshonorar" von 24 Piastern, den Mindestlohn eines Arbeiters. Ein Kilo Fleisch kostete damals ungefähr 15 Piaster. Mein Arbeitsplatz war in Kairo, und zwar in der Abteilung „Polizeifunk" des Innenministeriums. Zwölf Jahre war ich dort beschäftigt und habe in der Zeit die ganze Republik bereist – von Kairo bis Damietta und Port Said, bis nach Mansura und al-Mehalla al-kubra, wo ich mich schließlich niederließ. Während des „Zermürbungskriegs“ von 1968 bis 1970 war ich oft in Suez. Ich habe die ägyptische Gesellschaft ganz unten und ganz oben kennengelernt. Mit ganz unten meine ich die einfachen Leute, die zu uns kamen. Ganz oben waren die Herren Offiziere, die sich als Götter betrachteten. Ich selbst gehörte weder zur einen noch zur anderen Gruppe. Ich war ein kleiner Angestellter und mußte mit denen ganz oben kämpfen und die ganz unten versuchen zu verstehen. Ich hatte viele Probleme mit den Offizieren, es wurde sogar ein Verfahren gegen mich angestrengt, das aber glimpflich verlief. Kein Polizeioffizier kann mit jemandem arbeiten, den er nicht unmittelbar beherrscht. Ich aber war Zivilangestellter und nicht ihr Untergebener.

In diesen Jahren als Techniker studierte ich die ägyptische Gesellschaft – von den hohen Offizieren bis zu den kleinen Ganoven, von den kleinen Leuten bis zu den großen Gaunern. Ich beobachtete die Selbstgerechtigkeit und den Zynismus der Offiziere, ich sah die Verhafteten und konnte mit ihnen sprechen. Auf den Polizeirevieren traf ich Leute, die in Streit geraten waren, die armen Frauen, die ihre Ehemänner auf Unterhalt verklagt hatten, Taschendiebe, Huren, Mörder und die Familien der Ermordeten.

Damals entschloß ich mich, weiter zu lernen. Der Traum vom Abitur, von der Geisteswissenschaftlichen Fakultät der Universität Kairo und dem Arabistischen Seminar ließ mich nicht los. Wie gesagt, ich lebte zu jener Zeit, es waren die sechziger Jahre, in al-Mehalla al-kubra, einer Provinzstadt in Gharbiyya. Ich schrieb Lyrik und Prosa und war Mitglied einer literarischen Gesellschaft, in der Marxisten, Muslimbrüder und Existentialisten vertreten waren.

Ich selbst sympathisierte mit den Muslimbrüdern. Ich war weder gegen die Revolution noch gegen Nasser, dachte aber, daß der Islam wichtig sei und von der Regierung mißbraucht würde. Ich hielt zwar nicht die ganze Gesellschaft für „ungläubig", wie die Muslimbrüder es behaupteten, aber etwas fehlte. Ich wollte nicht, daß der Islam manipuliert würde. Damals gelang es der Regierung, die Azhar zu kontrollieren und sie im Kampf gegen die Muslimbrüder einzusetzen. Gehorsam pries die Azhar die Vorzüge des Sozialismus, des arabischen Nationalismus, der Familienplanung und ähnliches – die gleiche Azhar, die in den siebziger Jahren die Marktwirtschaft lobte und den Friedensschluß mit Israel guthieß. Die Manipulation war offensichtlich und erregte meinen Zorn. Heute weiß man, weshalb Nasser die Muslimbrüder so unnachgiebig verfolgt hat. Die Muslimbrüder hatten 1952 den Putsch der Freien Offiziere, von denen viele ihnen ideologisch nahestanden, unterstützt. Nach dem Putsch forderten sie ihren Anteil ein. Sie wollten, daß der Islam zur Staatsreligion und die Scharia zum allein gültigen Recht erklärt würde. Außerdem verlangten sie fünf Ministerien. Die Freien Offiziere reklamierten jedoch die Macht für sich allein und gestanden ihnen nur das Religionsministerium zu. So kam es zum Bruch zwischen den Freien Offizieren und den Muslimbrüdern. Der Staat verfolgte die Muslimbrüder, worauf diese 1954 mit dem Versuch reagierten, Nasser zu ermorden, was wiederum die Hinrichtung zahlreicher ihrer Mitglieder zur Folge hatte.

Ich gehörte damals zwar nicht zu den Muslimbrüdern, aber ich war unglücklich, als ihre Führer verhaftet wurden. Sie hatten vom Islam und von sozialer Gerechtigkeit gesprochen, sie wetterten gegen die ausländischen Besatzer und den Kolonialismus. All das gefiel mir. Noch wichtiger war aber vielleicht, daß ich die Muslimbrüder schon aus meiner Kindheit kannte und mich ihnen verbunden fühlte. Ich war sogar Mitglied der „Jungen Löwen" gewesen, einer ihrer Kinderorganisationen. Ich hatte da richtig Karriere gemacht:

Nach der Ermordung Hassan al-Bannas Ende der vierziger Jahre wurde Hassan al-Hudaibi zum Führer der Muslimbruderschaft ernannt. Um sich vorzustellen und die Ortsgruppen kennenzulernen, unternahm er eine Reise durch das ganze Land, die ihn auch nach Tanta führen sollte. Die Muslimbrüder der ganzen Umgebung planten, al-Hudaibi zu Ehren eine prunkvolle Feier im Sportclub von Tanta auszurichten. Die Ortsgruppe von Quhafa wollte sich selbstverständlich beteiligen und entsandte einen Vertreter in das Planungskomitee. Zu Beginn der Feier sollte ein Kind über den Sportplatz laufen, das mit lauter Stimme „Gott ist am größten, Ihm sei gedankt“ ruft. Weil ich für meine Stimme bekannt war, fiel die Wahl auf mich. Hinter mir sollten die „Jungen Löwen“ und dahinter die Jugendlichen einmarschieren. Ich bin natürlich vor Stolz geplatzt. Am Tag, als al-Hudaibi nach Tanta kam, führte ich all die anderen Kinder und Jugendlichen an und marschierte, „Gott ist am größten, Ihm sei gedankt“ rufend, über den Sportplatz. Als wir zur kleinen Tribüne kamen, hob mich jemand hoch und stellte mich auf den Tisch vor al-Hudaibi, der mir die Hand schüttelte und Gott bat, mich recht zu leiten. Aber nicht nur das: Der Führer der ägyptischen Muslimbrüder schenkte mir einen Kompaß. Ich bin vor Glück fast gestorben. Ich war damals zehn oder elf Jahre alt. Das ganz Dorf erfuhr davon. Ich kehrte zurück und konnte vor Freude nicht einschlafen.

Am nächsten Morgen ging ich in das Büro der Muslimbrüder. Der Leiter der Ortsgruppe hieß Bruder Ibrahim Ragab. Weil es innerhalb der Bruderschaft üblich war, sich gegenseitig mit „Bruder“ anzureden, sagte ich wirklich Bruder Ibrahim zu ihm, und er sagte Bruder Nasr zu mir, dabei war er ein Schulleiter und ich ein kleiner Schuljunge. Ich sagte ihm, daß ich Mitglied der islamischen Pfadfinder werden und Teil einer „Familie“ sein wollte. Die einzelnen Einheiten der Pfadfinder hießen „Familie“. Er lachte und fragte:

„Wie soll ich dich in die Familie aufnehmen? Du bist noch zu jung.“

Bewaffnet mit dem Kompaß des Führers fühlte ich mich jedoch

stark genug, um heftig zu protestieren. Er lächelte, holte seinen Stift aus der Tasche, nahm sich einen Zettel und fragte mich:

„In welche Familie willst du aufgenommen werden?"

„In die Familie Umar ibn al-Chattab", rief ich.

Obwohl ich noch so jung war, wurde ich also offiziell Mitglied der Muslimbruderschaft. Kurze Zeit später begann der Staat, die Muslimbrüder zu verhaften. Mein Vater und ich wurden ins Polizeirevier bestellt, weil wir beide auf der Liste der Muslimbrüder standen – mein Vater, weil er ihnen ab und an Geld spendete, und ich wegen meiner Mitgliedschaft bei den Pfadfindern. Als der Polizeioffizier uns sah, fragte er meinen Vater erstaunt:

„Wer ist denn nun Mitglied? Du oder er?"

„Weder bin ich ein Mitglied, noch ist er es", antwortete mein Vater. Er wußte nichts von meinem Auftritt bei Ibrahim Ragab, obwohl er mit ihm gut befreundet war.

Ich liebte Bruder Ibrahim Ragab und respektiere ihn heute noch. Auch die übrigen Muslimbrüder in unserem Dorf waren freundliche und ehrliche Menschen, die den Armen halfen und sich für Gerechtigkeit einsetzten. Die Hadithe und die Geschichten über den Propheten und seine Gefährten, die sie uns erzählten, hatten nichts mit Obskurantismus zu tun. Es waren Geschichten, die zum tätigen Glauben aufriefen. Sie haben auch die Freiheit und die Würde des Menschen hervorgehoben. So war es im Dorf üblich, daß die Jüngeren den Älteren zur Begrüßung die Hand küßten. Die Muslimbrüder – und übrigens auch mein Vater, der mit ihnen sympathisierte, ohne ihnen anzugehören – lehnten das ab, da sie es als ein Zeichen der Unterwerfung deuteten. Einzig Gott wollten sie sich unterwerfen. Die Idee, daß alle Menschen, Junge und Alte, Arme und Reiche, gleich seien, begeisterte mich. Es war für mich phänomenal, daß ich als Kind einen Schulleiter mit Bruder anreden konnte. Die Muslimbrüder, die ich auf dem Dorf kennenlernte, haben auch niemals schlecht über Christen oder andere Religionsgemeinschaften gesprochen. Nur über die Kolonialisten schimpften sie. Besonders bei den „Jungen Löwen“ habe ich viel gelernt, zum Beispiel den Wert der Arbeit. Die Muslimbrüder waren sehr ernst, wenn es um ihre Arbeit ging, gleich, worin sie bestand. Sie legten Wert darauf, ihre Arbeit gut zu verrichten. Das brachte ihnen im Dorf ein hohes Ansehen ein. Gewählt haben die Leute dennoch die liberale Wafd-Partei. Das sahen sie nicht als Widerspruch an, weil sie die Muslimbrüder nicht als politische Organisation wahrnahmen. Als ich dann später hörte, wie die Muslimbrüder gefoltert wurden, hat das meine Sympathien für sie noch gesteigert. Ich habe damals nicht glauben können, daß jemand im Namen des Islams morden wollte. Ich dachte, es sei eine Lüge, um die Muslimbrüder zu vernichten. Zu dieser Zeit begann ich, Sayyid Qutb zu lesen; sein „Im Schatten des Korans“ war ein außerordentlich wichtiges Buch für mich. Qutb war über die Literatur zur Reflexion über die Religion gekommen. Er war Romancier, Lyriker und Literaturkritiker. Ende der vierziger, Anfang der fünfziger Jahre gehörte Qutb zur Schule der „literarischen Interpretation“ des Korans, zu der auch Amin al-Chuli, Muhammad Ahmad Chalafallah und Schukri Ayyad zählten, war allerdings weniger akademisch als die anderen, eher ein Impressionist in seinen Erörterungen und Kritiken. Sein Buch über die stilistischen Eigenschaften des Korans ist Ausdruck seiner subjektiven literarischen und ästhetischen Sicht. Gleichzeitig betonte er die soziale Komponente des Islams. Beides zog mich an. Später vollzog Sayyid Qutb eine Wende und wurde zum Vordenker des modernen Islamismus. Zu dieser veränderten, verhärteten Sicht auf die Gesellschaft haben sicher die Repression des Regimes, die Jahre im Gefängnis und die Folter, der er ausgesetzt war, beigetragen. Er war nach dem Attentat auf Nasser festgenommen und zu fünfzehn Jahren Haft verurteilt worden. 1964 wurde er freigelassen, um bereits ein Jahr später wieder verhaftet zu werden. Am 29. August 1966 ist er hingerichtet worden. Heute weiß ich allerdings, daß schon in seinen früheren

Werken die extremistische Ideologie angelegt ist, die Qutb später in seinem Buch „Zeichen auf dem Weg" ausgearbeitet hat. Qutbs Ansichten haben sich im Laufe der Jahre verändert, aber nicht von Grund auf gewandelt. Im Gefängnis entwickelte er die Idee, daß Gott mit dem Islam eine Herrschaftsordnung offenbart hat, der sich die Menschen zu unterwerfen hätten. Alle anderen Ordnungen, ob Kapitalismus, Sozialismus oder Kommunismus, seien von Menschen geschaffen; sie zu akzeptieren sei Götzendienst. Das ist eine totalitäre Ideologie, die sich gegen jedweden Pluralismus, jedwede Selbstbestimmung wendet und nur eine Partei, die „Partei Gottes", *(hizb allâh)* zuläßt.

Anfangs bewunderte ich Sayyid Qutb für seine kühnen Ideen. Die Wahl zwischen der Herrschaft des Menschen und der Herrschaft Gottes fiel mir nicht schwer. Allmählich aber begriff ich, daß die Herrschaft Gottes nur bedeutet, daß diejenigen herrschen, die in seinem Namen sprechen. Vor allem stieß mich der Haß auf die übrige, „heidnische" Gesellschaft ab, der in vielen Schriften und Reden der Muslimbrüder spürbar war. Andererseits glaubte ich immer noch, daß der Islam die Grundlage sei, um eine gerechte Gesellschaft aufzubauen. Erst als ich Ende der sechziger Jahre zu studieren begann und an den Debatten der Studenten und Professoren teilnahm, als sich meine Fähigkeit zum kritischen Denken entwickelte, habe ich mich vollends von Qutb und den Islamisten abgewendet. Ich sah ein, daß Qutb nur vordergründig die Diktatur eines Einzelnen oder einer Gruppe ablehnte und erklärte, daß alle Menschen – besser gesagt; alle gläubigen Muslime – vor Gott gleich seien; in Wirklichkeit lief sein Modell auf eine totalitäre Diktatur hinaus, die schlimmer als jede menschliche Diktatur ist, eben weil sie sich auf etwas Höheres beruft. Und dennoch sage ich heute noch: Sayyid Qutb hat kein Verbrechen begangen. Er hat ein Buch geschrieben. Seine Hinrichtung ist für mich bis heute abstoßend. Hier wurde ein Denker hingerichtet, weil er ein Buch geschrieben hatte. Er ist nicht dafür verantwortlich, daß die Menschen sein Buch für den bewaffneten Kampf benutzt haben.

Meine Begeisterung für die Revolution von 1952 hat unter der zunehmenden Repression und den Verhaftungen der Muslimbrüder und der wachsenden Unterdrückung gelitten. Auch ein Kollege von mir, den ich sehr gemocht habe, wurde damals als Muslimbruder inhaftiert. Ich glaube nicht, daß er irgendwelche Verbrechen begangen hat. Er schrieb Kurzgeschichten, wunderbare Stücke. Ich war hin- und hergerissen. Immer noch achtete ich die Person Nassers und bekannte mich zu den Werten, die die Revolution vertreten hatte, zu dem Ziel, den Reichtum zu verteilen und den Armen Bildung und soziale Dienste zukommen zu lassen. Bis heute kann ich die patriotischen Lieder von Abd al-Halim Hafiz nicht hören, ohne daß ich sentimental werde und die Tränen fließen. Aber ein Traum war mir geraubt worden, etwas Schönes und Edles verlorengegangen. Angesichts der Niederlage von 1967 wunderte ich mich dann, daß die Menschen nicht mit ihr gerechnet hatten. Ich hatte sie erwartet, selbst in den ungeheuerlichen Ausmaßen, die sie annahm. Ich hörte Nasser im Fernsehen reden – das war in einem Teehaus, wir besaßen noch kein Fernsehen, zwei Wochen vor Ausbruch des Krieges –, ich sah ihn und rief: „Das ist doch Farid Schauqi, der da redet, das ist kein Staatsmann!" Farid Schauqi war ein Schauspieler, berühmt für seine Gangsterrollen. „Das ist Farid Schauqi, der in einem B-Movie spielt." Die Leute hätten mich beinahe zusammengeschlagen.

Obwohl ich die Niederlage erwartet hatte, war sie schmerzhaft. Ich hatte geahnt, daß ein Volk, das unfrei ist, nicht würde kämpfen können. Ich hatte gewußt, daß Menschen, die ihrer Würde beraubt sind, keine guten Krieger abgeben. Dennoch war die Niederlage grausam. Eine Woche lang war ich wie betäubt. Ich blieb im Bett und starrte sieben Tage lang nur auf die Decke. Ich konnte weder schlafen noch aufstehen. Manche meiner Freunde erzählen, daß sie Jahre später noch unter Impotenz litten. 1967 war grausam. Ein

Vaterland, ein Traum, in dem ich seit dem Alter von neun Jahren gelebt hatte, war gedemütigt, vorgeführt, zerstört worden.

Nach der Niederlage übernahm Nasser öffentlich die Verantwortung und trat zurück. Ich hielt das für eine gute Idee. Aber die Menschen strömten schon Minuten nach der Rede auf die Straße, ließen ihn hochleben und forderten ihn auf, im Amt zu bleiben. Ich war zornig, weil ich die Reaktion der Menschen für emotional und falsch hielt. Sie wollten einfach nicht ihren Helden verlieren.

Völker können sich wahrscheinlich nur dann befreien, wenn sie die Kraft finden, an einem bestimmten Punkt ihre eigenen Symbolfiguren zu zerstören. Nasser war eine solche Symbolfigur. Das ägyptische Volk liebte ihn. Es gibt aber solche Momente im Leben der Völker wie im Leben der Individuen – was Freud den Vatermord nennt, ist eben die Befreiung von der Herrschaft des Vaters. Nassers Charisma hat ihn zur Vaterfigur für das ägyptische Volk werden lassen. Um sich zu befreien, hätte es ihn töten müssen. Das Resultat eines Gerichtsverfahrens gegen ihn wäre nicht wichtig gewesen. Wichtig wäre gewesen, daß ein Herrscher sich vor Gericht verantwortet. Es war ein Moment, in dem das ägyptische Volk hätte die Initiative ergreifen können. Aber statt dessen hat es Nasser eine carte blanche erteilt, die er nicht nutzen konnte. Nasser war ein besiegter Führer. Er war am Ende. Auch sein Charisma war erloschen. Diesem toten Führer gab das ägyptische Volk einen Freibrief. Jeder andere Führer hätte damit Wunder vollbringen können. Aber Nasser war schon erledigt. Es begann eine Zeit großer Unruhen sowie vielfältiger Intrigen. Die Führung der Streitkräfte wurde vor Gericht gestellt, kam aber mit lächerlichen Urteilen davon. Generalstabschef Amer, der eine große Gefolgschaft innerhalb der Armee hatte, beging am 14. September 1967 Selbstmord – mindestens ist das bis heute die offizielle Version. Zuvor hatte ihn Nasser vergeblich aufgefordert, die Konsequenz aus der Niederlage gegen Israel zu ziehen und zurückzutreten. Es hatte Gerüchte über einen Putschversuch Amers gegeben, bevor die Nachricht von seinem Selbstmord kam. Die milden Urteile gegen die Militärs führten 1968 zum Aufstand der Studenten. Viele Studenten wurden festgenommen - und kurze Zeit später wieder aus der Haft entlassen. Nasser besuchte sogar die Universität und entschuldigte sich indirekt bei den Studenten. Danach begann der „Zermürbungskrieg“, eine Art Guerillakampf gegen die israelischen Besatzungstruppen, der von den innenpolitischen Scharmützeln ablenkte. 1970 starb Nasser. Der Vater war tot. An seine Stelle trat Anwar as-Sadat.

Mein Bruder war 1967 Wehrpflichtiger in der Armee. Sein letzter Brief erreichte uns zwei Tage vor Kriegsausbruch. Dann hörten wir nichts mehr von ihm. Um meine Mutter zu beruhigen, mußte ich losziehen, um meinen Bruder zu finden. Ich fuhr nach Kairo und ging zu der Kaserne seiner Einheit, um etwas über sein Schicksal zu erfahren. Sie wußten nichts. Es war, als hätten sie ihre eigenen Leute verloren, ohne es überhaupt bemerkt zu haben. Sein Name stand auf keiner Todesliste. Vielleicht war er verletzt. Ich suchte weiter und ging in alle Militärkrankenhäuser. Eine Woche verbrachte ich in Kairo, ohne Unterkunft, ohne Geld, ohne irgendjemanden zu kennen. Aber ich war nicht allein. Tausende von Menschen suchten damals nach ihren Angehörigen. Die Militärkrankenhäuser veröffentlichten jede Stunde eine neue Namensliste. Also mußte man alle Krankenhäuser regelmäßig aufsuchen. Es war wie eine Rundreise, wie ein Sechstagerennen, immer im Kreis, inmitten der anderen Verzweifelten. Die meisten von ihnen waren Analphabeten, und oft mußte ich die Namen laut vorlesen. Ich las einen Namen vor und hörte jemanden aufschreien. Sehr oft habe ich den Namen meines Bruders gefunden. Aber dann stellte sich heraus, daß es jemand anderes war, der ebenfalls Muhammad Abu Zaid hieß. Ich entdeckte es, als ich mit einem Geschenk in der Hand und leuchtenden Augen ins Krankenzimmer trat und einen fremden Menschen vorfand. Eine Woche habe ich so verbracht, bis ich unverrichteter Dinge zurückkehrte. Einen Monat später erhielten wir die Nachricht, daß mein Bruder bei seiner Einheit war, sich irgendwo in Zagazig in der Provinz Scharqiyya befand und keinen Urlaub nehmen durfte. Als mein Cousin Sayyid Abu Zaid und ich daraufhin nach Zagazig reisten und ihn trafen, haben wir ihn kaum wiedererkannt. Erst als er mich anredete, wußte ich, daß er es war. Ich weiß nicht einmal, warum ich ihn nicht wiedererkannt hatte. Vielleicht war es sein Blick oder seine Statur, die sich verändert hatte. Vielleicht auch andere Dinge. Er hat nie über seine Kriegserlebnisse gesprochen.

Zu dieser Zeit, ich war gerade 24 Jahre alt, wurde ich zum Militärdienst einberufen. Obwohl ich der älteste Sohn einer vaterlosen Familie und daher per Gesetz vom Militärdienst befreit war, wollten sie mich als Elektronikfachmann verpflichten. Ich fragte einen Offizier, was zu tun sei. Er sagte, wenn ich den Befehl nicht befolge, werde man mich festnehmen. Ich sagte, gut, dann sollen sie mich festnehmen. Das passierte tatsächlich. Ich wurde vor Gericht gestellt. Es gelang mir, den Eindruck zu vermitteln, daß ich Kommunist sei. Weil ich die Regierung kritisierte, fragte der Richter, ob ich Kommunist sei. Ich antwortete mit Ja. Also wurde ich freigelassen. Ich wollte einfach die Familie weiter versorgen. In der Armee und unter solchen Bedingungen hätte man mir verboten, eine andere Tätigkeit nebenher auszuüben. Ich hätte in einer Art Geheimdienst gearbeitet und all meine Zukunftspläne aufgeben müssen. Ich hatte vor, Schriftsteller zu werden, ein Dichter oder Romancier. Ich wollte in die Abendschule gehen und das Abitur nachholen. 1967 habe ich mit der Abendschule begonnen. In Ägypten war, auch wenn die Präsidenten erst drei Jahre später wechseln sollten, eine neue Zeit angebrochen.

3

Wenn wir das Kennzeichnende der einzelnen Zivilisationen benennen wollen, können wir vereinfachend sagen, daß im Zentrum der pharaonischen Zivilisation das Interesse am Leben nach dem Tode steht und die griechische Zivilisation auf der Autorität der Vernunft beruht. Das Spezifische der islamischen Zivilisation ist dagegen die Autorität des Textes. Das bedeutet nicht, daß die Vernunft und andere Faktoren keine Rolle spielen, aber die Besonderheit der islamischen Zivilisation ist die Funktion ihres zentralen Textes, des Korans. Aus der Beschäftigung mit ihm ist nicht nur die Theologie entstanden, sondern auch die Grammatik, die Literaturwissenschaft, die Jurisprudenz, die Historiographie, die typischen Formen der bildenden und der vokalen Künste, die Geographie und viele andere Wissenschaften und Diskurse. All das ist unbestreitbar. Aber es ist ein Unterschied, ob man einen Text als religiöse Autorität anerkennt und seine zivilisationstiftende Funktion hervorhebt oder ihn als *die* Autorität schlechthin für alle Fragen des Lebens behandelt. Bedauerlicherweise müssen wir erleben, daß ein Dogma entstanden ist, wonach die Autorität des Korans über den Glauben hinausgeht und alle Bereiche der Gesellschaft und des Wissens erfaßt.

Der Koran ist eine religiöse Autorität, aber nicht der Bezugsrahmen etwa für die Erkenntnisse der Geschichte oder der Physik. Doch verstärkt sich heute die Tendenz, zu meinen, der Koran enthalte bereits alle Wahrheiten, die die Vernunft je erkannt hat oder erkennen wird. Das ist gefährlich – gefährlich für die Vernunft und das Bewußtsein der Muslime –, denn es führt zu zweierlei: zum einen wird die Bedeutung der menschlichen Vernunft herabgesetzt und damit die Rückständigkeit zementiert, und zum anderen verwandelt sich der Koran aus einem Offenbarungstext in einen politischen, wirtschaftlichen oder juristischen Traktat. Dadurch aber verliert der Koran etwas Wesentliches, nämlich seine spezifisch religiöse, spirituelle und in einem allgemeinen Sinne ethische Dimension. Wenn ich an mein Dorf zurückdenke, so war der Glaube eine Motivation, gut und gerecht zu handeln, und der eigentliche Grund dafür, daß die Menschen sich füreinander verantwortlich fühlten und es so etwas wie einen sozialen Ausgleich gab. Die Leute haben den Glauben gelebt, ohne groß darüber zu reden. Heute reden die Menschen über die Religion, aber die Werte der – um einen modernen Begriff zu benutzen – sozialen Subsidiarität fehlen in der ägyptischen Gesellschaft. Die Arroganz der Reichen in Ägypten und ihre Verachtung gegenüber den Armen wird man in einem solchen Ausmaß und in einer solchen Offenheit in keinem kapitalistischen Land finden. In Ägypten ist die Prasserei offenbar eine Zierde. Ich lebe nun schon einige Jahre in einem westlichen kapitalistischen Land, aber einen solchen zur Schau gestellten, angeberischen Luxus, wie ich ihn aus meiner Heimat kenne, habe ich hier nie gesehen – wie sie sich anziehen, wie sie sich geben, wie sie über die normalen Menschen reden und wie sie diese behandeln, wie sie mit ihren schicken Autos hin- und herfahren, damit auch jeder sie sieht. In den Zeitschriften liest man regelmäßig, daß für diese oder jene Hochzeit eigens Blumen aus Holland eingeflogen wurden oder es Pfauenfleisch aus Sri Lanka zum Essen gab. Das steht in der Zeitung, nicht weil es in einem Land mit einer solchen Armut wie Ägypten etwas Häßliches ist, sondern weil die Reichen sich damit brüsten.

Im Dorf bestand der Glaube aus Riten und ethischen Normen, nicht aus Staat und Gesetz. An den Gottesdiensten in der Moschee nahmen Arme und Reiche teil, die Pilgerfahrt machte jeder, der es vermochte, und wenn er aus Mekka zurückgekehrt war, richtete er ein großes Fest aus. Zu meinen Kindheitserinnerungen gehört auch, daß der Muezzin am Tag einer Totenehrung im Morgengrauen *„lâ ilâha illa l-lâh„* rief, „Es gibt keinen Gott außer Gott“. Dann verrichteten wir das Gebet, besuchten die Gräber der Verstorbenen und anschließend die lebenden Bekannten und Verwandten. Das Prinzip, wonach die Leute handelten, war: „*ad-dîn ʿibâdât wa-muʿâmalât* – Die Religion besteht aus Gottesdiensten und Handlungen". Die rituellen Pflichten gelten Gott, aber die Handlungen den Menschen. Gott mag eine Vernachlässigung der Pflichten vergeben, aber nicht die schlechten Taten des Menschen, es sei denn, daß derjenige, dem du unrecht getan hast, dir vergibt. Gott kann dir verzeihen, daß du nicht betest, aber Er verzeiht dir nicht, wenn du einen anderen bestiehlst – es sei denn, der Bestohlene verzeiht dir. So habe ich es in Quhafa gelernt.

Wir lesen, daß Gott am Tag der Auferstehung das Schaf, das das andere Schaf mit den Hörnern verletzt hat, aufrufen und zur Rechenschaft ziehen wird. Da für uns der Kern der Religion in den Handlungen des Menschen lag, war es im Dorf kein Skandal, wenn einer nicht betete. Man konnte ihn auslachen, Witze über ihn machen, aber niemand behauptete, er sei ein Ketzer. Wenn einer im Ramadan nicht fastete, fand man Entschuldigungen für ihn; man sagte, er arbeite schwer oder fühle sich nicht wohl. Man fand es nicht gut, aber man tolerierte es. Ungerechtes, betrügerisches Verhalten verzieh man hingegen nicht. Der Islam, wie ich ihn in meiner Kindheit kennengelernt habe, besteht aus den religiösen Pflichten, die zu befolgen Privatsache ist, sowie den Handlungen des Menschen, die für die Mitmenschen und die Gesellschaft Auswirkungen haben und damit also keine Privatsache sind. Man wußte, wie man betet, wie man fastet und die rituelle Waschung verrichtet. Man brauchte das nicht im *kuttâb* eigens zu lernen, sondern lernte es im Alltag. Im Laufe meiner Schulzeit begann ich außerdem zu verstehen, daß der Koran die Vernunft und die Arbeit achtet. Der Islam, den ich kannte, war von dieser Sicht geprägt, auch die Reden der Muslimbrüder im Dorf, die im Gegensatz zu den Schriften ihrer Theoretiker nicht politisch waren. Ich hatte das Gefühl, daß der Glaube eine bedeutende

Kraft für den Einzelnen und für die Gesellschaft darstellt und das Gebet eine spirituelle Erfahrung, eine Kommunikation zwischen Mensch und Gott, eine Möglichkeit und eine Aufgabe für eine jede Seele, die Alltagsroutine zu durchbrechen und ihr einen höheren Sinn zu verleihen. Die Pilgerfahrt war ein Besuch der Heiligen Stätten. Die Pilger kehrten zurück, erfüllt von der Schönheit ihrer Erfahrung, obwohl das Reisen in dieser Zeit beschwerlich war und nicht wenige Pilger unterwegs verstarben. Auch die Achtung des Schwächeren war eine wichtige Maxime in meiner religiösen Erziehung. Dagegen gehörte die Idee, daß Religion und Staat identisch seien, nicht zu den Prinzipien, die ich gelernt habe. Die Menschen brauchten den Staat nicht, um ihren religiösen Pflichten nachzukommen. Der Glaube war eine persönliche Botschaft, eine Botschaft an Individuen, nicht an Staaten. Das ist eigentlich Religion.

Das Prinzip *ʿibâdât wa-muʿâmalât* ist in diesem Jahrhundert nach und nach umgedeutet worden. So wurde aus „Gottesdiensten und Handlungen" in den vierziger Jahren bei Scheich Schaltut, dem berühmten Rektor der Azhar-Universität, „Glaube und Gesetz" *(ʿaqîda wa-scharîʿa),* wenngleich der Glaube des Einzelnen für ihn noch das Wesentliche ist; er ist das Beständige, während die Scharia das Veränderliche ist. Die sogenannten Fundamentalisten interpretierten *ʿibâdât wa-muʿâmalât* dann als „Religion und Staat" *(dîn wa-daula).* Der Staat sei nötig, um die Religion zu festigen, weshalb es ohne einen islamischen Staat keinen Glauben geben könne. Aber es ist wichtig zu sehen, daß die heute von vielen Muslimen blind akzeptierte Aussage, wonach der Islam Religion und Staat sei, eine moderne Aussage ist. Man wird sie in keinem Text, der vor dem 18. oder 19. Jahrhundert verfaßt worden ist, finden. Das Schlagwort vom Islam als Einheit von Religion und Staat entspricht weder den Lehren des Islams noch dem tatsächlichen Verlauf der Geschichte. In früheren Zeiten war die Frage des Kalifats keine religiöse Frage. So schreibt der Theologe al-Amidi im 12. Jahrhundert: „Wir wollen jetzt die Frage der Führung und des Kalifats behandeln, die nicht zu den Prinzipien (*usûl*) des Glaubens gehört. Da aber alle Werke sie behandeln, wollen auch wir sie behandeln." Die Wahl des Herrschers erfolgte nach den Regeln der Gesellschaft – sie sind nicht im Koran festgelegt – , und der Konflikt, der um die Nachfolge Mohammeds entstand, war politisch, auch wenn in der Folge mit Hilfe des Korans argumentiert, der Koran als Instrument in der politischen Auseinandersetzung benutzt worden ist, und zwar zum ersten Mal von den Gegnern Imam Alis, des vierten Kalifen. Im Sommer 657 kam es am mittleren Euphrat, zwischen Syrien und Mesopotamien, zur Schlacht von Siffin. In einer berühmt gewordenen Geste hefteten die Gegner Alis Blätter aus dem Koran an die Spitzen ihrer Lanzen, als wollten sie ihre Abscheu vor diesem Bruderkampf bekunden. Ihr Anführer Mu´awiya, der spätere Begründer der Umaiyadendynastie, verlangte, die Parteien sollten sich einem Gottesurteil unterwerfen, indem man, aus Achtung vor Gottes Gesetz, einem Schiedsgericht die Entscheidung anvertraue. Obwohl die Aktion Mu´awiyas offenkundig nur ein Vorwand war, um seine drohende Niederlage abzuwenden, ließ sich Ali auf das Schiedsgericht ein. Das hatte einen Aufstand der Charidschiten zur Folge, die es für Gotteslästerung hielten, in einem Menschenurteil ein Gottesurteil zu suchen, und die Fortsetzung des Kampfes gegen die Rebellen forderten. Ein Charidschit war es auch, der Ali 661 ermordete und damit paradoxerweise den endgültigen Triumph der Umaiyaden und ihres Führers Mu´awiya, des neuen Kalifen, sicherte.

In der modernen Zeit stellte sich das Problem erneut, als die Türkei das Kalifat abschaffte und damit bei vielen Muslimen heftige Emotionen auslöste. Viele Herrscher haben versucht, diese Reaktion zu instrumentalisieren und sich zu Kalifen zu erklären, so der Scherif Hussein in Mekka, der Führer der Kalifatsbewegung in Indien sowie König Fuad in Ägypten. Studiert man jedoch die osmanische Geschichte, sieht man, daß das Kalifat erst relativ spät die Bedeutung einer religiösen Herrschaft hatte. In der Auseinandersetzung zwischen dem Osmanischen Reich und Europa, als Reaktion auf den europäischen Anspruch, Schutzmacht für die Nichtmuslime im Osmanischen Reich zu sein, erklärte sich der osmanische Herrscher zum religiösen Oberhaupt der Muslime in den Kolonien, ähnlich wie es der Papst für die katholische Kirche ist. Im Kern war es jedoch eine politische Auseinandersetzung. Europa wollte sich unter dem Vorwand, die nichtmuslimischen Minderheiten zu schützen, in die inneren Angelegenheiten des Osmanischen Reiches einmischen. Im Gegenzug erklärte sich das Osmanische Reich seinerseits nicht mehr allein für ein Staatsgebilde verantwortlich, sondern für eine religiöse Gemeinde, mochte sie auch außerhalb der eigenen Grenzen leben.

Als das Kalifat abgeschafft wurde, hatte die islamische Welt eine umfassende Niederlage erlitten. Die koloniale Expansion hatte triumphiert, und die Muslime hatten das Gefühl, sie hätten alles verloren. Damals waren die Ideen al-Afghanis zur islamischen Einheit, die er gegen Ende des vorigen Jahrhunderts propagiert hatte, noch weit verbreitet, aber das Muster, nach dem die Muslime ihre Einheit hätten verwirklichen können, war ihnen geraubt worden. Mit der Abschaffung des Kalifats stellte sich die Frage, ob das Kalifat eine islamische Herrschaftsordnung sei oder ob die Muslime das Recht hätten, sich eine andere politische Ordnung auszusuchen. Die Idee, daß die Scharia ein staatliches Gesetzbuch sei, wie sie heute von Islamisten propagiert wird, war noch nicht geboren. Es war eine Selbstverständlichkeit, daß der Muslim nach den Bestimmungen und Regeln des Islams lebt, aber die politische Diskussion drehte sich um die unterschiedlichen Herrschaftsmodelle. In der Türkei erschien Mitte der zwanziger Jahre das von mehreren Gelehrten herausgegebene Buch „Das Kalifat und die Herrschaft der Umma“, und in Ägypten veröffentlichte der Absolvent der Azhar-Universität Ali Abd ar-Raziq „Der Islam und die Prinzipien der Herrschaft“, in dem er für eine klare Trennung von Staat und Religion plädiert. Das Werk rief scharfe Proteste hervor. Scheich Raschid Rida, der Schüler Muhammad Abduhs, spielte eine gefährliche Rolle in dieser Auseinandersetzung. Er war der Lehrer Hassan al-Bannas, des Gründers der ägyptischen Muslimbruderschaft, und hatte Beziehungen zu den Wahhabiten in Saudi-Arabien. Die Muslimbrüder maßen der Wiedereinführung des Kalifats Priorität bei. Mit der Frage konfrontiert, warum die Muslime unbedingt in einem Kalifat leben müßten, antworteten sie, daß der Islam Religion und Staat sei.

Anfangs vertraten die Muslimbrüder die Parole vom Islam als Staat und Religion etwas verschämt, aber sie etablierte sich nach und nach, weil die arabische Welt seit dieser Zeit praktisch nur Niederlagen erlebt hat, unter denen die Schmach von 1967 im Krieg gegen Israel am erschütterndsten gewesen war. Eine allgemeine Erschütterung des Selbstbewußtseins, eine Revision aller Selbstverständlichkeiten, die Ablehnung aller existierenden Regierungen waren die Folge. Man stellte sich – fälschlich – vor, es handle sich um aus Europa importierte säkulare Regime, die in den arabischen Ländern herrschten und also für die Niederlage verantwortlich seien. Dies genau war die Falle, aus der sich das islamische Denken bis heute nicht befreit hat. Gewiß, es gibt politische, wirtschaftliche und soziale Konflikte zwischen dem Westen und der islamischen Welt, die man lösen muß. Europa muß seine Verantwortung, die aus den Verbrechen des Kolonialismus resultiert, übernehmen. Aber löst man die unleugbaren Probleme der islamischen Welt mit der Behauptung, daß wir mit dem Westen nichts zu tun haben wollen und niemals etwas zu tun hatten, daß es zwei Wege gibt, die sich nie begegnen werden, den Weg des Westens und den Weg des Islams? Die Geschichte des Mittelmeers ist durch eine fortwährende Begegnung der islamischen Welt mit dem Westen gekennzeichnet, manchmal in Form von Kriegen, meistens jedoch auf friedlichem Wege. Nur wenn wir über einen „reinen", von allen sozialen und kulturellen Einflüssen freien, nichthistorischen Islam und ein ebenso gestaltetes Konzept von Europa oder des Christentums sprechen, läßt sich ein solcher absoluter Gegensatz konstruieren: Islam versus Westen. Aber das ist ein nicht existenter, ein illusionärer Islam und ein nicht vorhandenes Europa. Es mag sein, daß nicht nur die Extremisten in der islamischen Welt, sondern etwa auch die Vereinigten Staaten durch ihr außenpolitisches Gangstertum diese antipodische Vorstellung unterstützt haben. Doch ist das allenfalls ein zusätzlicher Faktor. Wir müssen nach den wesentlichen Ursachen forschen, wenn wir den Konflikt bewältigen und die jetzige Krise meistern wollen. Nur so können wir unsere Glaubensüberzeugungen bewahren und wiedergewinnen. Es schmerzt mich, daß die Religion ihren Stellenwert verliert, denn sie vor allem ist es, die den Menschen davon abhält, des anderen Menschen Wolf zu werden. Es wäre ein Verhängnis, wenn in der islamischen Welt die immer noch weithin vorhandene Religiosität schwächer würde, wie es viele iranische Geistliche und Intellektuelle als eine Folge des religiösen Herrschaftssystems in ihrem Land beklagen. Wo die Religion Staat ist, besteht die Gefahr, daß sie mit allen Unzulänglichkeiten oder – wie in Iran – sogar mit den Verbrechen des Staates identifiziert wird.

Das Empfinden ist heute auf der Welt und auch bei vielen europäischen Denkern verbreitet, daß die Religionen Wertvorstellungen beinhalten, die den Menschen vor seiner Vereinzelung schützen. Die säkularisierte Sicht vom Menschen als autonomem Wesen hat ihn vereinsamen lassen. Der Glaube läßt den Menschen in einem Universum leben, das er kennt und ihm Geborgenheit und das Gefühl einer höheren Harmonie vermittelt. Sie bewahrt ihn vor den negativen Folgen der Entfremdung. Die Entfremdung hat eine positive Seite, weil sie Klärung herbeiführen kann. Aber sie wirkt, wenn sie ohne Halt und Grenze ist, zerstörerisch. Wenn du einen Menschen liebst, dann brauchst du ein Maß an Nähe. Du zerstörst die Liebe, wenn du dich vollkommen von ihm fernhältst. So ist das mit der Materie, der Umwelt, dem Leben, mit Gott. Die Lehren des Islams enthalten hierzu Botschaften, die bedauerlicherweise kaum bekannt sind. Sie sind aber gerade heute, da der moderne Mensch etwa der Natur völlig beziehungslos gegenübersteht, von Bedeutung.

Zweifellos ist das, was wir heute in der muslimischen Welt an Engstirnigkeit, Dogmatismus und Fanatismus erleben, die Folge eines Scheiterns. Vor der Invasion Napoleons von 1798 gab es eine gewisse, wenn auch noch in traditionellen Bahnen verlaufende Entwicklung innerhalb der Azhar. Es gab noch keine Herausforderung von außen, die sie in die Defensive gezwungen hätte. Insofern ähnelte die Begegnung dieser Gelehrten mit der westlichen Zivilisation der Erfahrung der Mu´taziliten, die vom neunten Jahrhundert an von der griechischen Zivilisation entscheidende Impulse empfingen und sie in ihren soziokulturellen Kontext einführen konnten, ohne daß die Griechen Bagdad besetzt hätten. Es ist schwer zu sagen, ob die europäische Einmischung in Ägypten diese Entwicklung an der Azhar-Universität gestoppt oder forciert hat. Wenn die Nation in Gefahr ist – und die französische Expedition war zweifellos eine Bedrohung –, sucht man Schutz im kollektiven Gedächtnis. Die Besatzer behaupteten, daß der Islam für die Rückständigkeit der ägyptischen Nation verantwortlich sei. Die Antwort war, daß man die Religion verteidigte, und so verlor man den Blick für die eigentlichen Ursachen der Schwäche. Das war ein allgemeines Gefühl in der Öffentlichkeit, nicht nur unter den Intellektuellen.

Die Erklärung, die die islamische Welt für die Niederlage gefunden hat, war so einfach wie fatal: daß sie aufgrund des Islams schwach sei. Das war die Falle, in die alle Denker hineingetappt sind. Sie haben den Vorwurf Europas – die Behauptung von Orientalisten wie Renan oder Hanoteaux, daß der Islam an der Misere schuld sei – nicht in Frage gestellt, sondern implizit akzeptiert. Anstatt zu sagen, der Islam hat mit der Krise kaum etwas zu tun, wendeten sie den

Vorwurf nur um und sagten: Nein, der Islam ist nicht die Ursache unserer Schwäche, sondern unser Verständnis vom Islam, unsere Abkehr vom wahren Islam – wir müssen den Islam neu leben. Auch der große Reformator des späten 19. Jahrhunderts, Muhammad Abduh, akzeptierte, daß der Islam praktisch der alleinige Faktor in der Gestaltung der Gesellschaft sei. Er forderte seine Landsleute auf, zu den Quellen zurückzufinden und den Islam neu zu interpretieren. Das war insofern positiv, als es den Weg für andere, unverbrauchte Sichtweisen der islamischen Geschichte eröffnete, aber es hat gleichzeitig den Islamisten den Weg geebnet. Wenn Abduh feststellt, in Europa gäbe es den Islam, aber keine Muslime, in Ägypten dagegen gäbe es Muslime, aber keinen Islam, trennt er zwischen dem Islam und den Muslimen und spricht über einen Islam, der völlig losgelöst von seinem historischen Kontext ist. Das hat es seinem Schüler Rida ermöglicht, die anhaltende Aggression Europas fundamentalistisch zu deuten. Dabei hat Abduh selbst keineswegs die Konfrontation mit Europa gesucht. Er hatte gute Beziehungen zu den Briten. Er war ein Intellektueller, der als Mufti zugleich Staatsmann war.

Gewiß, die Aufklärungsbewegung in Ägypten war apologetisch. Das war ihre grundlegende Schwierigkeit und führte dazu, daß aus ihr selbst der Islamismus hervorging. Aber man muß mit Schuldzuweisungen an jene Denker und ihr Publikum behutsam sein. Vielleicht hätte Muhammad Abduh nicht einen Raschid Rida hervorgebracht, wäre die Bedrohung seitens Europas geringer gewesen. Vielleicht hätten die Aufklärer Ahmad Lutfi as-Sayyid und Taha Hussein nicht diese heftigen und emotionalen Reaktionen ausgelöst. Sie sind alle Schüler und Anhänger Muhammad Abduhs, zusammen mit Qassem Amin und vielen anderen, aber eben auch gemeinsam mit Raschid Rida. Wir können hinsichtlich der intellektuellen Entwicklung Ägyptens nicht die Aggression Europas außer acht lassen. Der Verweis auf die Verantwortlichkeit Europas ist durchaus mehr als nur eine Krücke muslimischer Denker. Er ist in der modernen Geschichte des Nahen und Mittleren Ostens begründet. Die europäische und heute vor allem die amerikanische Politik in der Region gibt den Islamisten die Legitimation, die sie benötigen. Etwa hat Europa seine Judenfrage aus arabischer Perspektive dadurch gelöst, daß es die Juden in unserer Region ansiedelte und ihnen den Aufbau eines jüdischen Staates ermöglichte – eines Staates, der sich religiös legitimiert und definiert. Und so ist das Schlagwort zu verstehen: Eisen kann nur durch Eisen gebrochen werden, das der konservative Fernsehprediger Scheich Scha´rawi verwendete. Diese Leute – er meinte die Juden – seien siegreich gewesen, weil sie im Gegensatz zu uns ihrem Glauben treu geblieben seien. Scha´rawi hat Gott gedankt für die Niederlage von 1967, die eine Niederlage eines kommunistischen Systems gewesen sei. Auch für ihn ist die Religion der einzig relevante Faktor, um die geschichtlichen und politischen Ereignisse zu deuten. Israel als ein religiöser, jüdischer Staat konnte also nur durch einen islamischen Staat besiegt werden, und der Weg zum Sieg ging über die Rückkehr zu den eigenen Wurzeln. Das war nicht nur die Parole der Islamisten – auch die Regierung verkündete es auf ihre Weise. Eine bekannte Erfahrung wiederholte sich: unsere Reaktion auf die vorherigen Niederlagen. Alle blickten zurück, nicht zuletzt die Intellektuellen. Auch wenn ihr Blick oft kritisch war, so war er doch vor allem ein Blick zurück. Adonis und seine Schüler forderten ein neues Verständnis der eigenen Tradition, ein neues Denken, die Überprüfung der eigenen Prämissen. Zaki Nagib Mahmud, der als säkularer Positivist bekannt wurde, blickte ebenfalls zurück und begann sich mit dem Erbe zu beschäftigen, genauso wie Mustafa Mahmud, Muhammad Abid al-Dschabiri, Hassan Hanafi und sogar die kommunistischen Intellektuellen wie der später zum Islamismus konvertierte Adil Hussein. Im kulturellen Erbe meinte man den Schlüssel zu finden, um die Tür in eine bessere Zukunft zu öffnen. Natürlich suchten nicht alle nach demselben Schlüssel, aber alle suchten im Erbe. Jemand wie Abd ar-Rahman Badawi, ein existentialistischer Philosoph, begann plötzlich über Mystik und islamisches Denken zu sinnieren. Heute polemisiert er, der selbst die wichtigsten Werke der Orientalisten ins Arabische übersetzt hat, gegen die Orientalisten, die den Islam und den Koran angreifen würden.

Unter denen, die vom Erbe sprachen, waren die Islamisten die einzigen, welche die Massen erreichten. Ihr Schlüssel schien der einfachste zu sein: „Der Islam ist die Lösung!" Zur Verbreitung ihrer Gedanken nutzten sie die Moscheen, die in einem Land ohne politische Freiheiten eine wichtige Funktion als Ort der gesellschaftlichen Kommunikation ausüben, und schließlich wurden sie vom neuen Präsidenten Sadat unterstützt, der sie brauchte, um mit den Nasseristen fertig zu werden. Sadats eigene Politik trug Züge dieser Hinwendung zum Erbe. Ohne Nasser ausdrücklich zu kritisieren, sprach er davon, daß wir Werte importiert hätten, die nicht zu uns passen. Seine Schlagworte waren: „Wissenschaft und Glaube", „Zurück zum Dorf".

Auch in unserem Dorf wurde die Moschee nach 1967 zum Ort der politischen Agitation. Die Kritik der Prediger war sehr konkret und berührte die drängendsten Probleme der Menschen. Das hat dafür gesorgt, daß die Moscheen sich füllten – mit Ausnahme jener Moscheen, in denen die Prediger lediglich über religiöse Themen sprachen. Man nannte sie verächtlich Regierungsprediger. Die Leute wollten etwas anderes hören; je radikaler die Kritik, desto mehr bewunderten sie den Mut des Predigers. Eine andere politische Plattform existierte nicht, um den Ärger der Menschen zum Ausdruck zu bringen. Gleichzeitig kehrten die Führer der Muslimbrüder in den siebziger Jahren aus den Golfstaaten zurück und fanden alles vor, was sie brauchten. Sie fingen mit den Moscheen an, dann übernahmen sie die Berufsverbände und andere Organisationen.

Ich sage immer: Sie verbrennen den Glauben, damit sich der Wagen der Politik in Bewegung setzt. Sie verwandeln den Glauben in einen Brennstoff, den sie verpulvern. Man könnte den Wagen der Politik auch ohne die Religion antreiben, aber das setzte die Existenz individueller Freiheiten und Rechte voraus – die Existenz der Demokratie. Dies und nichts anderes ist das eigentliche Thema und das Problem der meisten muslimischen Gesellschaften heute. Wir dürfen uns nicht von neuem einreden lassen, daß die muslimischen Länder deshalb rückschrittlich oder – in diesem Fall – undemokratisch seien, weil sie muslimisch sind. Die Völker, die es zu einem demokratischen System gebracht haben, sind nach langen und oft blutigen Auseinandersetzungen zur Einsicht gekommen, daß man friedliche Mechanismen entwickeln muß, um Konflikte zu lösen und sich auf Entscheidungen zu einigen. Es war nicht die Religion, die sie das gelehrt hat. Es war ihre leidvolle Erfahrung und ihre Vernunft, durch die sie erkannt haben, daß die Menschen nie einer Meinung sein werden und dennoch friedlich zusammenleben müssen. Auch wir müssen dies lernen, und um es zu lernen, genügt es weder, die Bibel noch den Koran aufzuschlagen.

Das Fehlen der Demokratie in den islamischen Gesellschaften hat viele Ursachen – soziale, kulturelle, gesellschaftliche, innen- und außenpolitische. Über sie muß gesprochen, sie müssen beseitigt werden. Der Islam hat damit nur am Rande zu tun. Sowohl die Gegner wie auch die Befürworter der Demokratie benutzen ihn zur Rechtfertigung ihrer Ansicht. Die muslimischen Demokraten verweisen darauf, daß der Islam die *schûra* kenne, die „Beratung“.

Die Gehör leihn ihrem Herrn
Und verrichten das Gebet
Und abhalten die Beratung,
Von dem auch, was wir ihnen
Zur Nahrung gaben, spenden aus.

Koran 42:38

Manche sagen, der Islam befürworte die Demokratie, weil er die *schûra* befürworte, andere wollen keine Demokratie, sondern eine *schûra*, aber beide Lager ignorieren den Kontext und die Bedeutung des Verses. Die *schûra* ist weder identisch mit der Demokratie, noch ist sie islamisches Gesetz. Sie ist kein islamisches politisches System, sondern die Praxis der Stämme in vorislamischer Zeit: Der Oberste berät sich mit den Mitgliedern des Stammes. Wenn der Koran also von der *schûra* spricht, dann spricht er über etwas Bestehendes. Der Vers ist kein Gesetz, sondern eine Beschreibung. Wenn die Kuraischiten zusammenkamen, um sich über ihren Gegner Mohammed zu beraten, war das eine *schûra*. In Saudi-Arabien gibt es jetzt ein „Parlament der *schûra*", dessen Mitglieder sämtlich vom König ernannt worden sind. All das ist interessant, aber es beantwortet nicht die Frage, wie wir es heute zu einem demokratischen System bringen. Die *schûra* hilft uns, die wir nicht mehr im Verband eines Stammes leben, nicht weiter. Die Organisation des politischen Lebens, das soziale System, die Strukturen des Staates sind keine religiösen Angelegenheiten. Sie sind nach der Maßgabe unserer Erfahrungen, unserer Vernunft und dem Willen der Bürger zu regeln. Während ich das sage, weiß ich schon, wie der reflexartige Einwand lauten wird: Wer Religion und Politik trennt, trennt die Religion von der Gesellschaft. Aber das ist weder zwingend noch folgerichtig. Der Einwand ist Ausdruck einer Konfusion, die bei manchen Muslimen und fast allen Islamisten herrscht. Sie setzen Staat und Gesellschaft gleich.

Heute wird die Existenz eines islamischen Staates mit der Durchsetzung der Scharia verknüpft. Der Koran verkünde Gesetze, und um sie allgemein anzuwenden, bedürfe es eines religiös definierten und ausgerichteten Staates. Die Tendenz geht dahin, jenen kleinen Teil des Korans, der von juristischer Relevanz ist, als dessen eigentliche Botschaft anzusehen. Alle anderen Verse geraten in den Hintergrund, oder es wird gesagt, daß sie ebenfalls gesetzliche Bestimmungen enthielten, allerdings indirekte. Und so verwandelt sich der Koran in einen Gesetzestext. Tatsächlich ist er eine umfassende religiöse und spirituelle Verkündigung, die unter anderem eine Reihe juristischer Bestimmungen enthält. Diese Bestimmungen oder Gesetze bedürfen jedoch keiner politischen Macht, um zur Anwendung zu gelangen. Ihre Anwendung hängt von der Überzeugung der einzelnen Menschen ab. Keine Religion ist auf die Autorität des Staates und die Macht seiner Organe angewiesen, damit ihre Prinzipien und Normen durchgesetzt werden. Der Glaube ist eine Angelegenheit zwischen Gott und dem Individuum. Wer ihn zu einer Sache des Staates macht, mißtraut dem Individuum, und er mißtraut letzten Endes Gott, der dem Menschen im Koran die Wahl überlassen hat, zu glauben oder sich von ihm abzuwenden. Er mißtraut dem Vertrauen Gottes in das Individuum.

Religion und Staat müssen getrennt sein. Selbst der Gedanke der Staatsreligion, der in so vielen und auch in der ägyptischen Verfassung auftaucht, ist letztlich irreführend. Der Staat ist keine Person, und also kann er auch keinen Glauben haben. Daß seine Repräsentanten einen Glauben haben und dieser Glaube sich auf ihr Handeln auswirkt, ist etwas anderes. Die Religion vom Staat zu trennen und den Islam dennoch als einen Bezugsrahmen etwa für die Gesetzgebung zu betrachten, widerspricht sich nicht, solange die Mehrheit des Volkes das möchte. Auch die Deklaration der Französischen Revolution ist ein Bezugsrahmen für die Gesetzgebung in Frankreich, genauso wie die Erklärung der Menschenrechte ein Bezugsrahmen für viele Institutionen und Verfassungen ist. Das Entscheidende ist, ob die Menschen die Wahl haben, ihre Gesetze zu bestimmen und zu ändern, von wem immer sie sich in der Mehrheit inspirieren lassen, was immer sie religiös, moralisch und ethisch leitet; entscheidend ist auch, daß die Minderheit das Recht hat, anders zu sein, und von niemandem gezwungen wird, wie die Mehrheit zu leben. Demokratie ist keine Form, den Sinn des Lebens allgemein zu definieren. Sie ist die friedlichste und gerechteste Möglichkeit, Konflikte auszutragen und zu Entscheidungen zu gelangen.

Die Verbindung von Staat und Religion ist nicht zwingend, mehr noch: sie ist für den einzelnen Gläubigen gefährlich: Falls sein Verständnis der Religion von dem Verständnis abweicht, das dem Staat zupaß kommt, kann er seinen Glauben nicht ausüben. In einem solchen Staat wird allein das religiöse Verständnis der Herrschenden akzeptiert, alle anderen Lesarten werden zur Häresie erklärt. In einem solchen Staat verwandelt sich der Staat in eine Kirche. Die Islamisten wollen die Menschen bevormunden, um sicherzugehen, daß diese Gottes Gesetze befolgen. Dabei ist es die Verantwortung eines jeden Muslims, die Gesetze Gottes zu befolgen, und nicht die Verantwortung einiger weniger, die an der Macht sind. Vielleicht einigt sich die Mehrheit auf ein Gesetz, das der Scharia widerspricht. Vielleicht verständigt sich die Mehrheit auf eine Politik, die mit den Prinzipien des Islams nicht im Einklang ist. Das ist eine berechtigte Angst. Aber es ist nicht berechtigt, wegen dieser Angst den Menschen die Entscheidung abzunehmen. Es gibt keine eingeschränkte oder halbe Demokratie. Weder die Kopten noch die Islamisten, weder die Säkularisten noch die Kommunisten dürfen daran gehindert werden, Parteien zu gründen und für ihre Sache zu werben. Ich bin absolut gegen das, was 1991 in Algerien geschah, als die Islamisten vor dem Wahlsieg standen. Manche unserer intellektuellen Eliten haben es begrüßt, daß die Islamisten durch den Putsch der Militärs daran gehindert worden sind, die Macht zu übernehmen.

Wir haben ein geistiges Problem in unseren Ländern: Das Prinzip der Pluralität muß in der politischen Kultur neu etabliert werden, das Bestehenlassen der Differenz. Die Demokratie als Konzept hat sich im öffentlichen Bewußtsein noch nicht durchgesetzt, schon gar nicht im Bewußtsein der Eliten. Wäre dies der Fall, könnten unsere Gesellschaften auch eine Herrschaft der Islamisten ertragen – falls sie von der Mehrheit gewollt wird und die Möglichkeit ihrer Abwahl besteht. Der Sieg der Islamisten in Algerien wäre in der Tat gefährlich gewesen, weil die Demokratie noch nicht gefestigt war. Aber er hätte auch eine Chance geboten, die Demokratie zu lernen, politischen Widerstand zu organisieren, Formen der friedlichen Auseinandersetzung zu finden. Schlimmer, blutiger als das, was nach dem Militärputsch über die algerische Bevölkerung hereingebrochen ist, hätte es nicht kommen können. Um sich mit dem Islamismus auseinanderzusetzen und ihm zu begegnen, bedarf es nicht der Gewalt, sondern im Gegenteil mehr Freiheit, Offenheit und Demokratie. Wenn die Demokratie existiert, wenn sie wirklich in den Köpfen der Beteiligten verankert worden ist, wird der Islamismus an seine natürlichen Grenzen stoßen. Die Menschen würden ihnen diese Grenzen aufzeigen. Die algerische Lösung ist eine Gewaltlösung, die nicht funktionieren kann.

Das Verbrechen besteht darin, daß die Intellektuellen – und hier spreche ich nicht von den Politikern oder den Militärs, sondern von allen Intellektuellen, eingeschlossen mich selbst – sich selbst als die Väter der Völker betrachten. Das ist das wirkliche Verbrechen. Wir sollten uns nicht als Vormund des Volkes aufspielen, wir sind dessen Diener. Nasr Abu Zaid, Louis Awad, Gaber Usfur und wie sie alle heißen, sind keine Autoritäten. Wir sind Angestellte wie jeder Straßenkehrer. Wenn der Straßenkehrer seine Arbeit gut verrichtet, dann ist er besser als wir, falls wir unsere Arbeit schlecht gemacht haben. Wir aber reden die ganze Zeit, als seien wir der Vormund des Volkes. Die Politiker, die Theologen und die Militärs sehen sich ebenfalls so. Der ganze politische Diskurs in der arabischen Welt ist ein Diskurs der Bevormundung, als wären unsere Völker zur Demokratie nicht fähig. Alle Regime der arabischen Welt sind nach einem Militärputsch an die Macht gekommen oder durch Vererbung. Kein einziges System ist demokratisch, die meisten Führer sind Monarchen wie König Hassan oder Militärs wie Nasser, Sadat und Mubarak. Auch die Demokratie in Ägypten ist bloß eine Farce – die

Wahlen sind nicht frei, die Parteien nicht gleichberechtigt, die Regierungspartei hat ihre Legitimation allein dadurch, daß der Präsident ihr Mitglied ist, und der Präsident ist ein Diktator oder, wie die Islamisten ihn gern nennen, ein Pharao.

Die ägyptische Regierung spielt das Spiel um die Macht sehr geschickt. Sie kommt den Islamisten in vielen Dingen entgegen, aber sobald es für sie bedrohlich wird, greift sie mit harter Hand durch. Als die Terroristen den Staat durch ihre Attentate wirklich bedrohten, reagierte der Staat äußerst scharf. Aber der gleiche Staat ist es, der den Terroristen das intellektuelle Futter gibt. Das staatliche Fernsehen ist für die Verbreitung extremistischer Ideen verantwortlich. Sie kritisieren einige Ideen der terroristischen Gruppen, aber es ist keine grundsätzliche Auseinandersetzung. Manchmal glauben wir, die Regierung ist wirklich gegen den Terrorismus, sie steht tatsächlich hinter dem Konzept der zivilen Gesellschaft. Und am nächsten Tag wachen wir auf und merken, daß das ein Irrtum war. Die Regierung wird alles, was ihre Existenz bedroht, bekämpfen. Sie verteidigt ihre Macht, nicht die Gesellschaft. Unterstützt wird sie vom Westen, dem es gleich ist, ob die Regierung demokratisch ist oder nicht, solange sie ihm in treuer Freundschaft ergeben bleibt. Der gleiche Westen ist es, der den Militärputsch in Algerien gebilligt hat, der über die Menschenrechtsverletzungen in Saudi-Arabien kein Wort verliert, während er Iran und Sudan anprangert, der gleiche Westen, der den Irak angestiftet hat, das revolutionäre Iran zu überfallen, um später, als die Freundschaft zerbrochen war, selbst Krieg gegen den Irak zu führen. Nicht zuletzt aus Angst vor dem Islam ist der Westen mitverantwortlich für die Zerstörung demokratischer Prozesse in der Region. Dabei ist der Islam, den der Westen fürchtet, eine Einbildung, ein Konstrukt, eine Erfindung, genauso wie jener Westen, vor dem wir Muslime uns fürchten. Auf politischer und wirtschaftlicher Ebene kann man sicherlich von einer Gefahr sprechen, die der Westen für uns darstellt. Man ist davon bedroht, für den Westen nichts als ein Markt zum reibungslosen Verkauf seiner Waren zu sein. Aber das betrifft nicht nur uns, sondern die gesamte Dritte Welt. Von einem Kreuzzug gegen die Muslime zu reden ist viel zu bequem.

Ich glaube nicht, daß es überhaupt noch verschiedene Zivilisationen gibt. Es gibt verschiedene Kulturen sowie eine Zivilisation, die nahezu der gesamten Menschheit gehört. Diese Zivilisation ist nicht westlich; sie hat im Westen die wichtigsten Bezugspunkte und ist in vielerlei Hinsicht von ihm geprägt worden, aber es ist heute die Zivilisation der Welt. Huntingtons Szenario eines *clash of civilizations* ist banal, in sich widersprüchlich und beruht auf unzureichenden Informationen über die einzelnen Regionen, von denen er spricht. Seine Darstellung des Islams ist einseitig und stellenweise schlicht falsch. Aber sein Buch ist eine Alarmglocke. Die Kriege, die es überall auf der Welt gibt, sind ebenfalls Alarmglocken. Es gibt keine Gewißheiten mehr, jede Gruppe versucht, sich an irgend etwas zu klammern, es ist diese merkwürdige, diese fatale Idee der Identität, die in den Köpfen herumspukt, nicht nur bei uns in der Dritten Welt. Religion kann eine solche Identität sein, Ethnizität oder Nationalismus können es auch sein. Es ist wie in der „Reise nach Jerusalem": Alle rennen, um nicht derjenige zu sein, der keinen Stuhl mehr bekommt. Die Identität schrumpft zusammen, verliert ihre sozialen Anteile sowie ihre Vielschichtigkeit und wird auf die Zugehörigkeit zu einem bestimmten Stamm reduziert. Deshalb meine ich, daß wir Huntingtons Warnung ernst nehmen müssen, unabhängig davon, ob wir sein Buch und das Niveau seiner Forschung mögen oder nicht.

Wenn es eine gemeinsame Zivilisation gibt, muß es auch einen universalen Diskurs über Menschenrechte und Demokratie geben. Die unterschiedlichen Religionen sind hierfür kein Hindernis. Wir brauchen keine religiöse Begründung für Gesetze, die den Menschen schützen. Ohnehin ist es wesentliches Ziel aller Religionen, die Menschen zu schützen. Prinzipien wie die Menschenrechte oder die Demokratie müssen jedoch nicht erst durch die Religion legitimiert werden. Sie sind universal geworden und gehören der gesamten Menschheit. Allerdings müssen sie innerhalb des jeweiligen kulturellen Kontextes erläutert und heimisch gemacht werden. Es ist – da wirklich unabhängige, kritische Medien nur rudimentär vorhanden sind – die Aufgabe gerade der Intellektuellen, diesen universalen Diskurs in den Diskurs ihrer jeweiligen Kultur und Sprache zu übertragen. Es ist nicht apologetisch, wenn ich sage, daß die Gewalteilung oder die Menschenrechte unserer Kultur nicht fremd sind. Um sie vertraut zu machen, muß ich sie übersetzen und mit dem in Zusammenhang bringen, was in meiner Kultur bereits bekannt ist. Wenn ich ein Buch über Shakespeare schreibe und einem arabischen Leser erklären möchte, was seine Bedeutung und das Wesentliche seines Schaffens ist, wäre es nur zu natürlich, Entsprechungen in der eigenen Kultur zu benennen, Vergleiche zu ziehen und zu zeigen, daß seine Probleme uns keineswegs so fremd sind, wie es von außen den Anschein hat, weil es nicht um Ali und Mohammed geht, sondern um Richard den Dritten und Johann den Ersten.

Eine Aufgabe der Intellektuellen ist eben jene Übersetzung. In meinem Land kann es Ihnen passieren, daß Sie über Menschenrechte sprechen und Ihr Gegenüber Sie fragt: Was sind Menschen? Haben Sie Rechte? Die Meinungsfreiheit – ich will nicht sagen, daß sie nicht elementar sei, aber die Menschenrechte werden bei uns und in vielen Ländern der Dritten Welt noch auf ganz anderen Ebenen verletzt. Darüber ist zu reden, und deshalb unter anderem unterscheiden sich unsere Themen bisweilen von denen der europäischen Intellektuellen, obwohl wir von den gleichen Prinzipien ausgehen. Als meine Berufung zum Ordentlichen Professor abgelehnt worden war – noch vor dem Scheidungsurteil –, veranstaltete die ägyptische Organisation für Menschenrechte eine Konferenz, um mich und die Freiheit der Gedanken zu verteidigen. Das war wunderbar, und ich freute mich auf die Veranstaltung. Ein paar Tage davor kam es jedoch in der „Stadt des 6. Oktobers", in der ich wohnte, zu einem Zwischenfall. In diesem neuen Vorort, 50 km vom Stadtzentrum Kairos entfernt und noch nicht fertiggestellt, waren noch viele Bauarbeiter und Handwerker beschäftigt. Einen von ihnen kannte ich, weil ich ihn jeden Tag traf und ein paar Worte mit ihm wechselte. Als er drei Tage lang nicht erschienen war, erkundigte ich mich nach ihm. Ich hatte Sorge, weil sich in Moqattam, wo er wohnte, ein Erdrutsch ereignet und es Tote und Verletzte gegeben hatte. Ich fürchtete, daß er zu den Opfern gehörte. Meine Nachbarin erzählte mir, daß in einer Wohnung eingebrochen worden war und die Polizei alle 150 Arbeiter festgenommen hatte, die in dem Block beschäftigt waren. Ich ging ins Polizeirevier und fragte, weshalb sie alle Arbeiter verhaftet hätten, anstatt ordentliche Ermittlungen anzustellen und einen zu finden, der wirklich verdächtig ist. Diese Arbeiter hätten schließlich Familien, die sich seit drei Tagen um sie sorgen. Der Polizeioffizier sagte:

„Herr Doktor! Was wollen Sie? Wer von ihnen interessiert Sie? Wenn Ihnen an einem von ihnen gelegen ist, dann lassen wir ihn Ihretwegen frei."

Ich sagte, es ginge nicht um einen Einzelnen, sondern um die Rechte aller. Auf dem Weg zur Veranstaltung schämte ich mich. Was hieß das denn: die Verteidigung der Gedankenfreiheit? Diese Menschen waren im Gefängnis, ohne daß die Familien von ihnen wußten und sich irgendwer über die Verletzung ihrer elementarsten Grundrechte aufregte. Um diese Arbeiter geht es doch, um ihre Familien, um diejenigen, denen so etwas geschieht – und es geschieht jeden Tag, nicht immer nur aus bloßer Bosheit und Willkür, sondern oft genug aus reiner Trägheit der Verantwortlichen, die meinen, mit manchen Menschen könne man so umspringen.

Auf der Veranstaltung waren die bekanntesten ägyptischen Intellektuellen anwesend. Als ich ankam, entschuldigte ich mich und sagte, daß ich an der Veranstaltung nicht teilnehmen könne. Alle waren verwundert. Ich erzählte ihnen die Geschichte. Ich sah keinen Sinn darin, daß sie meine Freiheit verteidigen, obwohl ich weder im Gefängnis saß noch gefoltert worden war. Es ging doch nur um meine Beförderung.

4

Als mein Vater krank wurde, fing meine Mutter an, zu Hause als Schneiderin zu arbeiten. Wir hätten sonst nicht genug zum Leben gehabt. Aber weil mein Vater sehr konservativ war, fiel es ihm schwer, die Arbeit meiner Mutter zu akzeptieren. Er wollte nach Hause kommen und alles schön sauber und ordentlich vorfinden. Meine Mutter mußte aber den ganzen Tag arbeiten, da konnte nicht alles schön sauber und ordentlich sein. Manchmal kehrte mein Vater heim, wenn meine Mutter noch Kundinnen hatte, dann stritten sie sich. Äußerlich schien ihre Beziehung der Norm zu entsprechen: Er befiehlt, und sie gehorcht. Aber ich war erstaunt, als mein Vater eines Tages meine Mutter nach einem Mann fragte, der meine ältere Schwester heiraten wollte. Da merkte ich, daß die Entscheidungsgewalt innerhalb des Hauses bei ihr lag. Bis dahin war ich immer davon ausgegangen, daß der Mann gebietet und verbietet. Manchmal wollte ich meinen Vater zu Hause nachahmen; ich kam durch die Tür und schlüpfte in die Rolle des Vaters. Aber meine Mutter hat dann immer nur gelacht. Ich dachte, diese Rollenverteilung sei von der Natur vorgegeben, und so wunderte ich mich, als er sie jetzt fragte, ihr zuhörte und tatsächlich ihre Meinung hören wollte. Es war das erste Mal, daß ich hörte, wie er sie mit ihrem Namen Na´ima anredete, das erste Mal, daß ich Einblick gewann in ihre Beziehung. Wenn andere Leute dabei waren, rief er meine Mutter immer: „Kind, Mädchen!“ Er nannte sie weder mit ihrem Vornamen noch mit ihrem Beinamen Umm Nasr, „Mutter des Nasr“. Aber in dieser Situation, als es um meine Schwester ging, hat sie entschieden und bestimmt. Sie sagte, daß diese Ehe nicht glücklich würde, und mein Vater fügte sich ohne Widerrede in ihre Entscheidung. Ich war überrascht, zu entdecken, daß meine Mutter eine eigene Persönlichkeit, einen eigenen Machtbereich hatte, ganz anders als in meiner kindlichen Vorstellung. In Japan habe ich es später ähnlich erlebt. Die Menschen glauben, daß die Frau in Japan nichts zu sagen hat. Das stimmt auch, außerhalb des Hauses. Im Haus aber herrscht sie.

Der Tod meines Vaters hat mich früh dem wirklichen Leben ausgesetzt. Weil es keinen Vater gab, der mir sagte, was zu tun ist, mußte ich alle Entscheidungen selbst treffen. Die Mutter war keine Autorität, sondern eher eine Bezugsperson, jemand, dem man vertraut, den man liebt, um den man sich sorgt. Natürlich waren viele meiner damaligen Entscheidungen falsch, aber ich habe aus ihnen gelernt. Die Lektion habe ich später meinen kleinen Geschwistern, für die ich ein Vater war, und noch später meinen Studenten weitergegeben: Sie sollten keine Angst davor haben, Fehler zu begehen, es gibt Fehler, auf die der Mensch ein Recht hat. Das sage ich als Wissenschaftler und Korangelehrter. Es kann keine Interpretation geben, die nicht das Recht auf Fehler einschließt.

Bei meinen Studenten war mir der Inhalt ihrer Meinung weniger wichtig als die Art und Weise, wie sie zu dieser Meinung gelangt waren, die Beweise, die Belege, die Schlußfolgerungen. Ich wollte ihnen nichts diktieren, sowenig ich meinen Geschwistern etwas diktieren wollte. Einige Ältere warnten mich vor den Fehlern, die vor allem meine Schwestern begehen könnten. Selbst mit meiner Mutter stritt ich darüber, ob die Schwester mit ihrem Verlobten allein sein oder mit ihm ausgehen durfte. Das ist eine große Angst in den orientalischen Gesellschaften: Wenn das Mädchen einen Fehler begeht, dann berührt das die Ehre. Aber ich dachte immer, daß die Fehler der Mädchen nicht schwerwiegend sein würden, wenn man ihnen vertraut. Die Erfahrungen als Halbwaise und Ersatzvater sind nicht von den Erfahrungen zu trennen, die ich als Lehrer gemacht habe, oder von meiner Methode als Forscher. Ich könnte zum Beispiel nicht zwischen meiner persönlichen Haltung gegenüber Frauen, meiner Interpretation der koranischen Aussagen zur Frau, meinem

Glauben an die Gleichberechtigung von Mann und Frau und der Persönlichkeit meiner Mutter trennen, dieser Frau, die sechs Kinder geboren hatte, aber weder lesen noch schreiben und nicht einmal allein das Haus ihrer Mutter, obwohl es ebenfalls in Quhafa lag, besuchen konnte oder durfte. Wenn meine Mutter die Großmutter besuchen wollte, mußte ich sie dorthin bringen. Aber dann starb ihr Mann, und sie war allein mit sechs Kindern, das älteste vierzehn Jahre alt, und sie mußte plötzlich unser Leben organisieren und auch ihr eigenes. Dabei konnte sie damals nur nähen. Freunde, die meine Mutter von früher kannten und uns dann in Kairo, wohin ich die ganze Familie mitgenommen hatte, besuchten, trafen eine andere Frau an, eine Frau, die sich in die Gesellschaft begeben hatte, die sich selbstbewußt zu artikulieren und mir zu sagen vermochte: „Nein. Das, was du machst, ist falsch!" Ich war damals immerhin Universitätsprofessor. Sie hat sogar mit meinen Kollegen diskutiert und ihnen manchmal Lektionen erteilt.

Einer meiner Professoren hat sie besucht, als ich in den Vereinigten Staaten studierte. Er wollte sehen, wie es ihr geht. Er war ein freundlicher Mensch, der gern Witze riß, und sie wußte genau, daß er mein Lehrer war. Sie redeten miteinander, und er wollte ihr etwas Nettes sagen:

„Sitt Umm Nasr, ich sehe, Sie sind hübsch und schön."

Umm Nasr sah ihn ernst an und sagte:

„Ist es nicht eine Schande, daß Sie ein Universitätsprofessor sind und so dummes Zeug reden?"

Sie war der Auffassung, daß es nicht angebracht sei, so zu reden, schließlich war sie eine traditionsbewußte alte Dame vom Land.

Er entschuldigte sich bei ihr.

Ich wußte nichts von dieser Geschichte. Als ich aus den Vereinigten Staaten zurückkam, besuchte ich meinen Lehrer zu Hause.

„Deine Mutter ist ein Juwel!" rief er. „Weißt du, daß sie mich ausgeschimpft hat?"

„Meine Mutter hat dich ausgeschimpft?“

„Ja! Aber unter uns gesagt, ich hatte es verdient.“

Die wenigsten können ermessen, was es für eine Frau aus dem ägyptischen Dorf bedeutet, in die Stadt zu ziehen. Kairo ist für den ägyptischen Landmenschen ein Albtraum, ein Labyrinth. Sie hat dort gelebt und sich allein zurechtgefunden. Als ich zum Studium in die Vereinigten Staaten fliegen sollte, hatte ich große Angst. Sie aber sagte:

„Natürlich fährst du hin! Glaubst du etwa, daß du mich beschützen mußt? Unsinn! Ich bin diejenige, die dich beschützt.“

Sie hat mich immer daran erinnert, daß ich der Sohn bin, nicht der Ehemann. Manche Söhne wollen den Vater ersetzen, aber sie wandte sich entschieden dagegen. Und wenn ich noch so alt würde, ich würde immer ihr Sohn bleiben, der ihr Gehorsam schuldet. Der Tod ihres Mannes hat aus ihr einen neuen Menschen gemacht.

Ich hörte meine Mutter das erste Mal lachen, als ich heiratete. Sie hat sogar getanzt. Mir traten Tränen in die Augen. Ich habe spät geheiratet, weil ich mir fest vorgenommen hatte, zu warten, bis meine jüngeren Geschwister verheiratet waren. Meine Mutter sagte mir immer: „Ich will eine Frau neben dir sehen, ehe ich sterbe.“

Mein erstes Auto habe ich gekauft, da war meine Mutter schon tot.

„Mein Sohn! Wann wirst du ein Auto kaufen wie alle anderen auch?“ fragte sie mich oft. „Damit wir nicht auf diese schlechten öffentlichen Verkehrsmittel angewiesen bleiben!“

Sie konnte nicht zwischen Taxi und Privatauto unterscheiden. Jeden Wagen, der vorbeifuhr, winkte sie heran. Ich lachte immer und sagte:

„Mutter, das ist ein Privatauto.“

Leider konnte ich das Auto erst ein Jahr nach ihrem Tod kaufen.

Als mein Vater starb, war sie erst 35 Jahre alt. Sie war immer noch schön und begehrenswert. Ich selbst habe sie damals als schön empfunden. Es gab Männer, die sie heiraten wollten, aber sie wies alle Bewerber ab. Uns hat sie ihre Jugend, ihre Gesundheit und ihre Schönheit geopfert.

Wir machten uns manchmal über sie lustig und sagten: „Wenn du sparsam gewesen wärst, hättest du was auf die hohe Kante legen können!"

„Ich habe fünf Hochhäuser gebaut", antwortete sie dann jedesmal. „Jeder von euch ist eins. Wer besitzt denn schon so viele Häuser!"

Sie ist gestorben, als sie sicher war, daß wir fest im Leben standen und sie nicht mehr brauchten, als sie das Gefühl hatte, ihre Aufgabe vollbracht zu haben. Das hat mir auch der Arzt gesagt. Sie hätte eine Herzklappenoperation gebraucht. Ich bin mit dem damals besten Kardiologen, den ich durch die Vermittlung eines Freundes kennengelernt hatte, nach Quhafa gereist, damit er sie untersuchte. Sie hatte sich zurück ins Dorf begeben, als sie spürte, daß das Ende nahte. Dr. Badran untersuchte sie und meinte lachend, sie würde riechen, als hätte sie Parfüm aufgelegt. Mir sagte er, sie hätte nichts Gravierendes, man könne es operieren, aber die Begleitumstände einer Operation wären für sie erniedrigend. Später, als wir ihr Zimmer verlassen hatten, fügte er hinzu, sie hätte sich zum Sterben entschlossen.

„Ich will nicht, daß wir sie dem aussetzen. Es kann sein, daß die Operation klinisch ein Erfolg wird. Aber das wichtigste ist der Lebenswille des Patienten. Sie hat sich entschlossen zu sterben, weil sie alles erledigt hat, was sie sich vorgenommen hatte."

Ich sah ihn mit offenem Mund an und schwieg.

„Ich sehe, daß sie sehr reinlich ist", fuhr Dr. Badran fort. „Wenn wir sie in die Klinik einweisen, dann wird sie nicht die Sauberkeit vorfinden, die sie benötigt. Das ist eine Frau, die sterben könnte, weil ihr Körpergeruch ihr nicht behagt. Ich würde deshalb nicht raten, sie zu operieren."

Sie sollte nun eine bestimmte Diät einhalten. Aber zum ersten Mal in ihrem Leben verlangte sie nach Essen, und zwar ausgerechnet nach solchen Gerichten, die sie eigentlich nicht essen durfte. Sie hat immer bescheiden gelebt und schweres, fettes Essen nie gemocht. Wenn ich wieder einmal eine Diät machte, hat sie das Essen mit mir geteilt und war hochzufrieden. Aber plötzlich verlangte sie alles, was sie nicht essen durfte. Sie erpreßte meine Schwägerin in Tanta, indem sie behauptete, sie würde ihr nicht genug zu essen geben. Sooft ich zu Besuch kam, beklagte sich meine Schwägerin bei mir, sie würde nach fettem Essen verlangen, etwa Ruqaq mit Ente. Ruqaq sind dünne knusprige Teigplatten, die in Enten- oder Gänsebrühe und Fett als Auflauf gebacken werden – lecker und sehr fett. Wenn die Schwägerin dann sagte, sie fände die Zutaten nicht, beschimpfte meine Mutter sie. Ich versuchte, mit ihr zu reden, aber da wurde sie erst richtig böse. Sie bräuchte meine Belehrungen nicht, schimpfte sie, und wenn es mir nicht passe, könne ich fortbleiben.

Bei jedem Besuch wollte sie von mir Geld haben – meine Mutter, die ihr Leben lang bescheiden geblieben war und noch, als wir über Beruf und Einkommen verfügten, sich und uns zur Sparsamkeit angehalten hatte. Von meinen Geschwistern verlangte sie ebenfalls Geld. Ich sagte dann im Spaß:

„Was ist denn los, Mutter? Sparst du, um wieder zu heiraten?"

Und sie antwortete: „Na und? Ich habe euch großgezogen. Dann darf ich euch doch wohl mal um Geld bitten."

Ich versuchte, ihr zu erklären, daß sie meinen Bruder Muhammad, bei dem sie wohnte, beleidigte. Wenn sie Geld von uns anderen verlangte, hieße das, er würde nicht genug für sie sorgen. Sie aber bestand auf ihrem Willen und sagte, wenn es uns nicht gefiele, sollten wir sie nicht besuchen kommen. Scherzend sagte ich, wir würden schon allein deswegen kommen, damit die Leute uns nicht vorwerfen, daß wir sie vernachlässigten. Dabei war mir nicht zum Scherzen zumute.

„Gut, dann komm eben, aber hör auf, mir vorzuschreiben, was ich esse und was nicht“, antwortete sie. „Sonst brauchst du mich gar nicht mehr zu besuchen, auch nicht, wenn ich sterbe.“

Ich habe es immer wieder versucht. Aber Dr. Badran riet mir, sie nicht mehr zu quälen und sie alles essen zu lassen, was sie wollte.

Mit dem Geld, das sie von uns verlangte, hat sie uns nach ihrem Tod eine Lektion erteilt. Sie hatte alles gespart. In der Nacht, in der sie starb, es war die Nacht zum Freitag, rief sie meinen Bruder Muhammad zu sich und sagte:

„Wenn ich sterbe, dann nimm dieses Geld für die Beerdigungskosten. Ich möchte, daß ihr beim Freitagsgebet für mich betet. Ich möchte auch, daß ihr mir eine würdige Trauerfeier bereitet und einen Scheich vom Rundfunk oder vom Fernsehen engagiert.“

„Wir werden das alles ohnehin tun“, sagte er.

Aber sie bestand darauf, daß er das Geld, das sie gespart hatte, nahm.

Ich hatte damals wenig Geld. Ich spürte, sie würde sterben, und wußte, daß ich nicht genügend Geld hatte, um die Trauerfeierlichkeiten so zu gestalten, wie ich es für angemessen hielt. Also organisierte ich eine *dscham'iya* mit meinen Kollegen und bat, als erster das Geld zu bekommen. Eine *dscham'iya* ist eine Art Kapitalakkumulation für arme Leute: Einige Freunde oder Kollegen tun sich zusammen und zahlen jeden Monat einen bestimmten Betrag in einen Fond ein; reihum bekommt jeder das so angesammelte Geld. Es waren tausend Pfund. Ich nahm das Geld und fuhr ins Dorf. Es war Prüfungszeit an der Universität, und ich konnte nur freitags fahren. Als ich in Quhafa ankam, sah ich von weitem, daß Leute vor dem Haus meines Bruders saßen. Ich wußte, was passiert war. Ich begrüßte die Anwesenden, ging hinein, deckte ihr Gesicht ab und küßte sie. Ich nahm meinen Bruder zur Seite und wollte ihm die tausend Pfund geben, aber er teilte mir mit, sie hätte selbst für ihre Beerdigung gespart. Wir haben dann tatsächlich einen der berühmten Koranrezitatoren verpflichtet. Die Bauern genießen die Koranrezitation über alle Maßen, selbst wenn es sich um eine Trauerfeier handelt. Es war eine wunderbare Feier, die wir für sie ausgerichtet haben, mit einer Rezitation, die alle Gäste verzauberte. Ich selbst war allerdings nicht in der Lage, mich so zu verhalten, wie man es von einem ältesten Sohn erwartete, also ab und an aufzustehen und den Leuten dafür zu danken, daß sie gekommen sind, ihnen Kaffee und Zigaretten anzubieten und was es sonst noch für Bräuche bei solchen Anlässen gibt. Mein jüngerer Bruder übernahm diese Pflichten.

Meine Mutter hörte gern auf den Namen „Umm Nasr – Mutter des Nasr". Ich selbst habe sie so gerufen. Später fragte ich mich, weshalb man eine Frau nach ihrem ältesten Sohn nennt, ich fragte nach dem Bild der Frau, das in dieser Anrede zum Ausdruck kommt. Sie hat mich gelehrt, daß das traditionelle Frauenbild und die strikte Polarität von Mann und Frau zu überwinden sind. Ich habe miterlebt, wie sie als Witwe das Haus verließ und in den öffentlichen Raum hinaustrat. Sie kam erstmals mit fremden Männern in Berührung, schließlich konnte sie schlecht auf den Markt gehen, ohne dort mit ihnen zu reden. Es war für sie kein Problem, und sie sah es auch nicht als Verstoß gegen die Religion an. Meine Lektüre des Korans ist von solchen Erfahrungen beeinflußt worden. Die Verse im Koran, die von den Exegeten zuungunsten der Frauen gedeutet worden waren, habe ich instinktiv anders gelesen. Außerdem gibt es ein Prinzip im Islam, wonach „die Notwendigkeiten das Verbotene erlauben", und nach dem Tod meines Vaters war eben vieles notwendig geworden. Sie war zum Beispiel gezwungen, den Gewerbeschein für das Geschäft auf ihren Namen umschreiben zu lassen. Das war zwar nicht verboten im Islam, aber manche Leute hätten sagen können: Wie kann die Frau ihre Wohnung verlassen und zu den Behörden gehen? Warum beauftragt sie nicht einen Mann damit? Warum bestellt sie nicht einen der männlichen Verwandten zum Vormund der Kinder? Auch einige Familienmitglieder waren nicht damit einverstanden, daß sie sich ins Leben außerhalb des Hauses begab. Aber sie hat sich nicht darum gekümmert.

Es ist auch das Schicksal meiner älteren Schwester Badriyya, das mir vor Augen ist, wenn ich über die Stellung der Frau nachdenke. Sie hatte zwar die Grundschule besucht, aber als ihre Weiblichkeit sichtbar zu werden begann, meldete mein Vater sie vom Unterricht ab, weil er Angst um ihre Ehre hatte. Es kam häufig vor, daß ein Mädchen, welches das Heiratsalter erreicht hatte, nicht mehr das Elternhaus verlassen durfte. Das Jungfernhäutchen der Mädchen war in Dörfern wie dem unseren das Symbol für die Ehre der ganzen Familie. In der Hochzeitsnacht wurde das Bettlaken mit dem Blut der entjungferten Frau unter dem Jubel der Gäste vorgeführt. Heute ist dieser Brauch nicht mehr so verbreitet, aber damals war er ein selbstverständlicher Bestandteil des Hochzeitsfestes. Wenn das Bettlaken weiß blieb, war das eine Katastrophe. Auf jeden Fall wurde das Mädchen zu seiner Familie zurückgeschickt. Oft blieb der Familie kaum etwas anderes übrig, als das Dorf zu verlassen. Manchmal wurde das Mädchen sogar getötet. Mit der Religion hatte das nichts zu tun; es gab in dieser Hinsicht keinen Unterschied zwischen christlichen und muslimischen Familien. Der Begriff der Ehre, der diesem Brauch zugrunde liegt, ist oder war im ganzen Mittelmeerraum verbreitet, man denke nur an die Geschichte von „Alexis Zorbas". Aber bedauerlicherweise verknüpfen einige Religionsgelehrte die regionalen Wertvorstellungen mit der Religion und rechtfertigen sie theologisch. Das gilt auch für die Mädchenbeschneidung, die in Ägypten immer noch ein großes Problem ist, und zwar wiederum ohne Unterschied der religiösen Zugehörigkeit. Die Mädchenbeschneidung ist kein islamisches, sondern ein afrikanisches Phänomen. Es gibt sie – unter den Angehörigen aller dort verbreiteten Religionen – in einem Gebiet, das sich von der afrikanischen Westküste östlich bis nach Äthiopien erstreckt, von dort in den Norden reicht und Ägypten und den Sudan erfaßt. Außerhalb dieses Gebietes und damit in einem Großteil der islamischen Welt ist sie praktisch unbekannt. Dennoch hat sich Scheich Gadd al-Haqq, der damalige Scheich der Azhar-Universität, 1995 dazu verstiegen, die Mädchenbeschneidung als ein islamisches Gebot zu bezeichnen. Das war ein Skandal, der erst beendet wurde, als Gadd al-Haqqs Nachfolger Scheich Tantawi die Mädchenbeschneidung unmißverständlich verurteilte.

Die Trauer darüber, daß sie gegen ihren Willen von der Schule abgemeldet worden war, hat meine Schwester bis zu ihrem Tod begleitet. Ihre Freundin blieb an der Schule, studierte später, wurde Lehrerin und leitete das Schulamt im Bezirk. Badriyya war überzeugt, sie hätte auch soviel erreichen können. Sie sagte immer: „Gott erbarme sich meines Vaters. Seine Strafe ist bei Gott!" Als ich mich mit Literatur beschäftigte und Assistent an der Universität war, hat sie, die damals schon verheiratet war, die gleichen Bücher wie ich gelesen und mit mir darüber diskutiert. Sie war meine Freundin. Als sie starb, lebte ich in den Vereinigten Staaten. Meine Mutter beschloß, mir nichts von ihrem Tod zu sagen. Sie hat alle Freunde in Kairo und in Tanta angerufen und sie auf den Koran schwören lassen, mir nichts vom Tod meiner Schwester zu sagen. Immer wenn ich in Quhafa anrief und nach ihr fragte, sagten mir ihre Kinder, sie sei gerade nicht zu Hause. Endlich erfuhr ich es durch den Brief eines Freundes, den meine Mutter nicht erreicht hatte. Es war ein Kondolenzbrief. Vollkommen unvorbereitet öffnete ich ihn auf dem Weg zur Universität. Ich wußte nicht, wohin mit meiner Trauer. Ich konnte nicht auf der Straße weinen, weil sich das in Amerika nicht gehört. So dachte ich jedenfalls damals. Zum Glück sah ich einen ägyptischen Dozenten kommen. Ich erzählte ihm von dem Brief und konnte endlich weinen. Er riet mir, zum Leiter meines Forschungszentrums zu gehen, einem Amerikaner arabischer Abstammung.

„Deine Mutter war sehr stark, als sie versucht hat, diese Nachricht vor dir geheimzuhalten", meinte er. „Du darfst jetzt nicht schwächer sein als sie. Hier ist das Telephon. Ruf einen Freund, frag ihn, was passiert ist, anstatt deine Mutter zu erschrecken. Ich bin bereit, dir jederzeit das Ticket zu kaufen, aber wenn du jetzt zurückkehrst, kommt die ganze Trauer von neuem hoch. Vielleicht haben sie einen Weg gefunden, das Geschehene zu verarbeiten. Aber sobald sie dich sehen, wird alles wieder aufgewühlt."

Ich rief bei meinem Bruder im Dorf an und fragte nach meiner Schwester. Er sagte, sie wäre einkaufen. Ich warf ihm vor, mich zu belügen. Daraufhin weinten wir beide. Er berichtete, daß sie an Herzversagen gestorben sei und nicht gelitten habe. Auch sei die ganze Familie bei ihr gewesen, weil ihr Tod mit dem Ende des Ramadan zusammengefallen sei. Alle waren gekommen, um das Festgebäck gemeinsam zu backen und dann zu feiern. Mein Bruder beschwor mich ebenfalls, in Amerika zu bleiben, weil sonst die Trauer wieder ausbräche. Ich kehrte erst fünf Monate später zurück. Jeden Morgen wachte ich auf, blieb eine Weile im Bett liegen, schaute aus dem Fenster und wunderte mich, daß ich noch immer in Amerika war. Ich fragte mich, wie die Kinder es ausgehalten hatten, mir dieses Theater am Telephon vorzuspielen. Es hat mich geschmerzt, daß diese Kinder mir etwas vorgaukeln mußten, damit ich geschützt würde. Ich begriff, wie stark der Mensch selbst in der Not sein kann, wenn er liebt. Ich erkannte die Stärke meiner Mutter.

Die Erinnerung an meine Mutter verläßt mich nicht. Sie ist zu früh gestorben. Unsere Lebensumstände hatten erst allmählich begonnen, sich zu bessern. In dem Auto, das wir uns leisten konnten, ist sie nicht mehr gefahren. Diese Frau war so stark, daß sie es geschafft hat, die Nachricht vom Tod meiner Schwester vor mir zu verbergen. Selbst als ich aus den Vereinigten Staaten zurückkehrte, hat sie nicht geweint. Sie sagte nur: „Die Lebenden wiegen mehr als die Toten!" Sie hat den Schmerz über ihre älteste Tochter nicht nach außen getragen. Dabei ist für ägyptische Frauen offene Trauer eigentlich etwas Selbstverständliches. Das Symbol für sie ist die Göttin Isis, die ganz Ägypten durchstreifte, um die verstreuten Leichenteile ihres ermordeten Mannes Osiris zu sammeln. Die Agonie, das Wehklagen, die Trauerschreie sind Teil der Frauenkultur. Das alles hat meine Mutter verdrängt, um ihre Kinder zu schonen.

Die Frauenfrage wurde von den konservativen muslimischen Autoren im Zuge der Wirtschaftskrise und der wachsenden Arbeitslosigkeit aufgeworfen. Die Revolution von 1952 hatte den Frauen den Zugang zu den Bildungseinrichtungen und zum Arbeitsmarkt gesichert, aber die anschließende Wirtschafts- und Entwicklungspolitik war gescheitert. Anstatt die wahren Ursachen, nämlich die Fehler der Wirtschaftspolitik, zu benennen, wurde behauptet, die Frauen seien schuld an der Arbeitslosigkeit, weil sie den Männern die Arbeitsplätze wegnähmen. Als Lösung schlug man vor, die Frauen wieder nach Hause zu schicken. Anfang der siebziger Jahre kam die Idee auf, die Frauen sollten in Frührente gehen, um Platz für die arbeitslosen Männer zu schaffen. Für ein politisch-ökonomisches Problem boten die muslimischen Denker eine Lösung an, die eminent politisch war, von der sie aber behaupteten, sie stütze sich auf die Religion. Hier habe ich angefangen zu begreifen, daß mit gezinkten Karten gespielt wird. Ich begann, den Koran im Hinblick auf die Frauenfrage zu studieren, weil die konservativen Gelehrten die Frauen unter Verweis auf Koranzitate wieder an den Herd verbannen wollten. Das Problem ist nicht der Islam. Eines der grundlegenden Anliegen des Korans ist die Befreiung der Frau. Gerade die mekkanischen Suren sind Manifeste für die Gleichberechtigung:

> Er hat geschaffen euch aus einer einzigen Seele,
> Aus der er machte ihr Gepaartes.
>
> Koran 39:6 und öfters

Der Begriff „ihr Gepaartes“ *(zaudschahâ)* verweist auf kein bestimmtes Geschlecht, und es gibt im Koran keinen Hinweis darauf, daß die Frau aus dem Manne geschaffen worden ist, wie es in der Bibel steht. Später haben die muslimischen Interpreten sich beim Alten Testament bedient und den Vers im biblischen Sinne ausgelegt, aber im Koran selbst sucht man die Vorstellung, daß die Frau aus der Rippe des Mannes geschaffen worden ist, vergeblich. In der koranischen Schöpfungsgeschichte sind beide Geschlechter gleichgestellt. Die Teilung der Seele zu einem Paar erzeugt keine Überlegenheit des einen über den anderen Teil. Wohl nennt der Koran häufig den Namen Adam, während der Name Eva überhaupt nicht auftaucht, aber Adam steht im Koran nicht für den Mann und auch nicht für einen bestimmten Menschen, sondern stellvertretend für das Menschengeschlecht. Der Koran trifft auch keinen Unterschied, ob es sich nun um das religiöse Handeln von Mann und Frau oder um die Frage ihrer jenseitigen Strafe und Belohnung handelt. Noch Bemerkenswerteres finden wir, wenn wir die sprachliche Ebene betrachten, die von vielen vernachlässigt wird, weil sie den Koran nicht als Text behandeln, der den Regeln und Methoden der Textanalyse unterworfen ist. Der Koran gehört zu den frühesten arabischen Texten überhaupt, in denen Männer und Frauen ausdrücklich gemeinsam angesprochen sind. In der altarabischen Poesie ist der Adressat ausschließlich männlich. Vorislamische Dichter wie Antara oder Imru` l-ais sprechen ausschließlich *über* die Frauen, sei es als Objekt ihrer Lust oder als Gegenstand sprachlicher Bilder. Nur in den Versen der sogenannten *sa'âlîq*-Dichter, die zwischen den Stämmen umherstreunten und nicht zu den etablierten Dichtern, sondern zu den Verstoßenen gehörten, wird die Frau gelegentlich direkt angesprochen. Bei ihnen lesen wir etwa, daß sich der Sprecher bei seiner Frau entschuldigt, weil er zu spät gekommen ist. Während die Frau im vorherrschenden Diskurs lediglich ein Objekt ist, wird sie bei den *sa'âlîq* zum Subjekt, zur Angesprochenen. Der Koran erweitert das.

Er spricht von den „reumütigen Männern und Frauen", den „zurückkehrenden Männern und Frauen", „den zu Gott sich hinwendenden Männern und Frauen". Das ist ungewöhnlich, denn nach den Regeln der arabischen Grammatik impliziert die Nennung des Maskulinums das Femininum. Es ist wie im Französischen: Eine Versammlung, die aus 99 Frauen und einem Mann besteht, wird sprachlich als eine Versammlung von Männern behandelt. Wenn der Koran hier ausdrücklich und abweichend von der sprachlichen Gewohnheit die Frauen nennt, drückt er damit etwas Bestimmtes aus. Er hebt hervor, daß sie genauso wie die Männer angesprochen sind.

In den zeitlich späteren Suren des Korans sind Männer und Frauen nicht immer gleichgestellt, insbesondere in den Versen, die für das Recht relevant sind, aber gerade für diese Verse gilt, daß sie nicht außerhalb ihres historischen Kontextes verstanden werden können. Nehmen wir als Beispiel die Frage des Erbrechts, die oft angeführt wird. Der Koran schreibt vor, daß ein Bruder doppelt soviel wie seine Schwester erbt. Man kann das als Ungerechtigkeit anprangern. Man kann es aber auch als Fortschritt für eine Gesellschaft betrachten, in der die Frau zuvor überhaupt nicht erbberechtigt gewesen war. Selbst den Anhängern Mohammeds fiel es schwer, diese Änderung zu akzeptieren. „Weshalb sollen wir jemandem etwas geben, der kein Schwert trägt, kein Pferd reitet und keinen Feind angreift?" fragten sie der Überlieferung zufolge. Gemeint war: Wie können wir jemandem etwas geben, der sich nicht an der Produktion beteiligt? Die Produktion stützte sich insbesondere auf die Kriege zwischen den verschiedenen Stämmen, Kriege, die um Weideland, Wasser, Viehfutter und natürlich den Handel und die Karawanen geführt wurden. Der Krieger war also ein wesentlicher Faktor für die Produktion, weil er die Gemeinde verteidigte. Als Produzent stand ihm, wenn man es soziologisch erklären möchte, das Recht auf das Erbe zu. Dennoch und trotz des anfänglichen Widerstands der eigenen Anhänger, bestand der Islam auf dem Erbteil der Frauen. Das ist ein Indikator dafür, daß der Islam in seinem historischen Umfeld um Gleichstellung bemüht war. Man kann die Verse mithin wörtlich verstehen und beklagen, daß die Frau nur halb soviel erbt wie der Mann. Man kann aber auch die Tendenz der koranischen Botschaft sehen, die auf die Gleichberechtigung hinausläuft, auch wenn sie in der damaligen kulturellen und sozialen Situation nicht vollkommen zu erreichen war. Aber heute ist die Situation eine andere. Man kann zu verstehen suchen, was der Geist des Textes ist. Er ist etwas anderes als seine äußere Gestalt. In der traditionellen Auslegung hat man das „die umfassenden Absichten der Offenbarung" genannt.

Die Männer stehen über den Frauen,
Weil Gott die einen vor den anderen ausgezeichnet hat,
Und auch weil sie aufwenden ihr Vermögen.

Koran 4:34

Dieser Vers bereitet den Interpreten bis heute Schwierigkeiten, und er wird mit Vorliebe von den Kritikern des Islams zitiert, die vom Koran manchmal kaum mehr als diesen Satz kennen. Was bedeutet „auszeichnen" *(faddala)*? Der Text ist hier nicht deutlich; es ist sprachlich nicht einmal ganz eindeutig, wer vor wem ausgezeichnet worden ist. Es sieht so aus, als seien die Männer ausgezeichnet worden. Bedeutet das, daß der Koran die Männer vor den Frauen bevorzugt? Die Formulierung taucht im Koran nicht nur an dieser Stelle auf. Es heißt zum Beispiel an einer anderen Stelle:

Und Gott hat ausgezeichnet von euch
Die einen vor den anderen im Unterhalt.

Koran 16:71

Wenn wir das wörtlich als Auszeichnung der Reichen vor den Armen verstehen, haben wir die göttliche Weisheit in ihr Gegenteil verkehrt. Aus dem Kontext des Verses ist erkennbar, daß er einen Zustand beschreibt und nicht die Ungerechtigkeit oder Ungleichheit rechtfertigt. Im gleichen Vers heißt es weiter:

> Doch die da ausgezeichnet sind,
> Sie geben ihren Unterhalt
> Nicht hin an die, so unter ihrer Hand stehn,
> So daß sie darin würden gleich.

Der Koran wendet sich gegen die Konzentration des Reichtums, und zwar ausgehend von der gleichen Formulierung, mit der er über das Verhältnis von Männern und Frauen spricht. Ich muß diese Formulierung in all ihren Verwendungen untersuchen und also auch feststellen, wie der Koran über den Reichtum und dessen gerechte Verteilung spricht, um mich von dort aus wieder dem Begriff „auszeichnen" in dem besagten Vers zum Verhältnis von Mann und Frau zuzuwenden. Wenn ich alle Stellen, in denen dieser Ausdruck vorkommt, studiere, sehe ich, daß er eine Aussage über die Wahrnehmung der Menschen, keine Bewertung Gottes beinhaltet. „Wie es euch scheint, zeichnete Gott die einen vor den anderen aus", ist der Vers zu verstehen, oder, wie die frühen Exegeten sagten: „Gott hat in eurer Vorstellung den einen vor dem anderen bevorzugt." Dieses implizite „wie es euch scheint" taucht immer wieder im Koran auf und ist von großer Bedeutung, weil es den Erwartungshorizont der Adressaten zur Sprache bringt. Es ist unmöglich, dem Koran eine Bevorzugung des absolut Männlichen vor dem absolut Weiblichen zuzuschreiben, wenn wir lesen: „Er hat geschaffen euch aus einer einzigen Seele, / Aus der er machte ihr Gepaartes."

In dem umstrittenen Vers heißt es weiter: „Und auch weil sie aufwenden ihr Vermögen." Der Mann steht also „über den Frauen", weil er den finanziellen Unterhalt der Familie bestreiten muß. Wie wäre dieser Halbsatz zu verstehen, wenn eine Frau den Unterhalt ihres arbeitslosen Mannes bestreitet, wie es heute nicht selten ist? Herrscht sie deswegen über den Mann? Hier ist es wichtig zu sehen, was „stehen über" bedeutet. Im Arabischen heißt es wörtlich „Die Männer sind stehend *(qawwâmûn)* über den Frauen". Mit dem Wort „stehend über" wird nicht auf eine etwaige Kontrolle oder Herrschaft angespielt. Gott ist „der Stehende der Himmel und der Erde" *(qayyûmu s-samâwât wa l-ard)*. Gemeint ist, daß er über die Erde wacht und sie beschützt. *Qayyûm* bedeutet hier „Wächter, Beschützer". Daß die Männer *qawwâmûn* über den Frauen sind, ist ebenfalls – wenn man den Begriff und seine abgeleiteten Formen untersucht, im Sinne von „Beschützer" zu verstehen. In den Versen, in denen das Wort und seine Ableitungen vorkommen, geht es um Schutz, nicht um Herrschaft.

Allerdings neigt der Interpret dazu – und das ist auch ganz normal –, seine eigenen sozialen Bedingungen auf den Text zu projizieren. Also wird der Vers im Sinne der gesellschaftlichen Wirklichkeit, in der die Interpreten leben, gedeutet und dahingehend verstanden, daß die Männer besser oder wichtiger seien als die Frauen - und so weiter. Sie deuten den Vers im Sinne des gegenwärtigen Zustandes, nicht im Hinblick auf eine zu bewirkende Veränderung. Sie meinen, daß die gesellschaftlichen Normen festgefügt seien und der Text dazu dient, sie zu rechtfertigen. Ich jedoch bin zu der Überzeugung gekommen, daß man sich den Normen nicht unterwerfen darf, wenn man einen Text liest, zumal wenn diese Normen ungerecht sind. Die meisten Interpreten sind dem Wesen nach konservativ, sie sehen die Wirklichkeit nicht als notwendig veränderbar an. Die Veränderung ist bei ihnen allenfalls eine Rückwärtsbewegung, eine Hinwendung zu dem, was zuvor war. Entsprechend interpretieren sie den Koran. Für jede Deutung aber gilt, daß sie den Text in seinem ursprünglichen Zusammenhang zu verstehen suchen muß. Das ist nicht einfach. Wenn ich heute den Koran lese, dann trage ich das Erbe seiner gesamten Interpretationsgeschichte mit mir, vom Prophetengefährten Ibn Abbas bis zum Fernsehprediger Scheich Scha´rawi. Den Koran von diesen angesammelten Schichten der Interpretation freizulegen, bedarf wissenschaftlicher Anstrengungen, die von vielen gescheut werden. Sie ziehen es vor, hier ein Zitat zu nehmen und dort einen Satz herauszupicken und so mit dem Koran zu sagen, was sie ohnehin sagen wollten.

Wenn ich alles dies erzähle, habe ich immer meine Mutter vor Augen. Ihren Tod habe ich anders erlebt als den Tod meines Vaters. Als meine Mutter starb, war ich schon erwachsen und Dozent an der Universität. Das war 1982. 25 Jahre zuvor, beim Tod meines Vaters, überwogen die Sorgen um die Zukunft den persönlichen Schmerz, schließlich gab es eine Familie, die ernährt werden mußte. Der Tod meiner Mutter hat mich emotional tiefer getroffen. Als sie starb, war ich von einem überwältigenden Gefühl des Versagens erfüllt. Diese Frau hat uns ihr Leben geschenkt. Was haben wir ihr im Gegenzug gegeben? Ich hatte das Gefühl, sie sei gestorben, noch ehe wir unsere Schuld bei ihr begleichen konnten.

Ihr Traum war, lesen und schreiben zu lernen. Ich glaube, sie war enttäuscht von uns, als sie starb, weil wir es ihr nicht beigebracht hatten. Als ich in den Vereinigten Staaten lebte, fiel es ihr schwer zu akzeptieren, daß sie meine Briefe nicht lesen konnte und meine Geschwister immer daran erinnern mußte, mir zu antworten. Wenn sie sich verspäteten, sagte sie immer: „Bringt mir das Lesen und Schreiben bei. Dann werde ich ihm antworten."

5

Kairo ist für den Dörfler groß und furchterregend, eine Krake, ein Monstrum, ein Labyrinth – „Eine Stadt ohne Herz", wie der Dichter Ahmad Abdel Mo´ti Hegazi einen seiner Gedichtbände genannt hat.

Die Straßen der großen Stadt,
Feuerabgründe,
Käuen mittags die Flammen wieder,
Die sie morgens geschluckt haben.
Wehe dem, der nur ihre Sonne gesehen hat,
Nur die Bauten und Zäune, die Bauten und Zäune,
Nur die Vierecke, Dreiecke, das Glas.

Ich war noch an der Berufsschule, als ich das erste Mal nach Kairo kam. Es war ein Schulausflug: Wir haben die Sphinx, die Pyramiden sowie den Zoo besichtigt und die Nächte in einer Moschee in der Nähe der Zitadelle verbracht. Es war Januar und sehr kalt. Das zweite Mal habe ich Kairo besucht, nachdem ich die Berufsschule abgeschlossen hatte. Ich suchte eine Arbeit. Aus einer Gesellschaft kommend, in der jeder jeden kannte, jeder mit jedem sich verbunden fühlte, erlitt ich in Kairo erst einmal einen Schock. Ich war bereits überwältigt, als ich aus dem Zug ausstieg und vom Bahnhof auf den Ramsesplatz trat. Vor lauter Straßen drehte sich mir der Kopf – und die hupenden Autos erst! Ich stand vor dem Bahnhof und hatte jegliche Orientierung verloren. Dabei wollte ich doch nur in die Ramsesstraße gehen, die vom Ramsesplatz abging. Mein Ziel war die „Generaldirektion zur Urbarmachung der Wüste", bei der ich mich um eine Anstellung bewerben wollte. Ich hatte mir vorgestellt, ich würde vom Ramsesplatz aus sofort die Ramsesstraße sehen, rasch bei der Generaldirektion vorbeischauen, ein bißchen umherschlendern und mich am Ende eines entspannten Ausflugs wieder in den Zug nach Tanta setzen. Nach wenigen Metern wußte ich schon nicht mehr, wo ich war und wohin ich wollte. Ich hatte auch Angst, jemanden um Hilfe zu bitten. Ich stand also da, viele Minuten lang. Schließlich fragte ich einen kleinen Jungen. Er zog mich an der Hand, während sein Freund mich beklaute. Ich hatte nur 25 Piaster. Als ich die Hand in die Tasche steckte und das Geld nicht fand, rannte ich ihnen hinterher. Die Jungen warfen das Geld zum Glück auf den Boden und liefen weg. Jedenfalls war es die klassische Erfahrung eines Dörflers in Kairo, das Klischee seines ersten Besuches: Er kommt in Kairo an und wird an der ersten Straßenecke ausgeraubt oder übers Ohr gehauen. Dafür stehen die vielen Anekdoten über den Mann aus Oberägypten, dem man den Ataba-Platz oder die Straßenbahn verkauft hat. Es war eine Riesenstadt, und ich fühlte mich einsam und bedrängt. Alles war voller Menschen, aber ich kannte keinen einzigen von ihnen. Ich hätte verhungern können, ohne daß es jemandem aufgefallen wäre.

Im Februar 1961 erhielt ich eine Anstellung als Funktechniker und mußte die Probezeit in Kairo verbringen. Ich wohnte in einer Dreizimmerwohnung gegenüber der Polizeistation von Abbasiyya, zusammen mit Leuten aus Quhafa, die viel älter als ich waren und schon länger in der Stadt arbeiteten. Sie gaben mir ein Zimmer, das kleinste, stickigste und lauteste, versteht sich. Ich war siebzehn, und sie sahen in mir kaum mehr als ihren Dienstboten. Abbasiyya war damals ein sehr buntes Stadtviertel. Neben den ärmlichen Straßen wie die Muhammadiyya gab es noch die Straßen, in denen die Mittel- und Oberschicht wohnte. Nagib Machfus hat darüber geschrieben, weil seine Familie aus der Altstadt nach Abbasiyya gezogen ist. Manchmal trennte nur eine einzige Straße ein wohlhabendes von einem armen Viertel. Ich habe Schicht gearbeitet, entweder nachmittags oder abends, und fuhr mit dem Trolleybus oder der Straßenbahn zur Arbeit in die Nähe des Tahrir-Platzes, also ins Stadtzentrum. Zusätzlich zur Entfremdung bescherte mir Kairo damals die Erfahrung des Selbstgesprächs. Die Nachtschicht dauerte lang – von acht Uhr abends bis acht Uhr morgens. Ich war verantwortlich für die Instandsetzung der Funkgeräte, aber nachts gab es keine Funkgeräte, die instand gesetzt werden mußten. Also hatte ich Zeit zum Lesen, Zeit zum Nachdenken und Zeit zu Selbstgesprächen. Ich lernte, in mich hineinzuschauen und meine Gedanken zu ordnen. Das Selbstgespräch half mir dabei. Als ältester Sohn hatte ich nie jemanden gehabt, mit dem ich über meine Probleme reden konnte – bis ich anfing, mit mir selbst zu reden. Das Selbstgespräch ist mir heute noch wichtig. Wenn ich im Zug sitze und aus dem Fenster schaue, dann sehe ich oft nichts, weil ich damit beschäftigt bin, ein Selbstgespräch zu führen.

Kairo war in den sechziger Jahren noch eine schöne Stadt, nicht so verfallen wie heute. Gerade war das Fernsehen eingeführt worden. Auf den großen Plätzen hatte die Stadtverwaltung große Fernsehschirme aufgestellt – alle Kinder der Revolution, so hieß es, sollten in den Genuß des neuen Mediums kommen. Wenn ich von der Arbeit kam, setzte ich mich am Tahrir-Platz vor den Fernsehschirm, umgeben von den schönen Wasserfontänen. Im Vergleich zu heute war Kairo damals sehr ruhig, vor allem abends. Es gab ein wunderbares Lied von Nadschat as-Saghira, „Er wohnt mir gegenüber, und ich liebe ihn", und ich erinnere mich auch an die Theaterstücke von Saad ad-din Wahba. Die Leute aus meinem Dorf spielten Karten, kannten Mädchen und gingen aus, aber mich weihten sie aus Angst vor meiner Familie nicht in diese Laster ein. Nach sechs Monaten wurde ich nach al-Mehalla al-kubra versetzt - in eine Stadt, die wieder mehr einem Dorf ähnelte. Dort habe ich mit meiner Familie bis 1968 gelebt.

Inzwischen hatte die Azhar-Universität eine neue Fakultät für Islamische Studien gegründet, an der man auch mit einem Berufsschuldiplom angenommen wurde. Zur Rechtfertigung sagte man, daß der Islam Propagandisten brauche, die in unterschiedlichen Disziplinen spezialisiert sind, unter anderem auch Ingenieure, Techniker, Elektriker. Ich meldete mich zur Aufnahmeprüfung an und begann, die angegebenen Bücher zu lesen und mich auf die Prüfung vorzubereiten. Es waren fast alles klassische Texte zur Grammatik, Exegese, Theologie und zum Islamischen Recht. Als die Prüfung nahte, entdeckte die Azhar, daß Tausende sich beworben hatten und nicht alle zur Prüfung zugelassen werden konnten. Also ließen sie nur die Absolventen der Pädagogischen Schulen und bei anderen Abschlüssen nur die Absolventen des letzten Jahres zu. Das war eine Woche vor der Prüfung, nachdem ich solche schweren Brocken wie den „Kommentar des Nasafi zum Gedicht vom Wesen der Logik" oder den „Kommentar des Bahdschuri zum Gedicht von as-Sullam" studiert hatte.

Das Lernen war jedoch nicht umsonst gewesen. Daß ich die Sprache der klassischen Texte kennengelernt hatte, gab mir den letzten Anstoß, das Abitur nachzuholen, und erleichterte es mir später, in der Geisteswissenschaftlichen Fakultät Fuß zu fassen. Als ich schließlich das Abitur bestanden hatte, sagte man mir, daß ich zu alt sei, um mich als Gasthörer einzuschreiben, und die Zustimmung meines Arbeitgebers benötige. Aber die Vorgesetzten lachten mich nur aus.

„Was will denn ein Funktechniker im Arabistischen Seminar der Geisteswissenschaftlichen Fakultät?" fragten sie. „Wenn du dich für ein technisches Fach entschieden hättest – ja dann hätten wir dir natürlich jede Unterstützung gewährt. Aber Literaturwissenschaft? Du?"

Also schrieb ich mich als Ordentlicher Student ein, weil ich dafür keine Genehmigung des Arbeitgebers benötigte. Aus Furcht, aufgrund meines Alters abgelehnt zu werden, schickte ich einen jüngeren Freund, der sich in meinem Namen einschrieb. Ich wurde angenommen und beantragte bei meinem Arbeitgeber die Versetzung nach Kairo, was mir zunächst verweigert wurde. Daß es dennoch geklappt hat, verdanke ich einer Assistentin im Seminar für Anglistik. Ich besuchte ihre Vorlesung im Rahmen des Studium Generale, das im ersten Jahr obligatorisch war. Die Universität war erst seit kurzem wieder geöffnet, nachdem sie wegen der Studentendemonstrationen geschlossen worden war. Die Studenten hatten gegen die lächerlichen Urteile im Prozeß gegen die Führung der Streitkräfte, die für die Niederlage von 1967 verantwortlich war, protestiert. Diese Anglistik-Assistentin – sie hieß Nadia – fragte mich, weshalb ich oft fehlte und ob ich denn Ordentlicher Student sei. Ich bejahte, obwohl ich wußte, daß ein Ordentlicher Student mindestens an drei Viertel der Lehrveranstaltungen teilnehmen mußte. Ich bat sie um ein Gespräch nach der Vorlesung. Ich erklärte ihr, daß ich in Mehalla arbeiten mußte, und schimpfte auf meinen Vorgesetzten, der die Versetzung ablehnte. Alles mögliche warf ich ihm vor: daß er ein Tyrann sei, keine Achtung vor der Bildung habe und so fort. Sie fragte, wo ich arbeite. Ich sagte es ihr. Dann fragte sie nach dem Namen meines Vorgesetzten. Ich fand das seltsam, aber ich nannte den Namen. Sie sagte, daß mein Vorgesetzter ihr Vater sei. Ich schämte mich so sehr, daß ich sofort den Raum verließ. Sie lief hinter mir her und rief mich in ihr Zimmer zurück.

„Du hast über deinen Vorgesetzten gesprochen", sagte sie. „Es ist dein gutes Recht, auf ihn zu schimpfen. Aber glaubst du, daß mein Vater die Macht hat, dich zu versetzen?"

„Er hat die Macht, mich hinter die Sonne zu jagen!"

Innerhalb von 24 Stunden hatte ich meine Versetzung. Ich sollte sofort anfangen, in Kairo zu arbeiten. Das gehörte zu meinen schönsten Erlebnissen an der Universität, obgleich die sofortige Versetzung natürlich eine Katastrophe war, denn wie sollte ich meine Familie so schnell von Mehalla nach Kairo umsiedeln? Das war unmöglich und brauchte Zeit. Von da an verbrachte ich mein Leben zwischen Studium und Arbeit. Wenn ich zur Morgenschicht mußte, besuchte ich nachmittags die Vorlesungen. Wenn ich nachmittags arbeitete, ging ich morgens in die Universität. Am günstigsten war die Nachtschicht. Danach hatte ich immer zwei volle Tage frei, so daß ich sogar gelegentlich ausgehen und mit den Mädchen flirten konnte. Insgesamt aber fiel mir das Leben schwer, schließlich mußte ich mich selbst versorgen: einkaufen, kochen, putzen, Wäsche waschen, aufräumen. Ich war das nicht gewohnt. Als meine Familie später nach Kairo zog, wurde alles einfacher.

Die Universität war für mich kein gewöhnlicher Ort. Sie war der Traum, den ich mir selbst verwirklicht hatte. Als ich sie im März 1968 als Student betrat, habe ich geweint. Um so fürchterlicher war der Schock, den ich bei meiner ersten Vorlesung erlitt. Ich hatte gedacht, da würden einige Studenten in einem kleinen Raum sitzen und intensiv mit dem Professor diskutieren, aber als ich den Hörsaal 78 betrat, erwartete mich ein Raum für zweitausend Studenten, in dem es nur noch Stehplätze gab. Es war ein Drama: Der Professor diktierte! Die Studenten schrieben alles auf! Und in den anderen Vorlesungen war es genauso! Ich möchte an dieser Stelle keine Namen nennen, aber zum Beispiel in der Philosophievorlesung bin ich regelmäßig eingeschlafen. Die Stimme des diktierenden Professors war dort besonders monoton. Kaum fing er an, fiel ich in einen tiefen Schlaf. Gewöhnlich fällt es mir schwer einzuschlafen, aber dieser Professor mußte nur seine Stimme erheben, und schon fielen mir die Augenlider zu. Ich dachte, vielleicht würde es besser, wenn ich weiter vorne sitze, und erkämpfte mir beim nächsten Mal einen Platz in der ersten Reihe. Und trotzdem! Sobald er anfing, schlief ich ein und träumte sogar. Es war nicht einmal ein unruhiger Schlaf, sondern ein tiefer und fester, und wahrscheinlich habe ich auch geschnarcht. Von da an gab ich es auf, die Vorlesungen zu besuchen, und studierte die entsprechende Literatur zu Hause. Es kam ohnehin aufs gleiche raus. Während die anderen in Vorlesungen saßen, suchte ich eine Wohnung für die Familie und Schulen für meine Geschwister. Anfangs wollte meine Mutter nicht nach Kairo ziehen, aber dann erklärte sie: „Ich gehe dahin, wo meine Kinder sind. Gott wird uns beschützen!"

Ich beendete das erste Jahr mit der Note „gut". Ich war enttäuscht, weil ich mir ein „sehr gut" vorgenommen hatte, nicht nur weil ich mich auszeichnen wollte, sondern auch, weil ich dann finanziell unterstützt worden wäre. Mein Gehalt reichte für das Leben in Kairo nicht aus. Das Leben war viel teurer als in einer Stadt wie Mehalla oder gar im Dorf. Ich mußte genau rechnen, wieviel Geld ich für das Essen ausgab, wieviel Zigaretten ich am Tag rauchen durfte. Ich mußte auch Geld nach Hause schicken; die Familie lebte damals noch in Mehalla. Manchmal reichte es nur für drei Zigaretten. Meine Ausgaben waren streng reglementiert, damit ich gegen Ende des Monats nicht ohne Geld dastand. Ich durfte zum Beispiel nur einen Piaster für das Frühstück ausgeben. Mein Kommilitonen wunderten sich, daß ich wegen der Prüfung weinte. Aber ich war so traurig, als hätte ich nicht bestanden.

Im zweiten Jahr konzentrierte ich mich auf die Veranstaltungen im Arabistischen Seminar. Es saßen viel weniger Studenten in den Vorlesungen, kaum mehr als dreißig oder fünfunddreißig. Wir studierten die Geschichte der alten arabischen Literatur. Es gab Diskussionen, Referate wurden geschrieben, und mir gelang es, den Ruf eines fleißigen und ernsthaften Studenten zu erwerben. Beeinflußt hat mich jedoch keiner meiner Professoren. Die meisten waren traditionell und beschränkten sich strikt auf die Philologie. Ich aber hatte schon angefangen, Bücher zur Textanalyse zu lesen, und wollte mehr, als nur die Inhalte der Gedichte zu referieren, über die Einflüsse und Wirkungen belehrt zu werden und die Geburtsdaten der Dichter zu lernen.

Einer dieser Philologen nahm mit uns die Lyrik der Fatimidenzeit durch, darunter die Gedichte des Kalifensohns Tammam ibn al-Mu´izz. Der Professor hielt ihn für den größten aller Dichter. Sein

Vater hatte ihm die Thronfolge verweigert, weil er nur Gedichte im Kopf hatte, und statt dessen seinen Bruder zum Nachfolger bestimmt. Als sein Vater starb, begann Tammam, Lobgedichte auf seinen Bruder, den neuen Kalifen, zu verfassen. Ich hielt das für eine lächerliche, wertlose Panegyrik. Der Professor aber liebte sie. Er schaute mich an und sagte wörtlich:

„Du Fettwanst, du! Du siehst so aus, als würde dir das Gedicht nicht gefallen."

„Ja, das stimmt", erwiderte ich. „Es gefällt mir wirklich nicht. Da lobt einer seinen Bruder, der an seiner Stelle zum Kalifen ernannt worden ist. Die Worte sind nicht neu und vollkommen leer."

„Wirst du das in der Prüfung schreiben?"

„Nein, natürlich nicht."

„Also, was wirst du in der Prüfung schreiben?"

Ich leierte eine Hymne auf das Gedicht herunter, die sogar das Loblied des Professors übertraf. Merkwürdigerweise befriedigte ihn das. In der darauffolgenden Vorlesung rief mich der Professor, der heute noch an der Universität Kairo lehrt, zu sich und fragte:

„Was würdest du sagen, wenn ich dir eröffnen würde, ich hätte die *Ilias* von Homer gelesen und sie hätte mir nicht gefallen?"

„Homer ist schließlich ein ungläubiger Dichter" antwortete ich, ohne daß er die Ironie verstand. „Er muß Ihnen nicht gefallen."

Im dritten Jahr kam der Sprung. Mein Lehrer war Hassan Hanafi, der gerade aus Frankreich zurückgekehrt war. Sein Stil war vollkommen anders. Vorlesung hieß bei ihm, mit den Studenten über einen Text zu debattieren. Das war endlich das, was ich mir unter einer Universität vorgestellt hatte. Hanafi war jung und voller Begeisterung. Er sprach über die islamische Theologie, die seit ihren Anfängen von einem hierarchischen Aufbau der Welt ausgegangen sei: Gott steht an der Spitze, dann die Engel, dann die Propheten und Gesandten, danach die Gläubigen – die Muslime und dann die Nichtmuslime –, danach die Ungläubigen, dann die Tiere, die

Pflanzen und schließlich die Steine. Dieser hierarchische Aufbau präge unser Denken bis heute, auch in der Politik. Der Herrscher, er mag Präsident, König oder Scheich sein, stehe an der Spitze der Pyramide, unter ihm die Minister und hohen Beamten, dann die kleinen Beamten und schließlich die Arbeiter und Bauern und am Schluß die Tiere. Die Vorstellung, die wir von der Gesellschaft haben, sei eine Widerspiegelung der Theologie. Wenn wir die Gesellschaft verändern und die Pyramide umstürzen wollten, müßten wir unsere Vorstellungen ändern, und dafür müßten wir die Theologie verändern. Gott wird dann die Erde sein, das Volk, die Bauern und die Arbeiter. Er gab uns eine halbe Stunde für die Diskussion. Der erste, der sich gemeldet hat, war der Diener Gottes, der Ihnen dies alles erzählt.

Ich war von der Vorlesung und diesem Professor begeistert, von der Verbindung zwischen Theologie und Gesellschaft, Bewußtsein und Veränderung. Zugleich interessierte ich mich aber zu jener Zeit für die marxistische Theorie: daß die Veränderung zuerst im Sein und nicht im Bewußtsein stattfinden muß. Mittlerweile weiß ich, daß ich die marxistische Theorie damals nicht richtig verstanden habe, aber meiner Schwärmerei für sie tat das keinen Abbruch, und ich fragte Hassan Hanafi:

„Meinen Sie wirklich, daß es genügen würde, die Theologie zu ändern, um die Wirklichkeit zu ändern? Ist es nicht eher so, daß wir die Wirklichkeit verändern müssen, damit sich unsere Vorstellung von der Wirklichkeit verändert?“ Und so weiter. Im Laufe der Diskussion wurde ich sogar übermütig und rief: „Glauben Sie, mit diesem schicken Anzug und Ihrer Pariser Krawatte mein Bewußtsein verändern zu können? Erwarten Sie, daß ich nach der Vorlesung anfange, die Gesellschaft zu verändern? Es kann durchaus passieren, daß wir unser Studium beenden und uns als Angestellte im Sozialministerium wiederfinden oder als Lehrer in einem entlegenen Dorf, mit einem Gehalt, das nicht zum Überleben reicht. Wie kommen Sie, der Sie über eine schöne Professur, ein Büro und ein Auto verfügen, dazu, von mir zu erwarten, daß ich die Wirklichkeit verändere? Das bedarf der revolutionären Aktion. Es genügt nicht, eine Vorlesung zu halten."

Das schönste war seine Reaktion. Er lobte die Kritik und meinte, daß ich ein wirkliches Problem benannt habe. Er behandelte mich, als wäre ich ein ihm gleichgestellter Philosoph. Zum Schluß fragte er mich nach meinem Namen. Ich nannte ihn, und er sagte:

„Also, Nasr. Gründe eine Partei, um die Wirklichkeit zu verändern. Ich werde Mitglied in dieser Partei sein, unter deinem Vorsitz."

„Gründen Sie doch die Partei. Ich werde dann eintreten."

So begann unsere Freundschaft. Sie sollte mich nicht davor bewahren, Hanafi in meinen späteren Büchern heftig zu kritisieren. Ich warf ihm insbesondere vor, das islamische Erbe selektiv zu studieren; was er braucht, nimmt er sich, alles andere beachtet er einfach nicht. Er selbst spricht davon, daß die Tradition ein Supermarkt sei, aus dem sich jeder nehmen könne, was ihm gefällt. Hassan Hanafi analysiert die Tradition nicht, sondern streicht sie mit seinen Vorstellungen neu an. Das ist genau das, was die Islamisten auch tun, nur daß sie eine andere Farbe verwenden. Allerdings hat auch Hanafi mich kritisiert. Er meinte, daß solche Ideen, wie ich sie vertrete, nicht vor der Allgemeinheit geäußert werden dürfen. Er hat nicht meine Ideen kritisiert, mir aber indirekt die Verantwortung für das zugeschrieben, was hinterher geschehen ist.

Es gab noch andere Professoren, die mich während meiner Studentenzeit beeindruckten und prägten, vor allem Abd el-Mon´im Tallima, der marxistische Literaturwissenschaftler, und Gaber Usfur, der mit modernen Methoden und von einem heutigen Standpunkt aus die klassischen arabischen Werke der Rhetorik und der Literaturkritik studierte. Alle diese Professoren bemühten sich, die Denkansätze der Tradition unter heutigen Gesichtspunkten und mit modernen Methoden zu untersuchen und weiterzuentwickeln. Es war der Ansatz Taha Husseins, und es war im Prinzip das gleiche, was die klassischen Autoren, die ebenfalls Impulse aus anderen Kulturen aufgenommen hatten, mit ihrem Erbe getan hatten. Das Neue kam mir damals nicht spezifisch westlich vor. Wir haben etwa die *Poetik* von Aristoteles mit den Kommentaren von Avicenna und Averroes sowie Übersetzungen literaturwissenschaftlicher Bücher aus Europa gelesen. Die Professoren haben diese Schriften wie selbstverständlich auf unsere eigenen arabischen Texte bezogen. Daß sie etwas Fremdes darstellten, kam uns nicht in den Sinn.

Mein Interesse galt damals der Literatur. Ich habe selbst Gedichte geschrieben, sowohl auf hocharabisch als auch im Dialekt, und habe dafür drei Jahre hintereinander jeweils den zweiten Preis der Einrichtung „Kultur für die Massen" erhalten – niemals den ersten, aber auch nicht bloß den dritten Preis. Gleichzeitig fesselte mich die Sprache des Korans. Meine literarischen Aktivitäten und mein Interesse am Koran standen, obgleich es mir damals nicht wirklich bewußt war, in einer Wechselwirkung. Ich schrieb über die Literatur, ich nahm an literarischen Gesellschaften teil, und zur selben Zeit genoß ich den Koran als Sprach- und Klangwerk, im eigenen Vortrag und als Vortrag anderer. Koranrezitationen kann man in Ägypten überall hören, in der Moschee, im Rundfunk, auf Kassetten, bei Trauerfeiern, im Taxi. Ich habe einmal im Monat den Koran ganz gelesen, jeden Tag ein Dreißigstel. Bis heute geschieht es, daß mich eine gute Koranrezitation regelrecht verzaubert und ich in eine traurige oder eine glückliche Stimmung komme, die lange anhält. Meine Beziehung zum Koran als literarischem Text, als Text, dessen Ästhetik die Seele bewegen kann, hatte früh begonnen. Es war nicht die Botschaft des Korans, die diese Beziehung entstehen ließ, sondern die sprachliche Ordnung, seine innere Musik. Bereits im *kuttâb* begann diese Beziehung. Sie wurde noch inniger, als ich den großen Rezitatoren wie Scheich Muhammad Rif'at zuzuhören begann. Schon in Quhafa gehörte ich zu den Stammgästen, wenn ein Rezitator aus der Stadt in unserem Dorf auftrat. Noch vor meinem Studium hatte ich die Bücher von Sayyid Qutb und seinem älteren Bruder Muhammad sowie die Dissertation Muhammad Ahmad Chalafallahs gelesen, die sich alle mit der Poesie des Korans beschäftigen und mich stark beeinflußten. Als ich ans Arabistische Seminar kam, spielte ich daher von vornherein mit dem Gedanken, über die „Ästhetik des Korans“ zu arbeiten.

Wenn ich den Koran als literarischen Text bezeichne, reduziere ich ihn nicht auf seine poetischen Elemente. Der Koran ist ein religiöses Werk, „ein Buch der Rechtleitung“, wie Muhammad Abduh es ausdrückt. Aber wie gelangen wir zur Rechtleitung? Wie müssen wir den Text verstehen, um zu ihr zu gelangen? Wir müssen ihn dekodieren. Amin al-Chuli, der Lehrer Chalafallahs und so vieler anderer, hat die Methode der „literarischen Exegese“ skizziert. Er sagte, der Inhalt des Korans sei spirituell, ethisch-moralisch, religiös oder juristisch, aber die Methode, diesen Inhalt zu verstehen, sei literaturwissenschaftlich, da der Koran ein komplexes sprachliches Gebäude sei. In meinem Buch „Der Begriff des Textes“ habe ich mich mit diesem Gebäude befaßt. Der Koran ist eine Botschaft, die ihren Kode und ihren Kanal hat. Der Kode ist die arabische Sprache. Zur Dekodierung bedarf ich der Textanalyse, die mehr als nur Philologie ist. Sie behandelt den Koran als einen poetisch strukturierten Text. Deswegen gehört der Koran noch nicht zur Gattung der Poesie. Er bleibt ein religiöser Text mit unterschiedlichen Funktionen; Sayyid und Muhammad Qutb sagen in ihren frühen Schriften, die Ende der vierziger oder Anfang der fünfziger Jahre erschienen, nichts anderes. Für sie ist der Koran ein Text, der ethische, moralische, spirituelle und juristische Botschaften enthält, aber gleichzeitig ist er ein zu genießendes Klangwerk, das seine Botschaft dadurch übermittelt, daß es den Leser ästhetisch berührt. Sie waren von der romantischen Literaturtheorie beeinflußt und konzentrierten sich auf die psychologische Wirkung des Textes. Al-Chuli dagegen sieht keinen anderen Zugang zum Text als die Textanalyse. Die Islamisten behaupten, man dürfe den Koran nicht wie einen Text von Shakespeare oder al-Ma´arri behandeln, um die literaturwissenschaftliche Methode der Interpretation abzulehnen, aber das Argument verfehlt den Gegenstand, um den es geht. Die Funktionen des Korans sind andere als die Funktionen eines Dramas oder eines Gedichtes. Er stellt eine Autorität, einen Bezugsrahmen dar. Wenn wir vom literarischen Charakter des Korans sprechen, meinen wir also nicht, daß der Koran Literatur ist. Das wäre eine ebensolche Reduktion wie die Aussage, es handle sich um einen Gesetzestext oder um eine moralische Unterweisung. Der Koran enthält all dies, aber all dies ist eben nur mittels der literaturwissenschaftlichen Analyse zu begreifen.

Mir wurde immer deutlicher, daß die Verbindung von Koran und Literatur mein eigentliches Thema sei. In unserem Seminar gehörte der Koran jedoch zu den „alten“ oder „klassischen“ Wissenschaften, die von den Traditionalisten beherrscht wurden. Wenn ich mich mit dem Koran befassen wollte, würde mich einer von ihnen betreuen. Andererseits hatte das Seminar beschlossen, daß der neue Assistent – also ich – im Bereich der Islamwissenschaft arbeiten sollte. In der Institutssitzung wurde ich gefragt, weshalb ich nicht über den Islam arbeiten wolle. Ich antwortete, daß ich nicht in der Lage sein würde, etwas Neues beizutragen. Einer der Professoren rief:

„Etwas Neues? Gibt es denn etwas Neues in der Islamwissenschaft?“ Das war für mich der beste Beweis, daß meine Furcht berechtigt war. Aber der Professor war noch nicht zu Ende: „Die Koranwissenschaften und die Rhetorik gehören zu den Wissenschaften, die so lange geschmort haben, bis sie richtig gar geworden sind. Willst du etwa eine neue Theorie erfinden?“

Schon diese Diskussion zeigte, daß es unmöglich sein würde, über den Koran zu arbeiten und gleichzeitig frei zu sein. Die Professoren, die meine Ängste verstanden, argumentierten, es gäbe kein Fach „Islamwissenschaft“ im Arabistischen Seminar. Es gäbe nur Literaturkritik, Rhetorik, Grammatik und ähnliches. Wenn ich über den Koran arbeiten solle, könne ich das im Rahmen der Rhetorik tun. Sie sei mein Spezialgebiet, nicht der Koran. Den Koran studiere man an der Azhar, so wie man die Scharia an der Juristischen Fakultät studiere.

Mit der Maßgabe, daß ich über den Koran im Fach Rhetorik forsche und nicht verpflichtet war, mit einem der traditionalistischen Professoren zu arbeiten, nahm ich die Stelle an. Als Thema meiner Magisterarbeit wählte ich „Die koranische Metapher bei den Mu´taziliten“. Ich untersuchte darin die Beziehung zwischen der Entwicklung der literaturkritischen und rhetorischen Konzepte einerseits und dem Studium des Korans andererseits. Die rationalistischen Theologen der Mu´tazila hatten in ihren Interpretationen den Begriff der Metapher, den wichtigsten Begriff in der Rhetorik, hervorgehoben, um scheinbare Widersprüche zwischen dem Text des Korans und den Erkenntnissen der Vernunft aufzulösen. Ich untersuchte, inwiefern der Koran beziehungsweise seine Interpretation auf die Entwicklung der rhetorischen Konzepte in der klassischen Literaturwissenschaft eingewirkt hat. Die zweite Frage meiner Arbeit zielte auf die Beziehung zwischen dem Zeichen und dem Bezeichneten oder zwischen Bedeutung und Wort. Hier begann ich, mich mit der Linguistik zu beschäftigen. Ich stützte mich auf Übersetzungen und einige wenige Bücher auf Englisch, aber ich merkte rasch, daß meine Englisch-Kenntnisse nicht ausreichten. Ich besuchte die Amerikanische Universität in Kairo, um Englisch zu lernen, und wollte sogar schon eine Magisterarbeit auf Englisch schreiben, die ein ganz anderes Thema hatte. Das war anstrengend und vollkommen unpraktisch, und so ließ ich wieder von dem Gedanken ab und kehrte zurück zu meiner ursprünglichen Fragestellung.

Für Muslime ist der Prophet Mohammed nicht der Autor des Korans, sondern dessen erster Hörer. Damit ist er aber auch zugleich dessen erster Interpret. Sieht man einmal vom orthodoxen Korankommentar ab, bildeten sich in den folgenden Jahrhunderten im wesentlichen drei hervorstechende Deutungsmuster heraus, die dem Akt der Interpretation eine entscheidende Bedeutung beimessen: die Interpretation der Scholastiker und unter ihnen insbesondere die Schule der Mu´taziliten, die Koranexegese der Mystiker und schließlich die schiitische Hermeneutik mit ihren zahlreichen Varianten, die mit der Mu´tazila einerseits und dem Sufismus andererseits häufig in Wechselbeziehung standen. Etwa seit dem 10. oder 11. Jahrhundert gewannen jedoch jene Interpreten zunehmend an Gewicht, die sich gar nicht als Interpreten verstanden, sondern auf der wortwörtlichen Bedeutung jedes Verses beharrten. Der Koran sei das Wort Gottes, also sei jeder Buchstabe von Gott herabgesandt, und mithin gelte ausschließlich die wortwörtliche Bedeutung. Die Interpretation als solche wird ausdrücklich abgelehnt. So heißt es in einem berühmt gewordenen Satz des Rechtsgelehrten Ibn Hanbal, in dem es darum geht, daß Gott dem Koran zufolge auf seinem Thron sitzt: „Die Tatsache, daß Gott auf dem Thron sitzt, ist bekannt, das Wie ist unbekannt, und darüber zu reden ist eine unzulässige Neuerung."

Die hanbalitische oder, wie man sie auch nennt, salafitische Linie der Koranexegese blieb bis in die Neuzeit vorherrschend, und zwar vor allem in ihrer Ausgestaltung durch Ibn Taimiyya. Dieser auf seine Weise aufrichtige Gelehrte hatte sich vehement gegen die Scholastik, die Mystik sowie die Schia gewandt und eine schlichte Religiosität gefordert, die sich strikt am Vorbild der Ahnen orientierte. Von den Herrschern seiner Zeit verlangte er, daß sämtliche ihrer Maßnahmen mit der Scharia in Einklang zu stehen hätten, weshalb er regelmäßig in Konflikt mit der Staatsmacht geriet. Er wurde mehrfach verhaftet und starb 1328 im Gefängnis von Damaskus.

Man hatte ihm zum Schluß nicht einmal mehr Tinte und Papier gelassen. Ibn Taimiyyas Werke wurden durch seinen Nachfolger Ibn Qayyim al-Dschauziyya popularisiert und im 18. Jahrhundert von Ibn Abd al-Wahhab in eine ideologische Form gegossen, die wiederum Ibn Saud als Grundlage diente, um die Stämme der Arabischen Halbinsel zu vereinen und die saudische Vorherrschaft zu etablieren. Bis heute berufen sich die Saudis offiziell auf die wahhabitische Auslegung der Religion. Diese Linie der muslimischen Gelehrsamkeit, die man deshalb die salafitische nennt, weil sie die Wahrheit in der Vergangenheit beziehungsweise bei den Altvordern sucht (von *salaf,* „Vorfahre"), wurde im Laufe der Jahrhunderte immer dominanter. Hingegen hatte die sufische Exegese vor allem zur Dichtung Zuflucht genommen. Nicht nur die Gedichte Ibn Arabis, sondern auch die Werke des großen mystischen Dichters Ibn al-Farid sind Resonanzen und Exegesen des Korans.

Muhammad Abduh gehört zu den ersten Koraninterpreten der Moderne, die einen neuen Ansatz vertraten. Er hatte sich im Orabi-Aufstand von 1882 engagiert, der gegen die ausländische Vorherrschaft in Ägypten gerichtet war, und mußte einige Jahre ins Exil gehen. Als er zurückkehrte, war Ägypten eine britische Kolonie. Abduh konzentrierte sich auf sein Reformwerk der islamischen Theologie und des Rechts, wobei er sowohl vom Denken der mu´tazilitischen Rationalisten wie auch aus der Mystik Impulse empfing; unter den drei wichtigen hermeneutischen Strömungen hatte lediglich die schiitische Koraninterpretation keine Wirkung auf ihn. Auch steht die Vernunft bei Abduh längst nicht so deutlich im Vordergrund wie bei den Mu´taziliten, und er schwankt oft zwischen der Interpretation des Verses und der bloßen Erklärung des Wortsinnes. „Die Interpreten meinen dieses und die *salafiyya* meint jenes", heißt es oft bei ihm, ohne daß er seine eigene Meinung verrät. Es ist also nicht immer ganz offenkundig, auf welcher Seite er steht. Erst Raschid Rida, sein Schüler und Verwalter seines Erbes, hat Abduh zum Salafiten gestempelt. Wenn man hingegen Abduh selbst liest, drängt sich Ridas Schluß, dem seitdem selten widersprochen worden ist, keineswegs in dieser Klarheit auf. Abduh hat gewiß eine salafitische Tendenz, aber sie ist nicht dominant. Er hat zahlreiche westliche Methoden und Denkansätze aufgenommen, etwa die Psychologie Freuds und die Evolutionslehre Darwins. Er nennt zwar deren Namen nicht, aber ihre Spuren sind unverkennbar. So lehnt Abduh es zum Beispiel ab, die Geschichte Adams als die Geschichte des ersten Menschen zu verstehen. Vielmehr sieht er in Adam den ersten vernunftbegabten Nachfahren eines Geschöpfes, das selbst noch nicht vernunftbegabt war.

> Wie da dein Herr sprach zu den Engeln: Ich will setzen
> Auf Erden einen Nachfolger.
> Sie sprachen: Willst du auf sie setzen einen,
> Der sie verdirbt und Blut vergießt?
>
> Koran 2:30

Abduh deutet den hier dargestellten Verlauf der Schöpfungsgeschichte als Beleg dafür, daß Adam nicht der erste Mensch war. Das Wort „Nachfolger" *(chalîfa)* bezieht er nicht auf Gott, sondern auf ein vorangegangenes Geschlecht, das noch nicht vernunftbegabt war. Wenn im Koran über die „Einflüsterungen der Teufel" und die „Berührung durch die Dschinn" gesprochen wird, neigt Abduh dazu, sie psychologisch zu deuten. Gemeint seien geistige Vorstellungen und nicht konkrete Gestalten oder Ereignisse. Selbst die Engel versieht er mit einer psychologischen Erklärung, und *tayr abâbîl* („Scharen von Vögeln", Koran 105:3) hat er als Bakterien interpretiert. Abduh wandelt das mu´tazilitische Deutungsprinzip „Alles, was der Vernunft widerspricht, ist Metapher" in das Diktum um: „Alles, was der (modernen) Wissenschaft widerspricht, ist Metapher und muß interpretiert werden." Später hat man diesen

Gedanken weitergesponnen und sich zu der Behauptung verstiegen, daß das Wunder des Korans eben in seinen naturwissenschaftlichen Erkenntnissen liege. Fragt man Vertreter dieser Ansicht, warum die Muslime dies und jenes nicht entdeckt haben, wenn es doch bereits im Koran stehe, lautet die allzu schlichte Antwort, daß der Koran eben eine Botschaft für die ganze Menschheit sei, nicht nur für Muslime.

Bei Abduh herrscht noch immer die klassische Vorstellung vom koranischen Text vor: Der Koran sei Gottes unerschaffenes ewiges Wort, das Muhammad offenbart wurde und dessen Rezitation eine gottesdienstliche Handlung ist. Es ist die Definition, die nach der großen theologischen Auseinandersetzung des 9. und 10. Jahrhunderts zwischen den rationalistischen und orthodoxen Scholastikern allgemeingültig wurde. Die Mu´taziliten waren dabei, eine Theorie der Interpretation zu entwickeln. Sie gingen davon aus, daß der Koran und die arabische Sprache ein und derselben Sphäre angehören. Die arabische Sprache sei von den Menschen geschaffen und nicht göttlich. Deshalb sei auch der Koran, der ja in arabischer Sprache formuliert worden ist, „erschaffen" und nicht ewig. Der Koran sei Gottes erschaffenes Wort, da die arabische Sprache nicht vor den Menschen existiert habe. Die Gegner der Mu´taziliten verwahrten sich gegen die Ansicht, daß der Koran in der Zeit erschaffen worden sei. Für sie ist der Koran Teil der göttlichen Ewigkeit.

Der Streit scheint auf den ersten Blick rein formal zu sein. Tatsächlich hat er jedoch weitreichende Konsequenzen für die Interpretation des Korans. Wenn Gottes Wort erschaffen ist, dann ist dessen Sprache die menschliche, erschaffene Sprache, und dann gelten die Gesetze der menschlichen Sprache für die Interpretation des göttlichen Wortes: die Metapher, die Ellipse, die Voranstellung, die Nachstellung und so weiter. Verbessert sich die Kenntnis von den Gesetzen der Sprache, verändert sich notwendig auch die Kenntnis vom göttlichen Wort. Wenn die Sprache jedoch ewig und unerschaffen ist, wie die sunnitische Orthodoxie meint, dann hat sie zwei voneinander streng geschiedene Dimensionen: eine göttliche Ursprache und eine menschliche Erscheinungsform der göttlichen Sprache. Die Sprache des Korans sei jene göttliche Ursprache, die keinesfalls einer Interpretation, die den Gesetzen und Prinzipien der menschlichen Sprache folgt, unterworfen werden dürfe und streng wörtlich ausgelegt werden müsse. Diese theologische Auseinandersetzung verwandelte sich in einen politischen Kampf, als der Kalif al-Ma`mun 827 die Position der Mu´tazila übernahm und alle Muslime zwingen wollte, sie zu übernehmen: Das hat zur Inquisition geführt und eine heftige Reaktion ausgelöst, die den Mu´taziliten letztlich zum Verhängnis geworden ist. Al-Ma`mun verlangte von allen Kadis und Würdenträgern des Islams den Eid auf das Dogma vom Geschaffensein des Korans. Wer sich weigerte, wurde abgesetzt. Die Opposition gegen die unnachgiebige Geistesaristokratie der Mu´taziliten formierte sich hinter dem Theologen Ahmad ibn Hanbal, dessen Standfestigkeit Legende ist. 22 Jahre dauerte es, bis die Opposition triumphierte: Unter dem Kalifen al-Mutawakkil wurde die Ewigkeit und das Unerschaffensein des Korans zum herrschenden Dogma. Die Ideen der Mu´taziliten gerieten in Vergessenheit oder wurden allenfalls in Seitensträngen der Theologie weiterentwickelt, etwa bei den Schiiten.

In den modernen sunnitischen Interpretationen bleibt die Frage nach der Natur des Korans und seiner Sprache ausgeklammert. Kaum jemand hat die Frage wieder gestellt: Gelten die Gesetze der arabischen Sprache für den Koran, oder handelt es sich hier um eine Art „Über-Sprache", die anderen Gesetzen und Regelmäßigkeiten unterliegt? Abduh hat das Thema gestreift, um sofort davor zurückzuweichen. In der ersten Auflage seines Buches „Botschaft des Monotheismus" hat er sich die Sicht der Mu´tazila angeeignet, aber bereits in der zweiten Auflage hat er sich wieder der orthodoxen Auffassung angenähert. Er fürchtete wohl an dieser einen Stelle Einwände, die zur Ablehnung seiner gesamten Interpretation geführt hätten. Als ich nach einem Konzept des koranischen Textes suchte, stand ich vor ebendiesen Fragen, die seit mehr als zehn Jahrhunderten kaum noch debattiert wurden: Was ist der Text? Welcher Natur ist seine Sprache? Will man eine Methodik der Koraninterpretation finden, die den Erfordernissen der modernen Zeit entspricht, müssen diese Fragen aufgeworfen werden. Grundlage all der gängigen theologischen, politischen und wissenschaftlichen Interpretationen des Korans ist das orthodoxe Konzept des koranischen Textes. Es zu hinterfragen, ist tabu. Die Vorherrschaft der orthodoxen Theologie, die politische Instrumentalisierung des Korans und das feierliche, prahlerische Reden vom Islam und seiner Offenbarung, das seinen Hintergrund in der politischen und kulturellen Schwäche der islamischen Welt hat, sind kennzeichnend für unseren modernen religiösen Diskurs. Weshalb steuert die islamische Welt so wenig bei zur weltweiten wissenschaftlichen Forschung? Die Antwort des religiösen Diskurses lautet einfach, der Bezugsrahmen der islamischen Wissenschaft sei der Koran. Das ist eine bloße Worthülse, um die offenkundige Überlegenheit des Westens zu kaschieren, ein Phantasieprodukt, das nichts erklärt und mit Wissenschaft nichts zu tun hat. Bei uns wird so viel über die Koranwissenschaft gesprochen. Aber das Gerede verbirgt nur die Angst, daß dieses Fach als wirkliche Wissenschaft betrieben werden könnte und wir die Prämissen entwickelten, die Voraussetzung für eine neue Hermeneutik des Korans wären, für eine Theorie der Interpretation, die den Koran als sprachlichen Text behandelt. Wer versucht, das Fehlen einer modernen Interpretationstheorie zu untersuchen, kann vor Gericht gestellt oder sogar mit dem Tode bedroht und hingerichtet werden, wie es mit Mahmud Muhammad Taha im Sudan geschehen ist.

Es geht mir nicht darum, ob ich seinen Ansatz teile oder nicht; es geht mir um die Reaktion darauf, daß er vom herrschenden Ansatz abgewichen ist. Für Taha gibt es zwei Botschaften des Islams. Da die

Umwelt die erste – die in Mekka offenbarte – nicht akzeptiert habe, sei in Medina eine „zweite Botschaft“ offenbart worden, die vor allem gesetzlichen Charakter gehabt hätte. Diese „zweite Botschaft“ sei seitdem als die eigentliche Botschaft des Islams angesehen worden. Mahmud Taha war weder Religionsgelehrter noch ausgebildeter Koranwissenschaftler. Er war ein Ingenieur und Mystiker. Er hatte sich in die sufischen Schriften vertieft und sich vor allem von Ibn Arabi beeinflussen lassen. Darüber hinaus engagierte er sich politisch und gründete eine Partei mit dem Namen „Die Republikanischen Brüder“. Da Tahas Ansichten dem im Sudan der achtziger Jahre vorherrschenden, von den Muslimbrüdern geprägten religiösen Denken widersprachen, wurde er wieder vor Gericht gestellt, nachdem er in den sechziger Jahren bereits einmal angeklagt worden war. Er wurde als Apostat verurteilt und am 18. Januar 1985 hingerichtet. Taha war damals über achtzig Jahre alt. Jeder Versuch, eine neue Hermeneutik des Korans zu entwickeln, wird bekämpft. Das gilt auch für meinen Versuch.

6

Das wichtigste Ergebnis meiner Magisterarbeit war für mich die Entdeckung, daß der Koran zum Schauplatz eines politischen und gesellschaftlichen Kampfes geworden war, der mit den Waffen der Theologie, also mit Begriffen, Definitionen und Dogmen, geführt wurde. Das führte mich zu der Frage, ob das Ergebnis dasselbe gewesen wäre, wenn ich mich nicht mit der Theologie, sondern der Mystik beschäftigt hätte. Ich dachte, daß wenigstens sie von den sozialen und politischen Spannungen unbeeinflußt geblieben sein müsse, weil sie einen spirituellen und individualisierten Weg zu Gott beschreitet. Um das Thema zu untersuchen, wählte ich Ibn Arabi aus, den größten unter den Mystikerphilosophen, der ein umfassendes Konzept des Seins und der Offenbarung vorgelegt hatte. Das war 1977, das Jahr der „Brotaufstände“, als die soziale und politische Krise sich verschärfte. Der Währungsfonds hatte von der Regierung verlangt, die Subventionen für Lebensmittel zu kürzen. Ich war ein junger Wissenschaftler und litt wie meine Kollegen und Nachbarn unter der Situation. Sie betraf mich auch persönlich, da ich keine Wohnung finden, nicht heiraten und einfach nicht richtig leben konnte. Aber das war es nicht allein. Ich war verzweifelt. Alles in Ägypten hatte sich zum Schlechteren gewandelt – dabei war es vorher schon zum Verzweifeln gewesen. Mein Schatz an Hoffnungen schien sich aufgebraucht zu haben. Aufgrund der schwierigen Lebensumstände und meiner depressiven Stimmung war ich unfähig, mich auf die Bücher in der Bibliothek zu konzentrieren. Ich hörte, daß die *Ford Foundation* unserem Seminar ein Stipendium für einen Folkolorespezialisten anbot. Der Stipendiat sollte in den Vereinigten Staaten die Theorie der Folklore und die Methoden der Feldforschung studieren. Das Seminar wollte das Stipendium schon ablehnen, da den Professoren kein Student einfiel, der sich mit einem folkloristischen Thema beschäftigt hätte, da bat ich sie, mich vorzuschlagen. Ich wollte ins Ausland. Ich wußte, daß ich Englisch lernen und die westliche Kultur kennenlernen mußte, um meine wissenschaftlichen Ziele zu erreichen. Außerdem meinte ich, in Kairo zu ersticken. Das Leben war mir unerträglich geworden, die Inflation schlug Purzelbäume, und der politische Druck nahm von Tag zu Tag zu. Das war in jener Zeit, als Sadat wegen seiner Reise nach Jerusalem und den Verhandlungen mit Israel im Westen schon als Friedensmann gefeiert wurde. Tatsächlich schlug mich die Abteilung für dieses Stipendium vor. Die *Ford Foundation* schickte einen amerikanischen Professor als Gutachter, der mich interviewte. Obwohl ich wenig Ahnung von Folklore hatte, gelang es mir, ihn zu überzeugen, daß der Sufismus, den ich in meiner Doktorarbeit behandeln wollte, viele folkloristische Elemente in sich trug. Er war mit meinem Thema einverstanden und fragte mich, warum ich in Amerika studieren wollte. Ich berichtete von den Kursen an der Amerikanischen Universität in Kairo und sagte, daß ich meine Englischkenntnisse verbessern müßte. Anschließend wollte er wissen, ob ich garantieren könne, nach meinem Studium nach Ägypten zurückzukehren. Ich lachte und sagte, dies könne ich ganz gewiß garantieren und daß ich meine Heimat liebe und sie nie verlassen würde. Ich hatte damals schon zu lehren angefangen und empfand es als nationale Pflicht, meinen Unterricht fortzusetzen, nachdem ich meine Kenntnisse erweitert hatte. Dieses Pflichtgefühl rührte daher, daß ich unentgeltlich studiert hatte und außerdem von der Veränderung der Gesellschaft träumte. Ich fühlte mich einerseits der Universität, an der ich meine Ausbildung erhalten hatte, verpflichtet und sah es andererseits als meine Aufgabe an, den Studenten diesen Traum von einer besseren Zukunft zu vermitteln. Als der Professor ein wenig bohrte, wurde ich fast ungehalten, weil ich zum ersten Mal das Gefühl bekam, die Amerikaner hielten ihr Land für das Paradies auf

Erden. Für mich aber bot das Stipendium lediglich die Möglichkeit, im Ausland zu studieren, um für meine Arbeit in Ägypten besser gerüstet zu sein. Jetzt, wo ich das sage, fällt mir auf, daß der Professor mit seinen Zweifeln in gewisser Weise recht behalten hat. Ich habe meine Heimat in der Tat verlassen, unter Umständen allerdings, die weder er noch ich erahnen konnten.

Ich sollte an der Universität von Pennsylvania studieren. Im Vergleich zu der Reise von meinem Dorf nach Kairo kam mir die Reise nach Amerika wie ein Ausflug ins Grüne vor. Aber schon in New York, wo ich umsteigen mußte, um nach Philadelphia zu fliegen, erlitt ich einen kleinen Schock. Eine Amerikanerin setzte sich neben mich und sprach mich auf Englisch an, ohne daß ich auch nur ein Wort verstand. Ich hatte gedacht, daß ich in Kairo einigermaßen Englisch gelernt hätte, und nun kam ich in Amerika an und verstand nicht einmal eine Silbe. Ich fing an zu stottern und hatte fortan Angst, Englisch zu reden. Als ich in Philadelphia ankam, sagte mir der Professor, ich müsse unbedingt einen Englischkurs belegen. Das tat ich auch. Von meinem eigenen Geld zahlte ich 500 Dollar und nahm an den ersten Sitzungen teil. Aber ich lernte nichts und erhielt dennoch die besten Noten. Ich bat den Lehrer, mich in eine höhere Stufe zu schicken, aber er meinte, dies sei bereits die höchste Stufe und eigentlich bräuchte ich keinen Sprachkurs, sondern nur ein wenig Praxis. Ich fragte, ob ich den Kurs vorzeitig verlassen könne, und der Lehrer sagte, dies stünde mir frei, aber die Kursgebühren würde man mir leider nicht erstatten. Mein erster Kampf in Amerika begann. Ich erzählte dem Professor, der mich in die Schule geschickt hatte, von der Sache und verlangte von ihm, für meine Unkosten aufzukommen, da ich seiner Aufforderung gefolgt war. Er hielt das zunächst für abwegig, aber seine Frau, die von der Angelegenheit erfuhr, mischte sich ein und fragte ihren Mann, ob er mir zu dem Kurs geraten hätte. Er sagte, er habe nur gemeint, ich spreche sehr langsam. Sie antwortete: Wir sprechen alle langsam, wenn wir in einem fremden Land ankommen, und er solle für die Kursgebühren aufkommen. Das hat er wirklich getan. Es war wichtig zu erfahren, daß man in Amerika sein Recht einfordern kann, auch wenn der andere eine höhere Position hat. Ich sagte zu mir: Dieser Westen, an dem du so vieles kritisierst, läßt es zu, daß du deine Rechte einforderst.

Richtig Englisch gelernt habe ich, als mein Kollege und Freund Ahmad Mursi Philadelphia verließ, weil er zum Kulturattaché in Italien berufen worden war. Davor hatten wir zusammengewohnt und nur arabisch gesprochen. Ich habe ihn regelrecht gedrängt, den Posten in Italien anzunehmen, damit ich mich allein mit dieser Gesellschaft auseinandersetzen und die Sprache erlernen konnte. Zudem hatte ich die ganze Zeit das Gefühl, Amerika mit seinen Augen zu sehen. Ich schämte mich allerdings, ihm das zu sagen.

Zu den schmerzhaften Erfahrungen meines Aufenthaltes in den Vereinigten Staaten zählt mein erster Flirt. Er ist dem israelisch-arabischen Konflikt zum Opfer gefallen. Ich hatte mich zum ersten Mal in Amerika mit einem Mädchen verabredet, als Sadat gerade in Camp David den Friedensvertrag mit Israel aushandelte. Wir waren alle gegen dieses Abkommen, weil wir nicht wollten, daß Ägypten einen Separatfrieden mit Israel schließt. Ich traf dieses wunderschöne Mädchen und unterhielt mich die ganze Zeit über Politik. Ich benahm mich wie ein bornierter Intellektueller und zeterte gegen Israel. Am Schluß sagte sie, daß sie Jüdin sei. Es war unser erstes und letztes Rendezvous.

Zu den Erfahrungen in den Vereinigten Staaten gehört auch, daß jemand mich anrief und fragte:

„Hast du schon zu Abend gegessen?"

„Nein", antwortete ich.

„Laß uns zusammen etwas essen gehen", schlug er vor.

Ich faßte seinen Anruf als Einladung auf. Nach dem Essen stellte sich heraus, daß der Bekannte nur für sich selbst zahlte. Ich erklärte meinem Bekannten später, daß sein Anruf in meiner Kultur eine Einladung bedeutet hätte, und er entschuldigte sich vielmals. Ich war nicht böse und bat ihn, mir zu erklären, wann es sich um eine Einladung handele und wann nicht. Ich mußte das schließlich wissen. Er erklärte es mir. Problematisch wurde es, wenn ich mit einem Mädchen ausging. Für mich war völlig unmöglich, sie bezahlen zu lassen. Sie wunderte sich über mich, und ich wunderte mich über sie.

In den zwei Jahren, die ich in den Vereinigten Staaten verbrachte, habe ich jeden Tag etwas Neues gelernt, über den Alltag, die Kultur, die Gesellschaft und die politischen Verhältnisse. Am wichtigsten waren aber natürlich die wissenschaftlichen Erfahrungen. Als ich meine Reise vorbereitete, beschäftigte mich vor allem die Frage, welches englische Wort dem arabischen Begriff *ta`wîl* entspricht. Ibn Arabi, die Mu´taziliten und all die anderen Korankommentatoren nannten es *ta`wîl*, wenn sie den Koran deuteten. Sollte ich unter „interpretation" nachschlagen? Einige Professoren rieten mir, unter „suprainterpretation" oder „ultrainterpretation" zu suchen, aber das Resultat war dürftig. Hassan Hanafi sagte mir: Hermeneutik! Und genau so war es. Ich fand in der Universitätsbibliothek von Philadelphia einen unvorstellbaren Reichtum vor, beginnend mit der Geschichte von Hermes, dem griechischen Wegegott und dem Geleiter der Seelen auf ihrem Gang in die Unterwelt. Ich tauchte in die Hermeneutik ein und litt furchtbare Qualen, weil meine Sprachkenntnisse nicht ausreichten. Ich scheiterte einfach an den Texten. Sie ließen mich auf eine neue Welt blicken und versperrten mir gleichzeitig den Zugang zu ihr. Zugleich war ich auch ein normaler Student, der Folklore studierte und Seminare und Vorlesungen in Linguistik, Anthropologie, Soziologe besuchen mußte. Regelmäßig trafen wir uns bei den Professoren zu Hause, um über die Vorlesungen zu diskutieren. Das ergab eine ungeheure Menge von Texten, die ich zu lesen hatte. Zum ersten Mal lernte ich die Anthropologie kennen. Ich las Lévi-Strauss, de Saussure und vertiefte mich in die

Diskussion des Strukturalismus. Und inmitten all dieser überwältigenden Erfahrungen stieß ich auf das Werk Gadamers. Bereits nach wenigen Seiten spürte ich: Das war es, wonach ich gesucht hatte. Als ich weiter las, spürte ich aber auch, daß mir die Vorkenntnisse fehlten, um ihn zu verstehen. Ich stürzte mich auf die grundlegenden Werke der Hermeneutik. Ich fing bei den Griechen an, stieß zu Schleiermacher vor, erreichte Wilhelm Dilthey und Martin Heidegger, kehrte zurück zu Gadamer und ging weiter zu Paul Ricœur, David Ditchet, Richard E. Palmer, E. D. J. R. Hirsch, Janet Wolf, Louis Althusser. Ich begann mit dem Existentialismus, der die Hermeneutik durch seine Frage nach der Beziehung zwischen dem Ich und der Existenz neu begründet hatte. In all diesen Texten versuchte ich, die Beziehung zwischen der Hermeneutik und den anderen Humanwissenschaften zu erkennen. Ich betrachtete auch die Texte zur Folklore aus der Sicht der Hermeneutik. Nach und nach merkte ich, daß die Welt, die mir so fremd war, weil ich deren Begriffe nicht kannte, immer mehr meine eigene wurde. Und plötzlich entdeckte ich in dieser Welt Ibn Arabi. Ich nahm ihn mit auf meine Wanderung, oder eigentlich nahm er mich mit, und ich folgte ihm. Wir lebten zusammen, Ibn Arabi und ich. Die Welt, die ich in der Universitätsbibliothek von Philadelphia erkundete, war seine Welt. Es war die Welt zwischen dem Leser und dem Text.

Aufs neue vertiefte ich mich in Ibn Arabi, zuerst in die „Mekkanischen Offenbarungen“. Dieses Buch ist eine Enzyklopädie des Sufismus, allerdings ohne wie eine moderne Enzyklopädie geordnet zu sein. Aufgrund seiner vielen Anspielungen und Andeutungen kommt es einem Leser, der keine umfassende Kenntnis der islamischen Geistesgeschichte hat, womöglich unverständlich, stellenweise sogar unsinnig vor. Man muß die Gedankenwelt der Mu´tazila, der Asch´ariten, der Rechtswissenschaftler, des Sufismus und manches andere genau kennen, um die „Mekkanischen Offenbarungen“ wirklich verstehen zu können. Gleichwohl sind sie für mich das wichtigste Werk der arabischen Geistesgeschichte, gerade im Hinblick auf die Exegese des Korans. Es gibt kaum drei Zeilen, in denen Ibn Arabi nicht einen Koranvers ganz oder teilweise zitiert und interpretiert – oder so zitiert, daß sich die Interpretation durch den Kontext von selbst ergibt. Dieses Buch ist ein Ozean, den wohl noch keiner bis zum anderen Ende durchquert hat. Zwischen neun Uhr morgens und elf Uhr abends verließ ich meinen Platz im Lesesaal nur, um zu rauchen oder eine Kleinigkeit zu essen. Die Grenzen zwischen der westlichen und orientalischen Kultur verschwanden, sie kamen mir willkürlich und illusionär vor. Während ich gleichzeitig Gadamer, Heidegger, Ricœur und Ibn Arabi las, fragte ich mich, ob es tatsächlich eine westliche und eine östliche Philosophie gab. Es erschien mir immer unwahrscheinlicher. Gewiß waren es andere Wörter, eine andere Syntax, andere Metaphern, aber in all den Texten ging es um eine Sache: die Beziehung zwischen dem Text und dem Leser. Der Text konnte die Offenbarung sein, er konnte ein Kunstwerk sein, er konnte die ganze Welt sein, aber immer ging es darum, daß er gelesen werden mußte, um zu sein. Aber ich begriff auch, daß Sprache nicht nur ein neutrales Gefäß ist, sondern die Sache formt. Ich habe danach den ersten Aufsatz in arabischer Sprache über die westliche Hermeneutik veröffentlicht. Im Westen hat sie mit der Interpretation des Alten Testaments begonnen, indem sie ihr eine theoretische Grundlage schuf. Später fand die Hermeneutik Eingang in andere Wissenschaften, in die Philosophie, die Ästhetik, die Literaturwissenschaft, auch in die Sozialwissenschaften. Bei uns ist das nicht geschehen. Die arabische Hermeneutik blieb der Koranexegese verpflichtet.

Gadamer fragt, wo die Wahrheit ist. Ist sie im Ich oder in der Außenwelt, im Leser oder im Text? Oder ist sie in deren Interaktion? Das genau ist Ibn Arabis Fragestellung. Er sagt, daß sich die Wahrheit verändert, je nachdem, wer sie betrachtet. Manchmal meint Ibn Arabi mit der Wahrheit Gott selbst, der sich je nach Betrachtung verändert. Was Gott „objektiv" ist, könne der Mensch nicht erkennen. Die menschliche Erkenntnis Gottes sei notwendig subjektiv, damit aber auch dynamisch und von Mensch zu Mensch unterschiedlich. Er spricht vom „Wasser, das die Gestalt des Gefäßes annimmt", und auch vom Chamäleon, das sich verfärbt, je nachdem, wo es ist. Für Ibn Arabi existiert außerhalb des Bewußtseins keine Wahrheit; sie ist nichts, wonach man greifen, was man festlegen kann. Die Wahrheit ist in der dialektischen Beziehung von Subjekt und Objekt. Gadamer denkt über die gleiche Frage nach, kommt aber zum Begriff der Intersubjektivität, der gewährleistet, daß zwei Subjekte sich über einen Gehalt verständigen können. Ibn Arabi ist da in gewisser Weise radikaler: Für ihn ist die Wahrheit, was der einzelne versteht, und immer nur aktuell, schließlich ist Ibn Arabi zuallererst Mystiker. Die Wahrheit muß für ihn ein im Extrem subjektives Erleben sein, das sich der Kommunikation entzieht. Dagegen sieht Gadamer eine subjektive Dimension der Wahrheit, aber auch eine Dimension, die über das einzelne Subjekt hinausgeht. Er fragt nach der Wahrheit, er fragt nach der Methode, um zu der Wahrheit zu gelangen, und er fragt, wie diese Wahrheit geteilt – und das heißt: mitgeteilt – werden kann. Eben hier hat die Kategorie der Intersubjektivität ihren Platz. Es hat mich viel Mühe gekostet, eine adäquate arabische Übersetzung für Intersubjektivität zu finden. Ich verstand es, aber es gab bei Ibn Arabi und den anderen Autoren keinen entsprechenden Begriff. Ich fragte mich, was Ibn Arabi antworten würde, wäre er vor die Frage Gadamers gestellt. In seinem Denken wäre es eine Frage nach der Möglichkeit der Kommunikation, eine Frage nach der Mitteilbarkeit dessen, was der Gottsuchende erlebt.

Gadamer war neu und gleichzeitig vertraut. Das bedeutet nicht, daß seine Gedanken mit denen Ibn Arabis identisch sind. Es war nur, daß ich das Echo eines Klanges hörte, dessen Ton ich bereits aus dem islamischen Erbe kannte. Es war ein anderes Echo, aber der gleiche Klang. Ricœur hat mir dasselbe Gefühl vermittelt. Wohl ist die Wahrheit bei Ibn Arabi das Absolute, ist sie Gott und nicht nur die Wahrheit im erkenntnistheoretischen Sinn; aber die Frage nach ihrem Erkennen stellt sich für ihn auf dieselbe Weise. In der Beschäftigung mit Ibn Arabi und der Hermeneutik verlernte ich meine apodiktischen Urteile über die Wahrheit eines Gegenstandes oder einer Aussage, die ich in meiner Magisterarbeit so geliebt hatte. Ich verlernte zu sagen, diese oder jene Interpretationen seien falsch, nur die eine sei richtig.

Ich hörte, daß an der Universität ein Kurs zur Hermeneutik angeboten wurde. Ich eilte zum Professor, um mich anzumelden, aber er war nicht in seinem Büro. Also hinterließ ich ihm einen Zettel. Er rief mich an, und wir vereinbarten einen Termin. Als ich zu ihm kam, eröffnete er mir, daß kein einziger Student sich gemeldet hatte. Er fragte, weshalb ich mich für die Hermeneutik interessiere. Ich schilderte ihm die Fragestellung meiner Magisterarbeit und die Erfahrungen, die ich bei der Lektüre von Ibn Arabi gemacht hatte. Er meinte dann, der Kurs würde, falls er zustande käme, viel zu einfach für mich sein. Was ich darin lernen könnte, hätte ich schon in der Lektüre dieses arabischen Mystikers gelernt. Als ich mich verabschiedete, schenkte er mir viele Bücher.

Amerika ist für mich der Ort, an dem ich die Hermeneutik entdeckt habe. Die zweite Entdeckung, die ich dort gemacht habe, war ein damals nicht sonderlich bekannter japanischer Islamwissenschaftler, der an der McGill - Universität in Montreal lehrte: Toshihiko Izutsu. Wenn man seine Schriften kennt und mein Buch „Der Begriff des Textes“ liest, merkt man sofort, wie sehr ich mich auf ihn stütze. Ich stieß auf einen Aufsatz Izutsus und war gefesselt. Ich wollte mehr von ihm lesen, fand aber nicht alle seine Bücher in den Vereinigten Staaten. Zum Glück hatte ich einen japanischen Freund, der mit mir an der Universität Kairo studiert hatte und in seine Heimat zurückgekehrt war. Er kopierte mir die übrigen Bücher Izutsus und schickte sie mir.

Izutsu untersucht die Begriffswelt des Korans. Er analysiert ihre Semantik und zieht daraus eindringliche, überraschende und vollkommen einsichtige Schlußfolgerungen zur koranischen „Weltanschauung". Er selbst verwendet diesen deutschen Begriff, den er von Leo Weisgerber übernommen hat. Ich hatte immer geglaubt, nur Araber könnten den Koran verstehen, und nun las ich in den Vereinigten Staaten die englischen Bücher eines japanischen Gelehrten, der in Kanada lehrte, und staunte über sein analytisches Vermögen, die Präzision seines Denkens und seine Sensibilität für die Eigenheiten der koranischen Sprache. Sie übertrafen alles, was ich zuvor auf arabisch gelesen hatte. Izutsu hat auch ein bedeutendes Buch über Ibn Arabi geschrieben und dessen Ideen zu der Gedankenwelt des Taoismus in Beziehung gesetzt. Ich fuhr eigens nach Kanada, um ihn zu besuchen, aber als ich ankam, hielt er sich gerade zu Vorträgen in Teheran auf. Daß ich später nach Japan ging, lag auch an Izutsu. Ich hatte gehört, daß er nach Japan zurückgekehrt war. Aber als ich in Japan eintraf, erfuhr ich, daß er vollkommen zurückgezogen lebte, weil er mit seinen Schülern unzufrieden war. Nur einmal im Jahr verließ er sein Haus, um einen Vortrag zu halten. Ich schickte ihm einen Brief auf arabisch und legte meine Bücher bei, aber er hat mir nie geantwortet. Vor sieben oder acht Jahren ist er gestorben. Ich habe auch Gadamer geschrieben und ihn um eine Begegnung gebeten. Aber er war sehr krank.

Zwei Jahre bin ich in Amerika geblieben. Als ich zurück nach Kairo flog, war ich erfüllt von neuen Ideen, Plänen, Vorhaben, Phantasien. Ich hatte solche Sehnsucht nach meinen Schülern, nach dem Hörsaal achtzehn. Nachts vor dem Einschlafen sah ich ihre Gesichter. Ich wollte sie wiedersehen. Vor allem aber wollte ich nach Quhafa zurückkehren, meine Familie besuchen und am Grab meiner Schwester beten.

Ich habe das Leben in den Vereinigten Staaten nicht gemocht, obwohl ich zahlreiche Freunde gefunden habe. Bei meiner Verabschiedung waren so viele Leute anwesend, daß der Universitätspräsident in seinem Bericht an die Universität Kairo schrieb: „Mr. Abu Zaid hat hier sehr viele Freunde zurückgelassen. Jeder andere hätte zehn Jahre gebraucht, um so viele Freundschaften zu schließen." Meine Universität fand den Bericht etwas ungewöhnlich. Aber er stimmte, ich hatte viele Freunde gefunden, und zwar weniger, weil die Amerikaner freundlich sind, sondern weil ich freundlich bin. Ich habe das ja schon gesagt. Ich möchte immer, daß alle Leute mich gern haben. Also liebe ich sie und zeige ihnen auch meine Liebe.

Ich kehrte zurück, reichte meine Doktorarbeit ein und lehrte weiter an der Universität. Nicht viel später, im September 1981, verkündete Anwar as-Sadat seine berühmten „September-Entscheidungen". Er ließ tausendfünfhundert Gegner seiner Politik, unter ihnen berühmte Intellektuelle und angesehene Professoren, auf einen Schlag verhaften. Es traf jeden, der verdächtigt wurde, ein Oppositioneller zu sein. 64 unserer Dozenten wurden gezwungen, ihren Lehrstuhl aufzugeben und an anderer Stelle zu arbeiten. Ich war einer von ihnen und sollte, wie viele andere, fortan im Sozialministerium arbeiten. Die meisten Professoren weigerten sich, eine Stelle außerhalb der Universität anzutreten, aber ich argumentierte, daß wir genau dadurch der Regierung in die Hände spielen würden, weil wir ihr die Rechtfertigung gäben, uns zu entlassen. Am ersten Arbeitstag war ich, soweit ich mich erinnere, der einzige, der im Sozialministerium erschien. Als der Hausmeister meinen Namen hörte, sagte er sofort, ich solle eintreten. Sogleich kam der Personalchef, der sichtlich verlegen war. Er bat mich, Platz zu nehmen, und verließ das Zimmer. Nach einer Weile kehrte er zurück und sagte: „Die Frau Ministerin möchte Sie sprechen." Als ich sagte, daß ich sie nicht sehen möchte, war er entsetzt. Ich erklärte ihm, daß ich zunächst meine Stelle antreten wolle. Wenn ich im Ministerium erst offiziell beschäftigt sei, könne mich die Ministerin jederzeit zu sich bestellen, schließlich sei ich dann ihr Untergebener. Die Logik meines Verhaltens gefiel dem Personalchef, und er billigte wohl auch meinen Widerstand. Er schickte mich zu einem anderen Beamten, damit er meine Personalien notierte. Dieser sah, daß ich 1960 die Berufsfachschule absolviert hatte. Er fragte, ob das stimme und ob ich tatsächlich später dennoch promoviert habe. Als ich nickte, seufzte er und sagte:

„Was für ein chaotisches Land! Du hast so lange gekämpft, um an die Universität zu gelangen, und jetzt schieben sie dich zu uns ab."

Ich wehrte ab und sagte, daß ich nur wissen wolle, wie hoch die Bezahlung sei. Nachdem ich offiziell angestellt war, kehrte ich zum Personalchef zurück und teilte ihm mit, daß ich bereit sei, die Ministerin aufzusuchen. Aber die Ministerin hatte inzwischen ihr Büro verlassen. Als ich ihn fragte, wo ich denn nun arbeiten solle, sah er mich an und schmunzelte:

„Lieber Herr Doktor, machen Sie uns keinen Kummer! Sie wissen genausogut wie ich, daß Sie hier nicht zum Arbeiten sind. Wie wär's wenn Sie in allen Ehren zu Hause sitzen und ein Buch schreiben würden? Wir wissen beide, daß diese Beschlüsse bald aufgehoben werden." Das ist Ägypten.

Das Gehalt war wesentlich niedriger als in der Universität, und ich mußte meine Mutter anlügen, damit sie sich nicht beunruhigte. Ich sagte ihr, ich hätte die Universität wegen eines besseren Postens im Sozialministerium verlassen. Weil sie mir nicht glaubte, erhöhte ich den Betrag, den ich ihr monatlich gab, um sie zu überzeugen.

Dann wurde Sadat am 6. Oktober 1981 ermordet. Wir hatten vor Gericht Beschwerde gegen die Versetzung eingelegt und durften nun an die Universitäten zurückkehren. Aber dieser Schlag gegen die Universität hatte eine fatale Wirkung auf alle. Die Studenten, die ich vor ein paar Monaten verlassen hatte, schienen unfähig, zu diskutieren oder etwas Neues aufzunehmen. Ich erfuhr später, daß man uns verleumdet und ihnen gesagt hatte, wir seien nur gerecht bestraft worden. Die Studenten hatten Angst, frei zu sprechen. Nach jeder

Vorlesung wollte ich wissen, ob sie noch Fragen hätten. Wenn sich niemand meldete, war ich überzeugt, daß sie nichts verstanden hatten. Sie schauten mich völlig gleichgültig an. Ich wußte nicht mehr, was ich tun sollte. Einmal wurde ich im Vorlesungssaal ohnmächtig, und man brachte mich nach Hause. Der Arzt sagte, ich stünde furchtbar unter Streß, und schrieb mich einen ganzen Monat krank. In diesem Monat beschloß ich, meine Stelle an der Universität aufzugeben. Ich dachte, daß die Arbeit als Dozent keinen Sinn hat, wenn ich nicht mehr imstande bin, mit meinen Studenten zu kommunizieren. Eben zu dieser Zeit erhielt ich eine Einladung aus dem Sudan. Ich nahm das Angebot, zwei Monate als Gastprofessor an der Universität Khartum zu lehren, sofort an. Im Sudan habe ich mein Vertrauen in mich und meine Studenten wiedergewonnen. Die sudanesischen Studenten, die unter materiell weit schwierigeren Bedingungen lernen als die ägyptischen oder gar die amerikanischen, haben mir viel mehr gegeben, als ich ihnen zu geben vermocht habe. Sie stammten fast alle aus armen Familien, die weit weg in der Provinz lebten, aber um so größer war ihr Hunger nach Wissen. Durch sie habe ich die Fähigkeit wiedererlangt, einen Dialog mit den Studenten zu führen. Es war fast eine Rettung; denn was sonst ist der Sinn eines Professorenlebens, wenn nicht der Dialog mit den Studenten? Ich bin dann jedes Jahr für zwei Monate in den Sudan gegangen und habe später das Buch „Der Begriff des Textes“ den Studenten der Universität Khartum gewidmet. In diesem Buch, das ich selbst für mein wichtigstes halte, untersuche ich, was für ein Text der Koran ist, und vor allem, als was für ein Text er behandelt worden ist.

Viele Wissenschaftler – Muslime und Nichtmuslime – behandeln den Koran wie ein historisches Dokument. Was sie am meisten interessiert, ist seine Authentizität, und bei dieser Frage bleiben sie meistens auch schon stehen. Andere betrachten den Koran als einen ausschließlich literarischen Text. Sie untersuchen seine innere Einheit und seine organische Struktur. Eine weitere Gruppe liest den

Koran als ein philosophisches Werk und sucht nach den logischen Zusammenhängen. All diese Ansätze und noch viele andere sind berechtigt und notwendig. Aber häufig wird darüber das Wesen des Textes vernachlässigt und sogar mißachtet. Jeder Versuch, den Text zu studieren, ohne vorher sein Wesen zu bestimmen, ist gefährlich, weil der Wissenschaftler eine Methode benutzen könnte, die dem Text nicht entspricht. Gleich, welchen Ansatz man verfolgen möchte – man muß sich darüber im klaren sein, um was für einen Text es sich handelt, welches seine Eigenschaften, Besonderheiten, sprachlichen Strukturmerkmale und Adressaten sind. Es beginnt damit, daß der Koran nicht als ein einzelner, fortlaufender Text „geboren“ wurde, sondern sich im Laufe von fast 22 Jahren zusammengesetzt hat. Manchmal sind bloß einige Verse offenbart, manchmal eine kurze Sure, manchmal eine etwas längere. Das Entscheidende aber ist, daß es viele Texte sind und nicht nur ein einziger. Manche Orientalisten haben dem Koran vorgeworfen, daß er sich wiederholt; sie hielten es für eine stilistische Schwäche, daß ein Satz mit allenfalls leichten Variationen an verschiedenen Stellen auftaucht. Ein solches Werturteil impliziert jedoch, daß der Text auf einmal und in dieser Form herabgesandt worden sei. Es preßt ihn in ein Schema, das ihm fremd, und zeugt von einer Methodik, die laienhaft ist. Jede Offenbarung läßt sich als Text oder Kompositionseinheit betrachten, weil sie eine bestimmte Fragestellung, ein Ereignis oder eine Geschichte behandelt. Der Koran selbst spricht die damit zusammenhängende Problematik an:

> Und es sprechen, die da leugnen:
> „Wär' ihm nur zugesandt der Koran
> Auf einmal als Ganzes!“
> Wir aber sandten so ihn einzeln,
> Damit zu kräftigen dein Herz,
> und sangen ihn dir sangweis.
>
> Koran 25:32

Hinzu kommt, daß die Reihenfolge der Texte, wie sie in den Koranausgaben vorliegt, nicht mit der Reihenfolge ihrer Herabsendung oder ersten Rezitation übereinstimmt. Sowohl muslimische wie auch westliche Wissenschaftler haben versucht, die Teile nach ihrer historischen Abfolge zu ordnen, ohne zu einem definitiven Ergebnis zu gelangen. Die zeitliche Reihenfolge hat die muslimischen Gelehrten immer beschäftigt, und sie ist im besonderen für die Rechtsgelehrten von Bedeutung, damit diese feststellen können, welche Bestimmungen zuerst und welche danach erfolgt sind, und welche Bestimmungen sich jeweils aufheben. Erst auf der Grundlage ihrer zeitlichen Einordnung können die Rechtsgelehrten entscheiden, welcher Bestimmung die Muslime folgen müssen, nämlich der jeweils späteren.

Aber das spiegelt nicht die Totalität des Korans wider. Der Koran ist, wie er ist, und die Gründe für die jetzige Reihenfolge der Suren und Verse kennen wir nicht. Es gibt kaum Untersuchungen dazu, allenfalls in einem Zweig der Koranwissenschaften, den kaum jemand beachtet: in der „Wissenschaft von der Entsprechung zwischen den Versen und den Suren". Wenn wir etwa Verse zum Erbrecht haben, denen Verse zu einem anderen ganz anderen Thema folgen – gibt es da eine Beziehung zwischen den beiden Themen und Texten? Wir haben noch keine Antwort auf die Frage, wie, weshalb und nach welchen Kriterien aus den Texten ein einzelner Text entstanden ist. Wenn wir jedoch den Text verstehen wollen, ist es wichtig, sich dieser offenen Frage bewußt zu sein und ihr nachzugehen.

Aber der Koran ist eben, wie er ist. Man kann es gut oder schlecht finden, aber man kann die jetzige Form des Korans und die Reihenfolge seiner Suren und Verse nicht ignorieren, weil er in dieser Form und dieser Reihenfolge auf die Gläubigen gewirkt und sie ästhetisch fasziniert hat, mit den frühen, kürzeren Suren gegen Ende, den später offenbarten, längeren Suren am Anfang und der *Fâtiha* als Eröffnungssure. Im wesentlichen sind die Suren der Länge nach angeordnet, aber dieses Kriterium wird nicht streng eingehalten.

Gewiß, der einfache Gläubige ist zufrieden damit, daß die Reihenfolge der Suren nicht willkürlich ist, sondern dem göttlichen Plan und der Urschrift des Korans im Himmel entspricht. Dennoch ist es legitim und notwendig, zu versuchen, diesen Plan und die Gründe für die Anordnung der Suren und Verse zu verstehen. Das hat mit Glauben oder Nichtglauben nichts zu tun, so wie es für die Untersuchung unerheblich ist, wer diesen Plan entworfen hat, Gott, der Prophet oder dessen Gefährten. Wichtig ist, diesen Plan zu erforschen und seine Logik zu verstehen.

Beides ist also wichtig: die diachrone Lesart, die den Koran anhand der wahrscheinlichen Chronologie seiner Teile untersucht, und die synchrone Lesart, die ihn in seiner jetzigen Struktur betrachtet. Beschränkt man sich auf eine Lesart, entgeht einem eine wesentliche Dimension des Textes. Eine Schwäche vieler der früheren und mancher der noch lebenden Orientalisten ist, daß sie an den Koran jenes Schriftkonzept, jene textuellen Merkmale und jene Methoden herantragen, die sie von der Bibel kennen. Dabei gibt es große Unterschiede zwischen dem koranischen und dem biblischen Text. Etwa ist der Zeitraum, in dem die Bibel entstanden ist, ungleich größer, aber die Reihenfolge ihrer Bücher ist mehr oder weniger chronologisch, oder mindestens erhebt sie den Anspruch auf Chronologie. Und tatsächlich beginnt die Bibel mit dem Anfang der Geschichte, um mit der Geschichte der aufeinanderfolgenden Propheten fortzufahren, bis sie bei Jesus Christus anlangt und mit den Aposteln und der Offenbarung des Johannes endet. Ihre Erzählweise ist linear, in ihrer jetzigen Fassung hat sie ihren Rezitationscharakter weitgehend verloren: Es sind geschriebene Texte, die vorgetragen, aber auch gelesen werden können. Für den Koran ist der Rezitationscharakter dagegen essentiell. Er muß gesprochen werden. Die Forderung ist in der sprachlichen Struktur des Korans begründet und wird von ihm selbst explizit erhoben. Das erste Wort der 95. Sure, die Muslimen gewöhnlich als die erste Offenbarung gilt, heißt: „Rezitiere!" *(iqra`)*. In dem Hadith, das zu dieser Offenbarung erzählt wird, fordert Gabriel den Propheten auf, zu rezitieren. Er sagt *iqra`*, und das heißt in diesem Fall: „Sprich mir nach!", nicht etwa: „Lies!" oder „Lies vor!" Mohammed antwortet „*Mâ anâ bi-qâri`* - Ich rezitiere nicht!" Der Satz bedeutet nicht, wie es später verstanden wurde, „Ich kann nicht lesen!" Er drückt aus, daß Mohammed nicht rezitieren wollte, und zwar aus Angst, wie aus dem Hadith selbst ersichtlich ist. Der Engel würgt den Propheten, bis dieser die Worte endlich nachspricht.

Der Koran weist darauf hin, wie Mohammed den Text während der Offenbarung empfing und bewahrte. Er las ihn nicht, sondern hörte ihn und sprach ihn nach:

> Beweg nicht deine Zunge, daß du mit ihm eilest voran!
> Uns obliegt seine Sammlung und seine Lesung.
> Drum wenn wir ihn vortragen, folge seinem Vortrag.
>
> Koran 75:*16–18*

Wenn ich eine Koranrezitation höre, erfahre ich einen einzigartigen Genuß. Wenn ich den Koran aber als Wissenschaftler studiere, dann interessiert mich die Weltanschauung, die sich in ihm vermittelt. Wohl enthält der Koran religiöse und juristische Bestimmungen, er enthält ethische Weisungen, moralische Richtlinien und philosophische Weisheiten, aber mich interessiert am allermeisten die Sicht des Korans auf die Natur, den Menschen, die Schöpfung, die Existenz. In dieser Sicht ist jedes Wesen Teil eines Ganzen. Der Mensch gehört zu einer Familie, und die Familie gehört wiederum zu einer Gemeinschaft, und diese Gemeinschaft ist Teil einer Geschichte, und diese Geschichte ist Teil einer Kosmologie. Die Sonne, der Mond, die Sterne, die Meere, die Erde und die Berge sind nicht nur Elemente der Natur. Sie sind auch Zeichen Gottes, und zwar im semiotischen Sinn. Gott spricht durch sie.

In der Schöpfung der Himmel und der Erde
Und im Wechsel von Tag und Nacht
Und in den Schiffen, die das Meer befahren
Mit dem, was den Menschen nützt,
Und im Wasser, das Gott vom Himmel herabsendet,
Um die Erde nach ihrem Tod zu erwecken,
Und in dem Getier von allerlei Art,
Das er auf ihr ausgebreitet hat,
Und im Wechsel der Winde und der Wolken,
Die dienen müssen zwischen Himmel und Erde –
Wahrlich, darinnen sind Zeichen für ein Volk, das erkennt.

Koran 24:35

Wenn die Berge zerspringen, dann ist das ein Zeichen von Gottes Macht. Wenn die Erde bebt, aber von den Bergen vor der Zerstörung geschützt wird, dann haben die Berge in diesem Bild eine metaphysische Funktion. Ihre Aufgabe ist es, das Gleichgewicht der Erde zu bewahren. Das Zerbersten der Berge ist ein Zeichen für das Ende der Welt. Die Sintflut ist ein ebensolches Zeichen, genau wie das „frische Fleisch". All diese koranischen Bilder stammen aus der Natur und weisen auf die Beziehung des Menschen zur Natur hin. Sie verbinden den Menschen mit der Natur und stellen sie in eine kosmische Ordnung. Dem Menschen ist aufgetragen, die Zeichen Gottes zu erkennen, und er hat die Freiheit, sich in seine Ordnung zu fügen, indem er ihm für seine Gnade dankt.

Und was er hat für euch verstreut
Auf Erden bunt vor Arten;
In diesem ist ein Zeichen
Für sich Besinnende.
Und er ist, der euch dienstbar machte
Das Meer, damit daraus

Ihr esset frisches Fleisch
Und ziehet draus hervor Schmuck, den ihr anlegt;
Auch siehst du dort die Schiffe schweben;
Auf daß ihr suchet seiner Gnade Fülle,
Und ob ihr dankbar wäret.
Und auf der Erde warf er Berge, feste,
Daß sie mit euch nicht wank', und Ströme
Und Wege, ob ihr möget sein geleitet,
Wegzeichen auch; und nach Gestirnen
Sind Wanderer geleitet.
Ist wer da schafft, wie wer nicht schaffet?
Wollt ihr euch nicht besinnen?
Und wenn ihr zählt die Güte Gottes,
Ihr könnt sie nicht berechnen;
Ja, Gott ist gnädig und barmherzig.

Koran, 16:13–18

Die Verbindung von Gott, Mensch und dem Kosmos ist Ausdruck einer Weltsicht. Der Koran bekräftigt, daß alles im Himmel und auf Erden Teil einer göttlichen Ordnung und Zeichen innerhalb einer kosmischen Sprache ist. Der Himmel, die Erde, die Felsen – es gibt nichts, wodurch er nicht sprechen und was umgekehrt ihn nicht lobpreisen würde. Alle Dinge und Erscheinungen haben diese metaphysische Funktion. Der Mensch, der Gott lobpreist, fügt sich in diesen Kosmos ein und ist selbst ein Zeichen. Verweigert er sich Gott, so verliert er hingegen die Beziehung zu allem, was in seiner Außenwelt ist.

In der Weltanschauung des Korans steht der Mensch in einer Beziehung zur Natur. Aber es ist keine Herrschaftsbeziehung. Niemand beherrscht den anderen, oder vielmehr: Beide beherrschen sich gegenseitig. Es geht nicht um das Beherrschen, sondern um die Beziehung. Es waren die Sufis, die diese Sicht des Korans von der

Welt und vom Menschen verstanden haben. Die Theologen sind dagegen an den Grenzen ihres Fachs stehengeblieben: sie diskutierten über die Natur des göttlichen Wesens und dessen Beziehung zu den Attributen. Die Rechtsgelehrten sind bei den juristischen Bestimmungen stehengeblieben. Sie interessierten sich für die Urteile und untersuchten die Chronologie der Verse. Nur die Sufis haben begriffen, daß in der Weltanschauung des Korans Natur, Kosmos und Mensch Teil eines organischen und semiotischen Systems sind. In diesem System ist der Mensch weder Zentrum noch Herrscher. Vielmehr ist er Teil eines Gefüges, in dem der Kosmos, die Natur und der Mensch untrennbar miteinander verbunden sind. Dies ist für mich der Kern der koranischen Weltanschauung. Bereits Ibn Arabi hat das Wesentliche dieses Systems gesehen. In seinem „Dolmetsch der Sehnsüchte" steht ein wichtiges und wunderbares Gedicht:

> Mein Herz nimmt an jegliche Gestalt,
> Eine Weide für Gazellen und ein Kloster für Mönche,
> Ein Tempel für Götzen und eine Kaaba für Pilger,
> Tafeln der Tora und das Buch des Korans.
> Ich glaube an die Religion der Liebe.
> Welchen Weg Gottes Kamel auch nimmt,
> So ist doch die Liebe meine Religion und mein Glaube.

Der Glaube Ibn Arabis hat Raum für das Kloster der Mönche, den Tempel der Götzen, die Tora der Juden. Für ihn sind sie alle Erscheinungsformen der Wahrheit. Wer den Stein anbetet, glaubt nicht, daß der Stein ein Gott sei. Er betet das Göttliche an, das sich im Stein manifestiert. Er zitiert in diesem Zusammenhang auch Sure 51:56: „Ich schuf die Dschinnen und die Menschen nur, damit sie mir huldigen." Gott hat die Menschen geschaffen, damit sie ihm huldigen, aber er hat den Menschen offengelassen, in welcher Form sie das tun. Sie können ihm sogar mittels eines Steines huldigen. Zum Schluß spricht er von der „Religion der Liebe".

Ibn Arabi hat gesehen, daß in der Weltanschauung des Korans das Menschliche, das Natürliche, das Himmlische und die offenbarten Worte Bestandteil einer einzigen Ordnung sind. Diese Ordnung schließt nicht aus – sie vereint. Der Muslim, der ausschließt, hat eine andere Weltanschauung. An dieser Stelle wird sich bestimmt jemand empören, einen Vers aus dem Koran reißen und rufen: „Im Koran werden aber die Polytheisten, die Schriftbesitzer und alle möglichen verflucht!" Mit ihm müssen wir dann über den Kontext des Verses sprechen, den er im Munde führt.

Wir Muslime glauben, daß der Koran einzigartig und unnachahmlich und daß diese Unnachahmlichkeit der Beweis seiner göttlichen Herkunft sei. Wir gründen diese Behauptung auf einige Verse, in denen der Koran die Ungläubigen auffordert, etwas Gleiches vorzubringen. Die Ungläubigen hatten behauptet, der Koran sei Dichtung, Wahrsagerei oder Magie. Mithin hatten sie versucht, den Koran in die Reihe jener Texte einzuordnen, die ihnen vertraut waren. Der Koran forderte sie heraus: Wenn es ein Text ist, wie ihr ihn schon kennt, dann bringt etwas Vergleichbares hervor, einige Suren oder auch nur eine einzige Sure oder wenigstens ein paar Verse. Und so ihr es nicht könnt, erkennt ihr, daß der Koran kein menschlicher Text ist. Die Theorie von der Unnachahmlichkeit und Unübertreffbarkeit entwickelte sich in mehreren Schritten. Am Ende setzte sich der Gedanke durch, die Einzigartigkeit des Korans im Sinne einer stilistischen Unnachahmlichkeit zu deuten: So vollkommen kann kein Mensch dichten, diese Sprache muß Gottes Sprache sein. Es waren theologische und soziale Gründe, die zu der Etablierung des Dogmas von der sprachlichen Unnachahmlichkeit und Überlegenheit des Korans führten. Aber es war auch eine kollektive Hörerfahrung, die sich im Dogma niederschlug. Es ist überliefert, daß die ersten Hörer des Korans von seltsamen Zuständen ergriffen wurden – sie zitterten und weinten oder fielen in Ohmacht. Ich stelle mir vor, daß sie die Drohungen des Korans hörten und über die Zerstörung der Erde, die Berge, die bersten, die Sterne, die herabfallen, die Wasser, die sich teilen, in Angst gerieten.

Wann die Sonne sich wird ballen,
Die Sterne zu Boden fallen
Und die Gebirge wallen,
Des Meeres Fluten schwallen,
Wann Zuchtkamele sind unverwahrt,
Und die wilden Tiere geschart,
Und die Seelen wieder gepaart,
Man das lebendig Begrabne wird fragen,
Um welche Schuld es sei erschlagen;
Und die Bücher sind aufgeschlagen;
Wann der Himmel wird abgedach't
Und die Hölle wird angefacht,
Und der Garten herangebracht,
Wird eine Seele wissen, was sie dargebracht.

Koran 81:1–14

Der Koran wirkte also, indem er Furcht hervorrief. Aber da war noch etwas anderes: Der Koran lockte und faszinierte die Hörer des Propheten. Die Überlieferung schildert die Begeisterung, mit der sie dem Koran lauschten, und daß sie nicht mehr von ihm lassen konnten. Selbst die Gegner Mohammeds hätten heimlich den Rezitationen des Korans zugehört, weil sie der Sprache und dem Klang erlegen waren. Jeder Araber, gleich, ob er Muslim oder Christ, gleich, ob er die Bedeutungen gut versteht oder nicht, spürt diese beiden Wirkungen: den Schrecken und die Lust. Beides gehört zusammen, beides ist zur selben Zeit. Meine eigene Forschung, mein ganzes wissenschaftliches Leben hat mit dieser sinnlichen Erfahrung angefangen, die mich seit dem *kuttâb* begleitet hat.

Natürlich steht die Wirkung des Korans in einem Verhältnis zum Kontext seiner Rezeption. Ich lese den Text anders als ein Araber des siebten Jahrhunderts, doch habe ich Informationen darüber gespeichert, wie der Koran gewirkt hat und wirken soll. Würden mir diese Informationen fehlen, wäre die Wirkung eine andere. Wenn ich Japaner wäre und man würde mich auffordern, den Koran zu lesen, um zu entscheiden, ob er einzigartig ist – ich wäre ziemlich ratlos. Eine andere Komponente des Genusses hängt damit zusammen, daß der Koran innerhalb eines rituellen Kontextes erlebt wird. Außerhalb dieses Kontextes wären die Wirkung und der ästhetische Reiz anders und wohl auch geringer.

Das Dogma der Unnachahmlichkeit kann nicht isoliert von der Rezeptionsgeschichte des Korans und der Gemeinde, die das Dogma hervorgebracht hat, begriffen und beurteilt werden. Wenn wir es rein literaturwissenschaftlich analysierten, ohne den Glauben der Gemeinde zu berücksichtigen, fiele das Dogma in sich zusammen. Meinen Schülern habe ich das immer so erklärt: Stellen wir uns vor, der Koran wäre offenbart worden, aber keiner wäre dem Propheten gefolgt. Selbst wenn der Text bewahrt worden wäre, hätte er in späteren Jahrhunderten niemals diese Wirkung haben können. Kein Gelehrter spricht über so etwas. Dabei ist die ästhetische Wirkung aller Offenbarungstexte untrennbar mit ihrer religiösen Dimension verbunden. Ihre Wirkung hat eine Vorgeschichte und ein Umfeld. Ich kann also auch meine Erfahrung mit dem Koran und meine Liebe zu seiner Sprache nicht von meinem Glauben als Muslim loslösen. Ich kann die Sprache als Wissenschaftler analysieren, aber die Wirkung wäre nicht dieselbe, wenn ich kein Muslim wäre. Das bedeutet nicht, daß der Koran mich nicht auf einer rein ästhetischen Ebene faszinieren könnte. Aber das Erleben wäre ein anderes. Andererseits kenne ich viele christliche Araber, die den Koran hören und genießen, obwohl sie ihn außerhalb eines Rituals erleben. Es wäre interessant zu erfahren, inwiefern sich ihr Genuß von dem meinen unterscheidet. Wahrscheinlich unterscheidet er sich nicht allzusehr, weil sie meinen kulturellen und geistigen Hintergrund teilen. Sie glauben nicht an den Koran als göttlichen Text, aber sie stehen innerhalb der Gemeinschaft, die ihn als göttlichen Text betrachtet und ihm eine ästhetische Wunderwirkung zuschreibt. Sie haben, mögen sie diese auch anders bewerten, die gleichen Informationen wie arabische Muslime. Sie hören den gleichen Koran aus den Mikrophonen der Moscheen, sie studieren ihn im Literaturunterricht der Schulen und Universitäten, sie besuchen die großen Koranrezitationen. Ihr Erwartungshorizont ist derselbe. Gewissermaßen sind diese Christen Muslime – wenn man den Glauben für einen Augenblick rein kulturell verstehen darf.

Es gibt keine Lektüre in einem luftleeren Raum. Wenn jemand den Koran hören oder lesen würde, ohne je einen anderen Text gehört oder gelesen zu haben, wird er ihm nichts sagen. Wenn ich ihm sage, der Koran sei schön, ist das bereits eine Information. Sie wird – und sei es unterbewußt – eine Rolle spielen, wenn er den Koran rezipiert. Er wird ihn nicht unbedingt schön finden, aber er wird wissen, daß der Koran für schön gehalten wird. Also wird er ihn entsprechend betrachten oder hören. Natürlich reicht diese Information nicht, damit er ihn auch schön findet. Er müßte noch mehr wissen, um dorthin zu gelangen, daß er den Koran möglicherweise genießen könnte. Er könnte womöglich den bloßen Klang einer Koranrezitation genießen, aber die Worte selbst werden erst dann auf ihn eine Wirkung ausüben, wenn er ein Minimum an Informationen über den Koran und die Sprache, in der er formuliert ist, hat. Wahrscheinlich fällt es westlichen Lesern deshalb so schwer, den Koran ästhetisch zu rezipieren, weil dieses Minimum im Falle des Korans relativ groß ist. Ich sollte besser sagen: Lesern, die aus einer Kultur stammen, die mit dem Koran nicht vertraut ist. In Japan ist es genauso; in Europa kennt man immerhin die Bibel und kann dadurch viele Geschichten und Verweise des Korans einordnen. Der japanischen Kultur ist dagegen der Koran, seine Sprache, seine Bilder, seine Mythen, seine sprachlichen Mechanismen, vollkommen fremd. Ausgerechnet dort habe ich mein wichtigstes Buch zum Koran verfaßt.

1984 bekam ich das Angebot, als Gastprofessor nach Japan zu gehen. Wieder habe ich nicht gezögert, es anzunehmen. Japan hatte damals eine Japanologische Abteilung an der Universität Kairo eingerichtet, und das Abkommen sah vor, daß im Gegenzug ein ägyptischer Professor arabische Literatur und Sprache in Japan unterrichtet. Der erste, der das Angebot angenommen hatte, war Abd el-Mon´im Tallima. Dann folgte ihm ein anderer Kollege, der es jedoch in Japan nicht aushielt, und die Universität mußte ganz schnell einen Ersatz schicken. Als sie mich fragten, habe ich nicht einmal überlegt. Ich hatte immer noch den Namen Izutsu im Kopf. Alle wunderten sich, daß ich sofort zugesagt hatte, denn Japan galt als vollkommen fremdartig, unzugänglich, fast bizarr, und viel Geld war dort auch nicht zu verdienen, aber für mich war es eine einzigartige Gelegenheit, eine neue Kultur zu erkunden.

Ursprünglich sollte ich zwei Jahre dort bleiben, aber es wurden vier. Wieder war es eine große Erfahrung. Die Studenten in Osaka werde ich nie vergessen. Ich wußte während meines Aufenthaltes gar nicht, daß sie mich mögen, denn Japaner drücken ihre Gefühle nicht so aus wie Ägypter. Aber bei meiner Abreise sah ich, daß alle Studenten des Arabischen Seminars zum Flughafen gekommen waren, um mich zu verabschieden. Es waren bestimmt hundert Studenten.

Ich lehrte die japanischen Studenten Arabisch, obwohl wir keine gemeinsame Sprache hatten. Also arbeitete ich mit einer Zeichensprache. Nach ein oder zwei Wochen konnten sie einige Sätze sagen, und fortan war es einfacher. Ich habe versucht, Japanisch zu lernen, bin aber gescheitert. Es ist recht einfach, Japanisch sprechen zu lernen, aber es ist für einen Ausländer nahezu unmöglich, Japanisch zu lesen und zu schreiben. Mich jedenfalls hat es überfordert. Ich verlor die Lust, denn eine Sprache, in der ich nicht lesen und schreiben konnte, interessierte mich nicht. Das hat mich allerdings nicht daran gehindert, die japanische Gesellschaft und Kultur zu erkunden. Ich setzte mich stundenlang ins No- oder ins Kabuki-Theater. Es war sehr langweilig, aber ich hatte das Gefühl, es wäre eine Möglichkeit, die innere Bewegung der japanischen Kultur zu erspüren. Ich wollte nicht vorschnelle Urteile fällen. Meine Hermeneutiklektion war mir noch frisch im Gedächtnis: Wenn ich nach meinen Geschmacksnerven gehe, finde ich japanisches Essen unausstehlich. Aber es sind meine Geschmacksnerven, die das Essen schlechtmachen. Es ist nicht das Essen selbst.

Japan war mein Kurs in Semiotik. Da ich die japanische Sprache nicht verstand, mußte ich auf die nicht-sprachlichen Zeichen achten. Ich mußte sie lesen lernen. Die japanische Gesellschaft ist ein semiotisches Feuerwerk, angefangen von der Schriftsprache, dem Kanji, das aus gemalten Zeichen besteht, bis hin zur Semiotik der Farben, die eine Wissenschaft für sich ist. Wenn man bei einer Familie zum Essen eingeladen ist, braucht man nur die Farben zu betrachten und wird schon satt, so viele Eindrücke bieten sich einem. Nun ja. Ich wäre gern anders satt geworden, aber wie gesagt, ich mochte das japanische Essen nicht. Es ist ein Fest für die Sinne, gewiß, aber wenn man mit einer ägyptischen Nase daran riecht, vergeht einem der Appetit. Izutsu hat übrigens auch ein wichtiges Buch über die Semiotik der Zeichen in der japanischen Kultur geschrieben, wahrscheinlich das einzige Buch, in dem er sein eigenes Land beschreibt. Das Essen hat er nicht erwähnt.

7

1989 kehrte ich nach Ägypten zurück. In Japan ist es eine rein akademische Angelegenheit, Islamwissenschaft zu lehren. Das Fach hat mit der gesellschaftlichen Wirklichkeit nichts zu tun; weder stellt diese Wirklichkeit Fragen an mein Fach, noch fragt mein Fach nach den Hintergründen dieser Wirklichkeit. In Ägypten ist das anders. Die Diskussionen im Hörsaal sind, auch wenn es um ein grammatisches Lehrbuch des 9. Jahrhunderts geht, niemals von den Ereignissen und Entwicklungen außerhalb der Universität isoliert. Dadurch werden sie kontrovers, manchmal hitziger, manchmal tiefer.

Ich freute mich auf Ägypten. In den vier Jahren hatte ich mein Buch „Der Begriff des Textes" fast fertiggestellt und den größten Teil der „Kritik des religiösen Diskurses" geschrieben. Der Unterricht in Japan hatte nicht viel Zeit in Anspruch genommen, so daß ich die Muße gehabt hatte, mich auf das Schreiben zu konzentrieren. Außerdem hatte mir die Entfernung zu Ägypten geholfen, manches nüchterner zu betrachten. Ich hatte neue Ideen, die ich meinen Studenten vorstellen wollte. Ein wenig bekannt war ich bereits in meiner Heimat. Die Magisterarbeit über die Mu´tazila und die Dissertation zu Ibn Arabi waren erschienen und positiv aufgenommen worden; außerdem hatte ich eine Reihe von Artikeln und Aufsätzen in wichtigen Zeitschriften veröffentlicht. Als ich zurückkehrte, stellte ich fest, daß die Studenten meinen Namen kannten, obwohl ein ganzer Jahrgang inzwischen das Studium abgeschlossen hatte. Ich hatte inzwischen den Rang eines sogenannten „assoziierten Professors" erhalten und leitete, da der Lehrstuhl nicht besetzt war, mein eigenes Fachgebiet innerhalb der Arabistik, die Koran- und Hadithwissenschaft.

In den vier Jahren meiner Abwesenheit war die islamistische Bewegung in der Gesellschaft insgesamt und besonders an den Universitäten sehr stark geworden; sie beherrschte den Studentenverband und war natürlich gerade in meinem Fach präsent. Das führte zu hitzigen, aber auch lebendigen und spannenden Diskussionen. Eben war mein Buch über den Imam asch-Schafi´i, den Begründer der schafiitischen Rechtsschule, mit dem ich mich äußerst kritisch auseinandergesetzt hatte, erschienen. Ich verlangte von meinen Studenten, Referate vorzubereiten, obwohl dieser Brauch damals fast abgeschafft worden war. Viele dieser Referate enthielten Gegenthesen zu meinen Arbeiten, manche waren polemisch, andere ernsthaft. Ich war froh über die Referate und die Diskussionen, da ich den Studenten vermitteln wollte, eigene Positionen zu vertreten. Wichtig war nicht, daß sie mit mir übereinstimmten. Wichtig war, daß sie ihre Auffassung rational und schlüssig begründen konnten.

Alles verlief normal, bis sich 1993 die Auseinandersetzung um meine Beförderung entzündete. Die Universität Kairo lehnte es ab, mich zum Ordentlichen Professor zu ernennen, nachdem ich in einem der drei Gutachten der Ketzerei beschuldigt worden war. Die zwei anderen Gutachten befürworteten die Beförderung nachdrücklich, aber der Universitätssenat folgte dem Minderheitsvotum Abd as-Sabur Schahins, das voller Beschimpfungen, Entstellungen und Verleumdungen war. Er hatte meinem Werk neben unverschämten Lügen, inhaltlichen Fehlern, perversen Ideen und marxistisch-atheistischen Gedanken „die abscheulichste Verachtung für die Grundsätze der Religion“ attestiert. Die Auseinandersetzung innerhalb der universitären Gremien ermutigte die Studenten, mir Fragen zu stellen. Die Fragen waren oft kritisch oder provozierend, aber die Diskussionen blieben sachlich und gingen oft in die Tiefe. Ich habe sie aufgefordert, mich zu den Vorwürfen zu befragen, und die „Affäre“ um meine Beförderung nicht als Tabu behandelt. Ich habe gesagt, daß sie ein Recht haben, Auskünfte zu verlangen und ihre Meinung zu sagen. Alles war noch gut. Dann aber begannen in der Presse Artikel zu erscheinen, in denen ich angegriffen wurde. Sie stützten sich sämtlich auf den einen negativen Bericht Abd as-Sabur Schahins und auf dessen Freitagspredigt in der größten Moschee Kairos; seine Zusammenfassung dessen, was ich gesagt haben soll, wurde als meine Aussage wiedergegeben. Die Freitagspredigt von Abd as-Sabur Schahin war wohl der Auslöser für die Kampagne in den Medien und den Moscheen. Er erwähnte darin einen kommunistischen, atheistischen Professor an der Universität Kairo, um den die Kommunisten so viel Wirbel machten, nachdem er nicht befördert worden sei. Dabei sei seine Beförderung nur deshalb abgelehnt worden, weil er nichts tauge und die Prüfung nicht bestanden habe. Er sagte das alles, ohne meinen Namen zu nennen. Erst als jemand fragte, wen er gemeint habe, nannte er meinen Namen. Es erschienen schlimme Karikaturen. Die bösartigste war vielleicht die, die einen dicken Mann mit einem Dolch in der Hand zeigt, der in den Koran sticht. Aus dem Koran fließt Blut. Über dem Bild des Mannes steht: Nasr Abu Zaid.

Eine solche Karikatur ist in einer Gesellschaft, in der eine Mehrheit nicht lesen und schreiben kann, fatal. Als die ersten Drohbriefe eintrafen, eskalierte die Angelegenheit. Ich war gezwungen, die Behörden zu informieren, und erhielt Personenschutz. Unter solchen Umständen zu lehren, war mir zuwider. Aber da war noch etwas anderes, das mit meiner persönlichen Sache gar nichts zu tun hatte, mir aber das Lehren zunehmend zur Qual machte. Es war das zunehmende Siechtum des akademischen Betriebes, das Dilemma der Forschung, der Ruin des Lehrbetriebes. Ich möchte davon ausführlicher berichten, weil der Niedergang der Universität die eigentliche Katastrophe ist. Mein Fall ist hierfür nur ein Symptom.

Neben den regulären Studenten und den Gasthörern führte die Regierung aus propagandistischen Gründen eine dritte Kategorie von Hörern ein, die an den Vorlesungen teilnehmen durften, obwohl ihre Abiturnoten eigentlich nicht ausreichend gewesen wären.

Plötzlich hatten wir doppelt soviel Studenten zu betreuen wie vorher: Die Vorlesung mit fünfhundert Studenten hatte nun tausend Studenten, obwohl überhaupt nicht genügend Platz zum Stehen, geschweige denn zum Sitzen vorhanden war. Dann wurde beschlossen, daß jeder Professor seine Vorlesung zweimal halten sollte. Es war eigentlich eine gute Idee, aber sie führte zumindest in meinem Fall zu noch größerer Verwirrung, da ich nicht vom Blatt ablas und sich die beiden Vorlesungen niemals vollkommen glichen. Die Studenten kamen schnell dahinter und nahmen an beiden Vorlesungen teil, um nichts zu verpassen. Ich versuchte, sie davon zu überzeugen, daß die Substanz der beiden Vorlesungen immer dieselbe war, aber sie wiesen mir nach, daß ich in der zweiten Vorlesung oft Dinge sagte, die ich in der ersten nicht gesagt hatte, und umgekehrt. Sie hatten ja recht. Allein schon die Fragen der Studenten lenkten die Vorlesung in eine andere Richtung. Das Ergebnis war, daß ich weiter regelmäßig über tausend Studenten in meinen Vorlesungen hatte. Es war immer dasselbe: Es gab kaum eine Entscheidung, welche die Universität betraf, die von den universitären Gremien selbst getroffen wurde. Die Politik entschied. Sie sagte: Nehmen Sie sechshundert Studenten in das Arabistische Seminar auf. Wir sagten: Wir können keine sechshundert Studenten unterrichten, wir sind auf hundert Studenten ausgerichtet. Natürlich kamen sechshundert Studenten, und im nächsten Jahr achthundert und dann tausend. Was soll das für eine Ausbildung sein? Wie kann man das überhaupt Lehre nennen, wenn vor mir tausend oder manchmal sogar tausendfünfhundert Studenten sitzen oder stehen? Ich konnte einfach nicht unterrichten. Ich konnte nicht reden und nicht diskutieren. Die ganze Lehre beruhte auf den Angaben zur Pflichtlektüre, die sogar die einzelnen Seitenzahlen beinhalteten. Pro Unterrichtsstunde durfte man nur eine bestimmte Anzahl von Seiten als Pflichtlektüre angeben — als würde man Fleisch verkaufen. Die Universität ist der Ort, an dem sich Lehrende und Lernende begegnen. Wenn das Gespräch nicht stattfindet, verwandelt sich der Hörsaal in eine Hölle und die Sitzungen der Abteilung oder der Fakultät, in denen man seine Anweisungen bekommt, ohne Einwände erheben zu dürfen, mindestens in eine Vorhölle.

Ich habe von dem Schock meiner ersten Vorlesung erzählt, die ich als angehender Student besucht hatte, von dem Professor, der diktierte. Jetzt stand ich selbst am Pult und diktierte. Ich habe mich selbst und den Lehrbetrieb gehaßt. Ich hatte das Gefühl, in einer Gefängniszelle zu sitzen und mit den Fingernägeln ein Loch nach draußen kratzen zu müssen. Diese Öffnung war immer da, wenn ein oder zwei Studenten mir das Gefühl gaben, daß sie wissen, worum es geht. In meinem letzten Jahr an der Universität Kairo waren es immerhin vierzehn Studentinnen und Studenten. Sie schrieben Referate, obwohl ich dafür keine Noten verteilen konnte – vierzehn von eintausendfünfhundert. Außerdem veranstaltete ich ein Seminar für Graduierte, das meinem Leben etwas Sinn verlieh. Allerdings hatten wir keinen Raum zugeteilt bekommen, da aufgrund der großen Studentenzahlen alle Räume in der Zeit zwischen acht Uhr morgens und acht Uhr abends belegt waren. Also setzte ich mich mit den zehn Graduierten sowie den 14 interessierten Studenten in den Garten der Universität. Das waren Glücksmomente in meinem Leben.

Die Universität verkam in jenen Jahren regelrecht. Die Hörsäle wurden kaum gepflegt, die Sitze waren beschädigt, das Mikrophon funktionierte nicht. Dann erreichte der Dekan endlich, daß das Gebäude saniert wurde, aber anstatt die Arbeiten auf die Semesterferien zu legen, begann die Sanierung pünktlich zu Beginn des neuen Studienjahres. Es bot sich ein absurdes Bild: Ich mit meinen tausend Studenten mitten auf einer Baustelle. Es fehlte nur noch, daß wir alle Helme trugen und ich ein Megaphon in der Hand hielt. Sogar die Universitätsbibliothek wurde mitten im Semester wochenlang geschlossen, um die Wände zu streichen; dabei hätten wir Bücher gebraucht. Aber anstatt der Universität genügend Geld zu geben, um Bücher für die Bibliothek anzuschaffen, zahlte der Staat jedem Studenten zehn Pfund Büchergeld. Wir haben protestiert, weil wir meinten, es sei wichtiger, die Bibliothek auszubauen, aber es war zwecklos. Die Regierung wollte den Studenten beweisen, daß sie sich um ihre Belange kümmert, um sie von Protesten abzubringen.

Der Niedergang des akademischen Betriebs, die um sich greifende Schlamperei innerhalb der Universität spiegelten natürlich nur wider, was innerhalb der Gesellschaft geschah. Wir dachten, die Universität würde ihren akademischen Traditionen treu bleiben und sich von dem allgemeinen Verfall fernhalten, aber das war ein Trugschluß. Was alles noch verschlimmerte, waren die politisch motivierten Entscheidungen der Universitätsverwaltung. Um die Studenten daran zu hindern, politisch aktiv zu werden und Demonstrationen zu organisieren, wurde das zusammenhängende Studienjahr in zwei Semester eingeteilt. Es war eine Entscheidung, die innerhalb von 24 Stunden umgesetzt werden mußte. Es gab keine Möglichkeit, sich darauf einzustellen. Das Durcheinander, das aus der Entscheidung resultierte, war enorm. Plötzlich mußten Prüfungen angesetzt und Arbeiten korrigiert werden. Die Professoren vernachlässigten ihre eigentliche Aufgabe, um sinnlose Verwaltungstätigkeiten zu verrichten. Wir drohten mit Streik, weil es eigentlich in der Verantwortung der einzelnen Seminare lag, derartige Entscheidungen zu treffen, um sie dann in der Fakultätsversammlung billigen zu lassen und dem Rektorat zur Kenntnisnahme weiterzuleiten. Auf die Streikdrohung reagierte die Regierung mit der Streichung aller Zuschläge auf das Grundgehalt für sechs Monate. Der Professor, der 1500 Pfund bekam, erhielt jetzt nur noch 600 Pfund. Es war das geschickteste Mittel, um die Professoren in die Resignation zu treiben, Teil eines abgefeimten Planes zur Vernichtung der freien und produktiven akademischen Lehre. Dann verabschiedete das Parlament ein neues Gesetz, das die Wahl der Dekane regelte. Zuvor waren die Dekane von den Fakultätsmitgliedern gewählt worden, und wir kämpften gerade dafür, daß alle Positionen in der Universität durch Wahlen bestimmt werden. Das neue Gesetz schaffte nun sogar die Wahl der Dekane ab. Wir waren auf ein System zurückgeworfen worden, in dem alles von oben angeordnet wird. Äußerte man innerhalb der Gremien seine Meinung, sagt der Vorgesetzte:

„Das sind Anweisungen von oben, wir dürfen sie nicht debattieren!"

Wenn Universitätsprofessoren noch nicht einmal in der Lage sind, ihre eigenen Belange zu bestimmen, wie können sie dann junge Menschen zum selbständigen und verantwortlichen Denken erziehen?

Die Versuche des Staates, die Unabhängigkeit der Forschung einzuschränken, reichen weit zurück, bis in die zwanziger Jahre, als der Staat begann, die Universität Kairo zu subventionieren. Ich bin natürlich unbedingt dafür, daß das Studium kostenlos bleibt. Die Armen haben ein Recht darauf, Universitäten zu besuchen. Mir selbst war es nur möglich zu studieren, weil keine Studiengebühren erhoben worden sind. Doch die Finanzierung durch den Staat bringt unweigerlich dessen Einflußnahme mit sich.

Als die Universität Kairo 1908 als erste weltliche Universität Ägyptens gegründet wurde, war sie eine private Einrichtung, die von Spenden lebte. Aber obwohl unzählige Ägypter der Universität Geld, Sachmittel oder ganze Grundstücke schenkten, gelang es ihr nicht, die finanzielle Misere zu überwinden. 1920 wurde sie daher von König Fuad per Dekret verstaatlicht. Das war einerseits positiv, da sich die materielle Situation der Universität auf einen Schlag besserte, andererseits aber auch negativ, weil der Staat allmählich anfing, sich in die universitären Angelegenheiten einzumischen. Dieser Prozeß begann vielleicht 1926 mit dem Angriff auf Taha Hussein, dessen Buch über die vorislamische Poesie heftige Reaktionen ausgelöst hatte.

Taha Hussein, der als blindes Kind in ganz und gar traditionellen, dörflichen Verhältnissen aufgewachsen war, hatte zunächst an der religiösen Azhar-Universität studiert, bevor er Abendkurse an der neugegründeten, weltlichen Universität von Kairo besuchte. In seiner Autobiographie „Die Tage" schreibt er, daß er dort eine Freiheit des Denkens und der Diskussion erlebt hat, die er aus der Azhar nicht kannte. Später ging Taha Hussein an die Sorbonne nach Paris, wo er als erster Ägypter promovierte. Nach seiner Rückkehr wurde er Professor für arabische Literatur an der Universität Kairo und schrieb sein Buch über „Die vorislamische Dichtung", deren Authentizität er anzweifelte. Das Buch hat einen Skandal verursacht. Die Zweifel an der vorislamischen Poesie wurden als Zweifel am tradierten Bild der arabischen Sprache und ihrer Entwicklung und damit auch als Zweifel an der Sprache des Korans verstanden. Zudem meinte Taha Hussein, daß manche Geschichten, die im Koran erzählt werden, eher Legenden seien und nicht der historischen Wahrheit entsprächen. Taha Hussein sah sich dem Vorwurf der Ketzerei ausgesetzt, und selbst das Parlament diskutierte damals die Angelegenheit. Ein Ermittlungsverfahren wurde eingeleitet, doch entschied der Staatsanwalt, nachdem er Taha Husseins Werk sorgfältig studiert hatte, keine Anklage zu erheben, weil keine kriminelle Absicht vorliege. Seinem Bericht nach zu urteilen, war der Staatsanwalt ein außerordentlich gebildeter Mensch. Er stellte fest, daß die wissenschaftliche Forschung manchmal Begriffe verwenden müsse, die das religiöse Gefühl nicht akzeptieren könne. Aber dahinter stecke keine Absicht, den Islam zu beleidigen. Taha Hussein seinerseits hat eine Neuauflage des Buches herausgebracht und einige Passagen gestrichen, ohne daß es Einfluß auf die Methodik oder die Argumentation des Buches gehabt hätte. Zwei Jahre später wurde Taha Hussein unter einem Vorwand aus der Universität entlassen. Aus Protest gab der damalige Rektor, Ahmad Lutfi as-Sayyid, seinen Rücktritt bekannt, woraufhin die Behörden die Entlassung Taha Husseins zurücknahmen. Bis heute ist Taha Hussein für die meisten Ägypter der Blinde, der die Gesellschaft zum Licht führen wollte. Es gibt Parallelen zwischen seinem Fall und dem meinen. Aber es gibt auch Unterschiede. Taha Hussein wurde von Kreisen außerhalb der Universität angegriffen und erhielt Rückendeckung aus der Universität, die sich ihre Unabhängigkeit zu bewahren suchte. Ich dagegen wurde aus Kreisen innerhalb der Universität angegriffen.

Nach der Revolution von 1952 fanden an den Universitäten wie im gesamten öffentlichen Leben sogenannte „Säuberungen“ statt. Eine Reihe von Professoren aus allen Fachgebieten war betroffen. Allein 1954 wurden über sechzig von ihnen entlassen, unter ihnen der Literaturwissenschaftler Scheich Amin al-Chuli, der Philosoph Mahmud al-Alim und der Mathematiker Abd al-Azim Anis. Das waren erst die Anfänge. In den siebziger Jahren stellte die Regierung die Universitäten sogar unter Polizeiaufsicht, um die Studentendemonstrationen, die 1968 begonnen hatten, zu unterbinden. Um die Universität wurde eine hohe Mauer errichtet, die Eingänge wurden von der Polizei bewacht, und jede Fakultät erhielt unter der Führung eines hohen Offiziers eigene Sicherheitskräfte. Die Universität war von Sicherheitsorganen belagert, die angeblich die Universität vor Unruhen schützen sollten, in Wirklichkeit jedoch das Regime vor den Studenten schützten. Sadat verkündete 1972, die „Studenten haben nur eine einzige Aufgabe: zu studieren“. Damit wurde jede politische Aktivität innerhalb der Universität verboten. Auch das hat zu einem Niedergang der Lehre geführt, denn Studenten, die sich nicht für die Fragen der Gesellschaft interessieren sollen, hören allmählich auf, sich für die Wissenschaft zu interessieren. Man kann die Wissenschaft nicht von der Gesellschaft trennen. Hinzu kam, daß die wirtschaftliche Lage viele Professoren zwang, in die Staaten am Persischen Golf zu gehen. Dort verdienten sie viel Geld, aber oftmals haben sie dafür ihre wissenschaftliche Unabhängigkeit geopfert. Und nicht nur das: Viele der Wissenschaftler, die einen Lehrstuhl in den Golfstaaten angenommen haben, sind einige Jahre später als Islamisten nach Ägypten zurückgekehrt.

Es war also nicht nur, daß mir die Beförderung verweigert wurde; es war auch der jämmerliche Zustand, in dem sich die Universität befand, der mich verzweifeln ließ, der Niedergang des gesamten Bildungssystems. Das wissenschaftliche Niveau der Studenten sank von Jahrgang zu Jahrgang. Das Schulsystem mit seinen Grund- und Mittelschulen sowie mit seinen Gymnasien war auf desaströse Weise verändert worden; die Regierung hatte ein komplettes Schuljahr einfach gestrichen. Die Ausbreitung des traditionalistischen, rückwärtsgewandten Islams durch Fernsehen, Presse, Moscheen hatte die Lehrer beeinflußt. Die meisten Lehrer stellten die Religion als etwas vor, das erlaubt und verbietet. Das ganze Universum wurde aufgeteilt in Erlaubtes oder Verbotenes. Das ist eine Weltanschauung, die den Schülern vom ersten Schuljahr an vermittelt wird, eine Weltanschauung, die das ganze Leben in erlaubte und verbotene Handlungen unterteilt.

Wann hat diese Entwicklung begonnen? Vielleicht vor zwanzig, vielleicht vor fünfundzwanzig Jahren. Jetzt kamen die Generationen an die Universitäten, die diese Sicht ganz und gar verinnerlicht hatten: In ihrer Welt existieren nur Gebote und Verbote. Wenn ich mit einem Studenten über irgendein Thema diskutierte, das die Religion berührt, bemerkte ich immer häufiger, wie er plötzlich in ein Erlaubt- und Verboten-Denken verfiel. Es gab nichts – oder immer weniger –, was jenseits dieses Schemas zu diskutieren war. Dieses Phänomen war neu, ich kannte es weder aus meiner Kindheit noch aus meiner Zeit an der Schule oder der Universität.

In meiner Fakultät lehrten wir Poesie, Philosophie, Geschichte, Islamwissenschaft. Viele Studenten lehnten alles Neue ab. Sie diskutierten nicht, sie lehnten ab. Das war nicht nur im Fach Islamwissenschaft so, nicht nur in bezug auf Koran und Hadith. In Vorlesungen über Poesie war es genauso. Wir haben einen Typus von Studenten an unserer Universität, der darauf programmiert worden ist, nur in einer Dimension zu denken – diejenige Dimension, ob etwas erlaubt oder verboten ist. Wenn ich in einer Vorlesung ein Liebesgedicht erörterte, passierte es, daß ein achtzehnjähriges Mädchen aufstand und sagte, daß Liebesgedichte im Islam verboten seien. Wie stand ich da? Anstatt meine Aufgabe zu erfüllen und die Struktur und den Inhalt eines Gedichtes zu diskutieren, mußte ich plötzlich eine Legitimation von Poesie im Islam geben, mußte ich sagen, daß der Prophet Mohammed selbst solche Poesie genossen hatte, mußte die Aussagen, die gegen die Poesie angeführt werden, relativieren und in einen Kontext setzen, mußte mich auf ein Niveau herabbegeben, das einer Universität nicht würdig ist – das Niveau von *erlaubt und verboten*. Und so sinkt man tiefer und tiefer und tiefer. Man kann sich vorstellen, was in meinen Korankursen geschah, wenn ich zum Beispiel sagte: Der Koran ist ein Produkt seiner Kultur.

Für mich ist die Universität, die Tätigkeit als Professor, immer ein Traum gewesen. Mir war es gleich, ob ich Professor oder assoziierter Professor oder Assistenzprofessor oder wissenschaftlicher Mitarbeiter war. Es war nicht der Rang. Es war die Erfüllung einer Aufgabe. Für mich war die Lehre ein Vergnügen und eine Bestimmung. Aber jetzt fühlte ich mich wie ein Sklave, der zu einer Arbeit gezwungen wird. Die Affäre um meine Beförderung schien mir nur eine Szene innerhalb dieses Albtraumes zu sein.

8

Mit meiner ersten Frau habe ich zwölf Jahre zusammengelebt. Sie war Angestellte. Als wir nach Japan gingen, begannen die Probleme. Ich stürzte mich in die Arbeit und nahm begierig alle Eindrücke auf, während sie ihren Beruf nicht ausüben konnte, nichts zu tun hatte und sich fremd fühlte. Als wir nach Kairo zurückkehrten, wurde es immer schlimmer. Ich weiß nicht, ob ich die Ehe vernachlässigte wegen meiner Arbeit oder ob ich mich in die Arbeit stürzte, um die Krise unserer Ehe zu verdrängen. Sie hatte es wirklich schwer mit mir. Ich konnte ihr nicht das geben, was sie sich von der Ehe erhofft hatte. Schließlich ließen wir uns Anfang der neunziger Jahre scheiden.

Meine jetzige Frau Ibtihal habe ich an der Universität kennengelernt. Wir waren Kollegen innerhalb der Geisteswissenschaftlichen Fakultät – sie Romanistin, und ich Arabist –, die sich bei vielen universitären Anlässen trafen. 1991 fand in Madrid eine Konferenz über Taha Hussein statt, an der wir beide teilnahmen. Dort erreichte uns die Nachricht vom Tod des Literaturwissenschaftlers Ab dal-Muhsin Taha Badr, der uns beiden wie ein Vater war. Ibtihal wäre beinahe ohnmächtig geworden. Ich wußte gar nicht, daß sie ihn persönlich kannte. Sie sagte mir, er habe sie im ersten Studienjahr unterrichtet und sie seitdem unterstützt. So kamen wir ins Gespräch und freundeten uns an. Zurück in Kairo, trafen wir uns häufiger, in den Prüfungsausschüssen, in der Mensa, jedoch nie außerhalb der Universität, etwa in einem Café oder am Nil.

Sie gefiel mir sehr. Aber sie zu heiraten, schien mir vollkommen abwegig zu sein. Ich war mir gegenüber äußerst streng und entschied, ihr meine Bewunderung nicht zu zeigen. In unserer Gesellschaft ist es für eine unverheiratete Frau nicht einfach, einen geschiedenen Mann zu heiraten; es gilt nicht als Schande, aber doch als so etwas wie eine Blamage – als ob sie keinen anderen Mann gefunden hätte. Es waren solche Vorbehalte, die mich davon abhielten, ihr meine Gefühle zu offenbaren. Ich wußte auch gar nicht, ob sie dieselben Empfindungen für mich hegte. Ich war mir fast sicher, daß sie in mir nur einen netten Kollegen und Gesprächspartner sah. Jedoch wurden meine Gefühle immer stärker, bis ich schließlich nicht anders konnte, einen Versuch zu unternehmen und mich ihr zu erklären. Ich bemühte mich, es durch einen Scherz zu sagen. Ich kann manchmal komisch sein und Witze machen. Meine Freunde wissen das. Ich fragte also:

„Ibtihal, warum hast du bis heute nicht geheiratet?"

Sie war Mitte Dreißig und noch immer ledig. Anstatt zu antworten, lachte sie und fragte ihrerseits:

„Wieso? Hast du einen Bräutigam für mich?"

„Nein. Ich betätige mich nicht als Heiratsvermittler. Also wenn es keinen gibt, was hältst du davon, wenn wir heiraten?" Ich sagte das so, als wenn ich jemanden fragen würde: Wie wär's mit einer Runde Backgammon?

„Ich habe nichts dagegen", antwortete sie – als ob es darum ginge, ein Eis essen zu gehen oder einen Ausflug zu den Pyramiden zu unternehmen.

Da hörten wir auf zu reden. Ich hatte mit einer ironischen Antwort gerechnet. Als sie sagte, sie habe nichts dagegen, verschlug es mir die Sprache. Ich war unsicher und meinte zunächst, das Gespräch und zumal ihre Antwort als Scherz verstehen zu müssen.

Irgendwie verabschiedeten wir uns, aber die Beziehung war nicht mehr so, wie sie einmal war. Seit dem Tag fragte sie öfter nach mir. Ich merkte, daß sie es so lustig nicht gemeint haben konnte. Also beschloß ich, ihr zu sagen, daß es mir absoluter Ernst gewesen wäre, als ich sie gefragt hatte. Lakonisch meinte sie, wenn ich nicht sähe, daß sie mich liebte, müßte ich blind sein.

Ich wußte wenig Konkretes über sie, kaum mehr, als daß sie Ibtihal Yunes hieß und Kollegin in der Abteilung für Romanistik war. Ihre Mutter kannte mich, weil ich öfters angerufen und nach Ibtihal gefragt hatte. Als ihr Vater gestorben war, hatte ich sie besucht, um ihr zu kondolieren. Ihre Mutter wußte, daß ich bereits einmal verheiratet gewesen war; es war mein größtes Manko. Ich bat Ibtihal, mit ihrer Mutter zu sprechen und sie vorzubereiten, bevor ich bei ihr um die Hand ihrer Tochter anhielt. Das Resultat des Gesprächs war ein Wutausbruch der Mutter und ein heftiger Streit zwischen den beiden.

Ich sagte Ibtihal, ich würde mit ihrer Mutter reden. Sie sei eine vernünftige Frau. Mit ihrer Tochter mochte sie schimpfen, aber mir würde sie zuhören. Als ich die Mutter anrief, war sie ebenso höflich wie bestimmt. Sie fragte mich sofort, wie ich denn überhaupt daran denken könne, Ibtihal zu heiraten; ich sei doch ein vernünftiger Mann, der studiert habe und seine Gefühle beherrschen könne. Ich versuchte, etwas zu erwidern, aber sie ließ überhaupt nicht mit sich reden, obwohl sie gleichzeitig von ausgesuchter Höflichkeit war. Ich fragte sie, weshalb sie denn mit der Ehe von Ibtihal und mir nicht einverstanden sei, worauf sie erwiderte, sie könne mir das nicht sagen und ich müsse es doch selbst verstehen. Ich wollte es aber nicht verstehen.

Ibtihal war entschlossen. Sie erklärte mir, ihre Mutter halte ihre ganze Art zu denken für falsch, deshalb sei sie so ablehnend. Mit meiner Person hätte das wenig zu tun. Wenn es jemand anders gewesen wäre, den sie ausgewählt hätte, hätte ihn die Mutter ebenfalls abgelehnt. Wir sind dann zum Juwelier gegangen und haben die Ringe gekauft. Mit dem Trauring am Finger ging sie nach Hause und wedelte ihrer Mutter damit vor dem Gesicht herum. Sie verkündete ihr, daß wir uns verlobt hätten und nach dem Ramadan heiraten würden.

Ich wollte auf keinen Fall die Familie entzweien. Ich bin selbst ein Familienmensch und möchte, daß alle sich vertragen. Also traf ich mich mit Ibtihals Bruder, der ein Jahr jünger ist als sie. Leider fand ich schnell heraus, daß er genau wie seine Mutter dachte. Er war sehr höflich, das muß ich zugeben. Er sprach immer von „Hala"; das war Ibtihals Kosename zu Hause.

„Ich werde nicht Hala heiraten", sagte ich ihm. „Ich werde Dr. Ibtihal Yunes heiraten. Ich habe den Eindruck, du redest von jemand anders. Ich kenne keine, die Hala heißt. Ich kenne nur Dr. Ibtihal. Du sprichst von Hala wie von einem Kind, wie der Bruder von seiner Schwester spricht, auch wenn sie älter ist als er. Dieses Kind kenne ich nicht."

Allmählich wurde allen klar, daß wir nicht von unserem Entschluß abzubringen waren. Also entschied ihr Onkel, mich zu treffen. Er war Offizier und hat jetzt eine hohe Position in einem Unternehmen. Ich begann das Gespräch, weil er offensichtlich nicht wußte, wie er anfangen sollte, und sagte:

„Ich an Ihrer Stelle wäre auch traurig. Wenn meine Nichte heiraten wollte, ohne nach meiner Meinung zu fragen, wäre ich traurig. Ich bitte Sie aber, sich auf Ibtihals Seite zu stellen. Ihre Mutter ist gegen die Ehe und auch ihr Bruder. Ich bitte Sie deshalb, mit ihrer Mutter zu sprechen, weil Dr. Ibtihal sich entschieden hat, und nichts wird sie von dieser Entscheidung abbringen. Ich bitte um Ihre Zustimmung, weil Sie allein den Frieden in der Familie wiederherstellen können. Ich weiß, wie Sie sich fühlen. Ich habe auch Mädchen in die Ehe geführt, nämlich meine Schwestern."

Schließlich heirateten wir. Ich kaufte ihr einen Solitärring. Ihre Mutter hatte nämlich gesagt:

„Gut, aber wenigstens muß er dir einen kostbaren Ring schenken."

Dann ging es noch darum, ob wir eine Hochzeitsfeier ausrichten oder nicht. Wir wollten keine Feier, weil wir kein Geld hatten.

„Macht eine Feier, wenn Ihr wollt", rief Ibtihal. „Aber wir werden nicht da sein."

Wir haben dann in der Moschee geheiratet, ohne eine große Feier auszurichten. Ihre Mutter bestand allerdings darauf, daß ich Ibtihal förmlich von zu Hause abholte und in die Wohnung führte, damit alle Nachbarn sehen, daß wir geheiratet hatten. Ibtihal hatte sich vorgestellt, nur einen Koffer mitzunehmen, weil sie das für rebellisch hielt, aber es wurde dann doch ein ganzer Wagen voller Gepäck und Möbel. Ihre Mutter hatte eine imposante und umfangreiche Aussteuer für ihre Tochter besorgt. Wir mußten auch ein Hochzeitsphoto machen. Ihre Mutter begleitete uns zum Photographen, ohne mit mir ein einziges Wort zu wechseln. Sie war immer noch böse. Ich sagte ihr:

„Ich weiß, daß du noch traurig bist. Aber du mußt wissen, daß ich Ibtihal liebe!"

Inzwischen ist das alles vergessen. Obwohl die Zeit, die wir hatten, zu kurz war, um uns kennenzulernen, weil wenig später die Klage gegen uns eingereicht worden ist, hat mich Ibtihals Mutter von ganzem Herzen in ihre Familie aufgenommen. Heute ist ihre größte Sorge, wie es mir geht. Ich telephoniere nicht gern, und wenn sie anruft, nimmt jedesmal Ibtihal den Hörer ab und sagt, daß es mir gutgeht. Aber sie gibt sich damit nicht zufrieden und verlangt immer, meine Stimme zu hören. Wenn Ibtihal nach Ägypten fährt, drängt die Mutter sie, schnell nach Leiden zurückzukehren, um bei mir zu sein. Sie versichert sich auch, sobald Ibtihal in Kairo angekommen ist, ob ihre Tochter für mich Essensvorräte angelegt hat und die Tiefkühltruhe wirklich randvoll ist.

Das alles hat sie sicher Überwindung gekostet, aber spätestens, als die Affäre begann, hat sie ihre Zurückhaltung mir gegenüber ganz und gar aufgegeben. Dabei hatte sie neben meiner ersten Ehe noch einen weiteren, allerdings unausgesprochenen Vorbehalt gegen mich. Ich stamme aus dem Dorf, sie aber ist eine türkischstämmige Aristokratin. In Ägypten sind die Klassenunterschiede und das Bewußtsein der Klassenzugehörigkeit trotz der Revolution immer noch viel größer als in Europa oder gar in Amerika. Ein Aristokrat kommt mit einem Bauern oder einem Angehörigen der Unterschicht so gut wie nie in Berührung, sie leben in zwei verschiedenen Welten. Die Universität ist einer der wenigen Orte, an dem Menschen aus allen Schichten miteinander arbeiten und sich austauschen. So war es auch mit Ibtihal und mir. Ich wußte nichts über ihre Familie und also auch nicht, wer Ahmad Kamal Yunes, ihr Vater, war. Ibtihal hat ja gegen ihre Umgebung rebelliert, gegen das Denken, das der Familienzugehörigkeit und der Abstammung eine große Rolle beimißt, deshalb sprach sie nie über ihre Herkunft. Manchmal sage ich ihr im Scherz:

„Wenn ich das alles vorher gewußt hätte, hätte ich vielleicht gezögert."

Ihr Vater war Leiter der Abteilung für französische Sprache im Unterrichtsministerium und zeitweise Kulturattaché im Ausland. Seine türkische Abstammung machte ihn zum Aristokraten, weil die Türken lange Jahre Ägypten beherrscht haben und immer noch eine gesellschaftliche Klasse für sich sind. Der klassische Gegensatz ist immer: Türke und Fellache. Wenn die Türken jemanden demütigen wollten, dann nannten sie ihn: *„fallâh charsîs* – blöder Fellache".

Die Revolution von 1952 hat versucht, die Klassenunterschiede aufzuheben und dem Fellachen seine Würde wiederzugeben. Innerhalb der Universität war man nun stolz, wenn man von Fellachen abstammte. Dieser Wertewandel hatte schon nach der Revolution von 1919 eingesetzt; so gab Muhammad Hussein Haikal als Verfasser seines Romans „Zeynab", der in den zwanziger Jahren herauskam, an: „Ein ägyptischer Fellache". Der Stolz, Fellache zu sein, wandte sich gegen die Briten wie gegen die Türken. Mit dem Ende der Monarchie übernahmen die Kinder der Fellachen erstmals die Herrschaft über Ägypten. Der Fellache wurde zum Synonym für den ursprünglichen, wahren Ägypter. Wenn man sagt, jemand sei ein türkischer Fellache, dann bedeutet das, er ist ein Ägypter türkischer Abstammung. Wir sagen auch, daß die wahren Ägypter die Kinder

der Fellachen sind. Ich gehöre zweifellos zu den Bauern. An mir ist wahrhaft nichts Aristokratisches, es sei denn, ich wollte auf meine Vorfahren abheben, die mit dem Stamm der Banu Hilal aus dem Maghreb eingewandert sein sollen. Das ist aber eine uralte Geschichte, und der Maghreb ist auch nicht die Türkei.

Der Vater Ibtihals, dem ich nicht mehr begegnet bin, hatte eine türkischstämmige Mutter und einen ägyptischen Vater. Er soll sehr bescheiden gewesen sein und immer darauf Wert gelegt haben, als Fellache zu gelten, nicht als Türke. Er unterstützte die Revolution von 1919 und hatte bei Taha Hussein studiert, im gleichen Jahrgang übrigens wie Nagib Machfus. Er hing sozialistischen Ideen an und hatte eine schlechte Meinung von den Türken. Seine türkische Großmutter hatte ihn sogar deswegen enterbt. Ibtihal hat er immer unterstützt. Als sie nach Frankreich wollte, um zu promovieren, schlug er alle Einwände, daß doch ein Mädchen nicht allein im Ausland leben könne, in den Wind. Er hat sie auch vor der Mutter verteidigt, wenn Ibtihal abends spät nach Hause kommen wollte. Ihr Vater gab ihr die Erlaubnis und bat Ibtihal nur, ihrer Mutter nicht genau zu sagen, wann sie kommt. Die Mutter würde schlafen, und er würde aufbleiben und auf sie warten. Das war typisch für den Vater, der seine Ehefrau nicht verletzen, aber gleichzeitig die Entwicklung seiner Tochter fördern wollte. Ibtihal nannte ihn mit seinem Namen, sie sagte nicht „Papa". Ich bin überzeugt, daß er nichts gegen unsere Heirat einzuwenden gehabt hätte. Wir wären bestimmt Freunde geworden.

Es ist Ibtihals Mutter, die an dem festhält, was sie für die Werte der ägyptischen, aristokratischen Familie hält. Die Aristokratie hat ihre materielle Basis zwar weitgehend verloren, aber ihre Werte, Verhaltensnormen und Sprachmuster existieren immer noch. So darf Ibtihal, wenn die Mutter anwesend ist, keine Scherze mit mir treiben. Die Mutter wird dann nicht böse, aber sie fragt Ibtihal, mit Verwunderung in der Stimme: „Wie sprichst du mit deinem Mann?"

Sie ist sehr traditionsbewußt oder, wie wir es im Dialekt nennen, „gestärkt“, so wie Wäsche „gestärkt“ ist.

Die Unterschiede unserer Herkunft und Sozialisation fallen im Alltag durchaus auf, schon in banalen Situationen: Als Sohn eines Bauern bin ich es gewohnt, jederzeit einen Gast willkommen zu heißen, ohne für ihn besondere Vorbereitungen getroffen zu haben. Was da ist, muß reichen, oder wir kaufen rasch etwas ein. Ibtihal dagegen will sich unbedingt vorbereitet haben, wenn ein Gast an die Tür klopft. Sie hat gelernt, daß es bestimmte Verpflichtungen gegenüber Gästen gibt, die unbedingt einzuhalten sind. Sie fühlt sich nicht wohl, wenn jemand uns mit seinem Besuch überrascht, es bringt sie durcheinander. Ich dagegen freue mich über spontane Gäste. Ich heiße sie willkommen, gehe in den Supermarkt und kaufe etwas ein. Wir könnten das Essen auch auf einer Zeitung ausbreiten, wenn Ibtihal nicht da wäre. Sie dagegen muß natürlich umgehend das gute Porzellan und das Tafelsilber aus dem Schrank holen. Ich ziehe sie immer auf, weil wir jetzt ohne Tafelsilber leben, und frage sie im Scherz, weshalb sie das Tafelsilber und das gute Porzellan nicht mitbringt, wenn sie nach Ägypten fliegt, um ihre Mutter zu besuchen. Manchmal fragt sie ganz ernst zurück, ob ich denn wolle, daß sie das alles hierhin schleppe. Und was, wenn es kaputt geht? Für mich sind solche Dinge dafür da, daß sie auch mal kaputt gehen. Aber das versteht sie nicht.

Sie hat einen ganzen Vorrat an eigenartigen Traditionen und Bräuchen. Wir sind jetzt seit drei Jahren im Ausland, aber sie träumt immer noch von unserer Wohnung in Kairo. Ich sage ihr:

„Jede Wohnung ist gut, wenn wir zusammen sind.“

Aber sie denkt dann, ich hätte die Erinnerung an unsere Wohnung verloren. Das habe ich nicht, ich bin nur viel praktischer veranlagt als sie. Hauptsache ein Dach über dem Kopf, finde ich. Es gibt ohnehin keine andere Lösung, also gibt es keinen Grund, sich den Kopf zu zerbrechen. Sie aber mißt allen Äußerlichkeiten, Symbolen und Gewohnheiten des gesellschaftlichen Lebens großes Gewicht bei. Kein Mensch hat je meinen Geburtstag gefeiert, bis sie kam. Auch daß man Geschenke mitbringen soll, wenn man Bekannte besucht, war mir neu. Ich besuche meine Freunde und bringe nichts mit. Sie kann das nicht. Einmal waren wir bei dem Literaturkritiker Sabri Hafiz eingeladen, der in London lebt. Es war an einem Sonntag, und die Geschäfte waren geschlossen. Sie weigerte sich, zu unserem Freund zu gehen, weil wir kein Geschenk hatten. „Ich kann nicht ein Haus zum ersten Mal betreten und mit leeren Händen kommen", belehrte sie mich. Als Sabri Hafiz kam, um uns abzuholen, erklärte ich ihm heimlich die Situation und bat ihn inständig, irgendein Geschäft zu suchen, das Blumen oder Schokolade verkauft, und mir das Geschenk zuzustecken. Der Abend war gerettet.

Der Grund ist mir schleierhaft, ich sehe nur, daß es ihr lebenswichtig zu sein scheint: Das eben ist der Unterschied unserer Herkunft und Sozialisation. Mir kann es durchaus passieren, daß ich vergesse, ihr ein Geschenk zum Geburtstag zu kaufen. Dann kommt es zu einer Katastrophe. Oder der Valentinstag – der gehört nun wirklich nicht zu unseren Bräuchen. Als ich am Valentinstag nach Hause kam, schaute sie mich verwundert an:

„Weißt du nicht, was heute für ein Tag ist?"

Ich sagte, nein. Sie fragte, ob ich nicht die Geschäfte mit den Blumen und dem festlichen Dekor gesehen hätte. Ich sagte ihr, daß ich nicht auf die Geschäfte achten würde, wenn ich mit dem Bus fahre.

„Heute ist Valentinstag, und du hättest wenigstens eine Blume mitbringen können", ließ sie mich verdutzt stehen.

Mittlerweile habe ich einiges hinzugelernt. Das macht sie glücklich. Also bringe ich Blumen mit, gratuliere ihr und feiere mit ihr Geburtstag, Valentinstag und alles mögliche. Für mich muß die Liebe sich nicht in solchen symbolischen Handlungen ausdrücken, aber nun gut – wenn es sie glücklich macht und mir Ärger erspart. Sie weiß natürlich, woher ich stamme, aber sie hat es nicht selbst erlebt.

Und es ist ja ein Zeichen der Zuneigung, wenn man einige der Gewohnheiten seines Partners übernimmt. Auch sie hat sich mir zuliebe verändert. Sie hat gelernt, nicht mehr rigide an solchen Dingen festzuhalten, die mir beim besten Willen nicht einleuchten. Wo sie allerdings keine Kompromisse kennt, ist mein Geburtstag: Sie besteht darauf, ihn jedes Jahr zu feiern und mir außerdem ein Geschenk zu kaufen. Und wenn ich ihr sage, das sei nicht nötig, macht sie es trotzdem. Wenn ich dann vor der Torte sitze, denke ich, daß das sehr nett ist. Jemand beachtet mich, feiert meinen Geburtstag, kauft Geschenke für mich. Im Gegenzug habe ich ihr die religiösen islamischen Feste wie *Aschûra* nähergebracht. Da sie einen Teil ihrer Kindheit in Österreich verbracht und auch später lange Zeit im Ausland gelebt hatte, kannte sie vieles nicht oder hatte es vergessen. Zum Opferfest zum Beispiel müssen wir Fatta und Lammfleisch essen. Fatta ist ein Fladenbrot, getränkt mit Lammbrühe, bis es ganz weich wird. Es wird dann in einer großen Schüssel angerichtet – eine Lage Brot, eine Lage Reis, und darauf kommt das Fleisch und eine Soße aus Tomaten, Knoblauch und Essig. Ehrlich gesagt, schmeckt mir dieses Essen nicht besonders gut, aber ich mußte ihr doch auch einige meiner Bräuche beibringen. Und so haben wir unsere Gewohnheiten vermischt, damit das Leben weitergeht. Einmal sagte ihr ein neunmalkluger Journalist, er habe gehört, daß wir uns fast hätten scheiden lassen, aber als dann die Klage gegen uns eingereicht wurde, seien wir zusammen geblieben, um dem Ankläger Muhammad Samida Abu Samada keinen Gefallen zu tun.

„Wo liegen also die Konfliktpunkte in Ihrer Ehe?" wollte er wissen.

Sie antwortete, unser größter Konflikt sei, daß ich Molochiyya-Suppe liebe und sie nicht. Außerdem würde ich nichts von Fußball verstehen, und sie sei Anhängerin des Ahli-Fußballclubs.

Das stimmte wirklich. Sie ist fanatische Anhängerin dieses Clubs. Ich war geschockt, als ich das hörte, weil ich dachte, daß die Wissenschaft keinen Raum für so etwas ließe. Aber sie ist Ahli-Anhängerin, weil das zur Familientradition gehört. Das sind die Gewürze des Lebens. Manchmal macht sie Spaß und sagt:

„Gott wird Nasser zur Rechenschaft ziehen! Wenn er die Bauern nicht so begünstigt hätte, wären wir uns nie begegnet."

Oder ich sage: „Wieso hast du auch einen Bauern geheiratet? Deine Schuld!"

Und sie antwortet: „Es ist nicht meine Schuld. Es ist die Liebe."

Sie ist eine unabhängige und starke Frau. Wenn ich jetzt sterben würde, wäre sie natürlich sehr traurig, aber sie würde sich auch allein zurechtfinden. Aber umgekehrt, wenn sie nicht bei mir gewesen wäre, hätte ich das alles nicht ausgehalten. Ich habe mich manchmal so schwach, so verzweifelt gefühlt. Sie war nicht nur meine Frau, sie war auch ein Kollege und Freund. Ich habe ihr gesagt, sie solle doch an ihren Lehrstuhl in Kairo zurückkehren; das sei doch kein Leben für sie, ohne feste Arbeit, hier in der Fremde. Sie hätte im Jahr dreimal Ferien, in denen wir uns sehen könnten.

„Das Lehren an der Universität hat für mich keinen Sinn, wenn du nicht dort bist", antwortete sie. „Wenn wir nicht verheiratet wären und das alles wäre jemand anderem an der Universität passiert, hätte ich meine Stelle dort ebenfalls aufgegeben."

Für sie sind die Symbole nicht nur im Alltag sehr wichtig. Die Universität Kairo ist für sie ein Symbol, das seine Bedeutung verloren hat. Deshalb will sie dort nicht mehr arbeiten. Die Universität ist für sie kein Ort mehr, an dem ein Professor seine Meinung frei äußern kann. Hinzu kommt, daß sie eine Art von Verantwortung für mich übernommen hat und ich sie brauche. Sie ist nicht mehr nur die Ehefrau und Partnerin. Sie hat eine zusätzliche Verantwortung übernommen, ohne mich deswegen zu beherrschen. Im Gegenteil. Sie ermutigt mich sehr, zu verreisen. Ich wollte zu Hause arbeiten, um bei ihr zu sein, weil sie hier in Holland keine Stelle mehr hat, aber sie war damit nicht einverstanden. Sie wollte, daß ich jeden Tag in die Universität gehe. Ich begriff nicht, weshalb sie so fest darauf bestand, also erklärte sie mir, daß es für mein psychisches Gleichgewicht wichtig sei, im Büro zu arbeiten. Sie hat sich nie beklagt, ich würde sie allein lassen. Manchmal bin ich zwanzig Tage und mehr weg. Sie hat das Gefühl, daß mir das guttut. Als ich im Seminar lernte, mit dem Computer umzugehen, hat sie rasch einen gekauft. Sie sagte mir dann, ich sei wie ein Kind gewesen, das mit einem neuen Spielzeug beschäftigt ist.

Manchmal sitze ich vor dem Fernsehen. Gelegentlich weckt ein Satz viele Erinnerungen in mir, und ich schaue in die Ferne. In dem Moment spüre ich, wie Ibtihal mich anschaut und fragt:

„Was hast du? Du siehst ja gar nicht hin!"

Dann kann ich ihr oft nicht antworten, weil ich in einer ganz anderen Welt bin. Sie kümmert sich um mich. Ich brauche jemanden, der sich um mich kümmert. Manchmal vernachlässigt sie sich selbst deswegen. Wenn ich huste, macht sie sich Sorgen und alarmiert die halbe Welt, aber wenn sie selbst krank ist, sträubt sie sich mit Händen und Füßen dagegen, zum Arzt zu gehen.

Sie ist wie ein Gebirge. Als das Erdbeben kam, hat alles gewankt, nur sie nicht. Manchmal bin ich wütend auf sie, aber nie lange. Wenn ich weit weg von ihr bin, muß ich immer über sie reden. Ihre Freunde in Spanien haben mir das gesagt; daß ich geradezu Anlässe erfinde, um über sie zu reden. Viele haben uns gesagt, sie hätten selten zwei Leute erlebt, die sich so sehr lieben. Eine ihrer Kolleginnen meinte zu mir:

„Wenn sie über dich redet, leuchtet ihr Gesicht. Und mit deinem Gesicht ist es genauso. Einer von euch braucht nur den Namen des anderen zu nennen!"

„Du solltest uns erleben, wenn wir streiten!"

9

Im April und Mai 1993 hielt ich eine Reihe von Vorträgen in Tunesien. Während meines Aufenthaltes erzählte mir ein tunesischer Freund, daß die palästinensische Zeitung *al-Quds al-arabi* gemeldet habe, einige Leute hätten eine Klage eingereicht, um meine Ehe mit Ibtihal zu annullieren, weil man mir Apostasie vorwerfen würde. Ich glaubte es nicht und sagte, das sei unmöglich. Ich dachte wirklich, es sei eine Ente. Ich konnte mir nicht vorstellen, daß so etwas in Ägypten oder in irgendeinem Land der Erde möglich sei: eine Ehe gegen den Willen beider Eheleute aufzulösen, und noch dazu mit der Begründung, daß der Mann vom Glauben abgefallen sei.

Ich rief Ibtihal an und sagte es ihr. Sie sagte, das sei Unsinn. Allerdings sei die gleiche Nachricht in der Boulevardzeitung *´Aqîdatî* erschienen, die der Regierungspartei gehört. Im Mai, als ich bereits nach Ägypten zurückgekehrt war, lasen wir in derselben Zeitung, daß der Termin für die Verhandlung der Scheidungsklage verschoben worden wäre, bis die Beklagten benachrichtigt werden. Ich hatte bis dahin keine offizielle Benachrichtigung erhalten. Ein befreundeter Anwalt, Ahmad Saif al-Islam, sagte mir, das gehe so nicht weiter: Wir lebten in einer Gesellschaft, die vom Wahnsinn befallen sei. Wenn wir der Sache weiter keinen Glauben schenken, könne es sein, daß wir plötzlich vom Urteil erschlagen werden. Wir sollten zumindest nachfragen.

Also erkundigten wir uns – und tatsächlich, es gab ein Verfahren. Es war sogar schon am 12. Mai ein Verhandlungstermin anberaumt und wieder verschoben worden, weil die Beklagten nicht erschienen waren. Wir hatten überhaupt keine Vorladung erhalten. Noch immer nahmen wir die Klage nicht ernst. Wir dachten, sobald wir vor Gericht auftreten würden, wäre die Angelegenheit erledigt. Alle Anwälte, mit denen wir sprachen, waren derselben Meinung: Eine Zwangsscheidung sei nicht möglich, unvorstellbar, lachhaft.

Später haben wir erfahren, daß es schon einmal ein ähnliches Verfahren gegen einen Namensvetter von mir, einen gewissen Muhammad Abu Zaid aus Damanhur gegeben hatte. Er hatte einen Korankommentar geschrieben und behauptet, Adam sei keineswegs ein Prophet und Gesandter, wie es die Muslime glauben. Das war vor 75 Jahren. Das Amtsgericht hatte der Scheidungsklage stattgegeben, und er hatte Berufung eingelegt. In der nächsten Instanz war das Urteil aufgehoben worden. In der Urteilsbegründung hatte das Gericht die Kläger aufgefordert, sich mit nützlicheren Dingen zu befassen. Das hätte man unseren Klägern auch einmal sagen sollen.

Die rechtliche Grundlage für das Verfahren gegen Muhammad Abu Zaid war dieselbe wie in unserem Verfahren, nämlich das Prinzip der *hisba*, das im Islamischen Recht verankert ist. Es ermöglicht einem Außenstehenden, der nicht persönlich von dem Fall betroffen ist, eine Klage vor Gericht zu bringen, falls er das Interesse der Allgemeinheit berührt sieht. Theoretisch kann auch ein korrupter Minister, den die Staatsanwaltschaft nicht angeklagt hat, mittels der *hisba* angeklagt werden, in der Regel wird sie jedoch – wenn überhaupt – nur bei religiösen Vergehen angewandt. Das Interesse der Allgemeinheit war in unserem Fall das folgende: Nasr Abu Zaid ist als Muslim geboren und als solcher eingetragen. Einige vertrauenswürdige Rechtsgelehrte haben aufgezeigt, daß einige seiner Werke Ausdruck von Apostasie sind. Es ist nicht statthaft, daß ein Nichtmuslim eine Muslimin heiratet. Wenn er ein Apostat ist, dann ist die Ehe ein Verstoß gegen Gottes Gesetze und verstößt damit gegen das Interesse der Allgemeinheit. Deshalb ist die muslimische Ehefrau von ihrem nichtmuslimischen Ehemann zu trennen.

Fragt man sich, wie ein solches Verfahren überhaupt möglich ist, muß man weit zurückgehen. 1970 wurde Anwar as-Sadat ägyptischer Präsident. Sein Vorgänger Gamal Abdel Nasser verstand sich als arabischer Nationalist und Sozialist. Er war kein Demokrat und verfolgte seine politischen Gegner unnachgiebig. Aber gleichzeitig hat er den Einfluß der Religion zurückzudrängen gesucht, indem er die Ideologie des arabischen Sozialismus propagierte und die Azhar-Universität strikt kontrollieren ließ. Sadat verfolgte eine dezidiert andere Politik als sein Vorgänger und geriet in Widerspruch zum Staatsapparat, den er führen sollte. In der Wirtschaft begann er mit seiner Politik der „Öffnung". Er erleichterte private Investitionen und begann, die Staatsbetriebe zu privatisieren. Das öffnete den Spekulanten und Händlern Tür und Tor. Sie waren es, die von der „Öffnung" profitierten und den neuen Präsidenten deswegen unterstützten – nicht zufällig waren mit dem Großgrundbesitzer Sayyid Marei und dem Bauunternehmer Osman Ahmad Osman zwei der reichsten Geschäftsleute Ägyptens mit ihm verschwägert. Die Liberalisierung der Wirtschaft und die Öffnung zum Westen entsprachen ihren Vorstellungen. Die Preise schossen in die Höhe, und mit ihnen die Armut und die Korruption. Die Gesellschaft war voller Spannung und Unruhe. Die Studenten waren die ersten, die den allgemeinen Unmut in den Demonstrationen von 1972 artikulierten. Hinter ihnen standen die Nasseristen und alle übrigen sozialistischen Kräfte. Sadat versuchte, sie zurückzudrängen, indem er Gegenkräfte mobilisierte. Er entließ die Muslimbrüder, die unter Nasser verhaftet worden waren, aus den Gefängnissen und erlaubte den Islamisten, sich an den Universitäten zu organisieren. Damit schuf er ein Gegengewicht zur linken Opposition. Die Muslimbrüder veröffentlichten Zeitungen und waren aktiv wie eine Partei, ohne jedoch als solche zugelassen zu sein. In ihrer Rhetorik wandten sie sich weniger gegen den Präsidenten, der sie ja befreit hatte, als vielmehr gegen die linke Opposition, die den Tagen Nassers nachhing. Zur selben Zeit floß saudisches Geld ins Land, und mit ihm die wahhabitische Ideologie der Saudis. Zahlreiche Ägypter wanderten in die Golfstaaten aus, um dort zu arbeiten, aber auch die Hiergebliebenen machten in den Moscheen, durch Bücher und im Fernsehen mit einem neuen Islam Bekanntschaft, dem Petroislam. Es ist der verschlossenste, konservativste Islam, der in einer Stammesgesellschaft seinen eigentlichen Ort hat. Er ist von den Stammesstrukturen geprägt, die in den Golfstaaten immer noch eine große Rolle spielen, und sperrt sich gegen die geistigen Herausforderungen der modernen Zivilisation, während er die technischen Errungenschaften offenbar willig übernimmt. Diese Entwicklung und der wachsende Einfluß eines rückwärtsgewandten Islams bereiteten den Extremismus vor, dessen Präsenz in der Gesellschaft spätestens ab 1974 nicht mehr zu übersehen war. Sadat dachte immer noch, er könne diese Strömung unter Kontrolle halten, indem er deren Organisationen tolerierte, sie aber gleichzeitig in der Grauzone der Halblegalität behielt und sie vom Geheimdienst unterwandern ließ. Er hatte auch selbst schon begonnen, religiöse Symbole einzusetzen, um seine Politik in ein Gewand der Frömmigkeit zu hüllen und zu suggerieren, daß das Regime vor ihm gegen den Islam gewesen war. Seine Reden fingen von nun an immer mit der *Basmala* an, ohne sie allerdings zu Ende zu sprechen; er begnügte sich mit dem „Im Namen Gottes" und ließ „des Barmherzigen, des Erbarmers" aus. Dafür schmückte er die Rede mit vielen Koranzitaten aus und beendete sie immer mit dem gleichen Vers:

> Unser Herr, laß unsere Herzen nicht irregehen, nachdem du uns geleitet hast, und schenke uns deine Barmherzigkeit. Der Schenkende bist du allein.
>
> Koran 3:8

Das Fernsehen zeigte Sadat regelmäßig beim Freitagsgebet in seinem Heimatdorf Mit Abul-Kom. Er trug eine Galabiyya und hielt einen schweren Stock in der Hand. In den Bildern konnte man deutlich die *zibîba* sehen, wie der Volksmund die dunkle Stelle an der Stirn nennt, die ein Zeichen ist, daß man den Kopf oft und lange auf den Gebetsstein legt und also viel betet. Er hatte auch immer eine Gebetskette bei sich. Sadat war ein Meister darin, die Religion für die politischen Ziele zu instrumentalisieren und mit ihren Symbolen in der Öffentlichkeit umzugehen.

In ihrer Haltung zu Sadat zeigten die westlichen Medien wieder einmal, daß sie im anderen nur die Facette sehen, die ihren Interessen entspricht. Aus westlicher Sicht war Sadat ein Staatsmann, der den Frieden wollte. Was er in Ägypten tat, interessierte niemanden. Niemand im Westen hat bemerkt, daß Sadat den religiösen Extremismus gefördert und den Frieden mit Israel erst nach den Hungerrevolten vom Januar 1977 entdeckt hatte. Sadat war damals in Assuan. Angeblich soll er sich versteckt gehalten haben, weil er um sein Leben fürchtete, aber das ist nur ein Gerücht. Kurz nach der Beruhigung der Lage flog er nach Israel. Es war ein Versuch, sich und sein Regime zu retten. Er brauchte die ausländische Unterstützung, um sein Regime innenpolitisch zu festigen. Die Bindung an die Vereinigten Staaten erforderte die Versöhnung mit Israel. Gleichzeitig wurde aber die islamistische Bewegung stärker und stärker, und Sadat kam ihr immer weiter entgegen. 1980 ließ er die Verfassung ändern und die Scharia zur Hauptquelle der Gesetzgebung erklären. Er fuhr auf zwei Gleisen, die sich auseinanderbewegten. Indem er sie unterwandern ließ, meinte Sadat, die Kontrolle über die islamistische Bewegung bewahren und sie weiterhin als Mittel gegen die linke Opposition einsetzen zu können. Wir selbst haben an der Universität Spitzel des ägyptischen Geheimdienstes aufgegriffen. Sie waren unter den islamistischen Studenten und mit Messern bewaffnet. Wenn die Studenten zum Beispiel einen umstrittenen Film zeigten, griffen die Islamisten sie mit Fahrradketten und Messern an und schlugen sie zusammen. Einmal mußten wir den Notarzt und die Polizei anrufen. Das war noch, bevor Sadat 1972 die Polizei in den Universitäten postierte. Sowohl die Sanitäter als auch die Polizei weigerten sich zu kommen und sagten, daß sie sich nicht in die Angelegenheit der Universität einmischen könnten. Auf dem Campus lagen blutende Studenten.

Als Sadat am 6. Oktober 1981 von eben jenen Kräften ermordet wurde, die er selbst stark gemacht hatte, glich Ägypten einem einzigen Gefängnis. Er hatte sich endgültig mit den Islamisten, die die Macht für sich beanspruchten, überworfen und einen Monat vor seiner Ermordung viele von ihnen ins Gefängnis geworfen. Gleichzeitig hatte er in einer einzigen Nacht Hunderte von Intellektuellen verhaften lassen. Sadats Nachfolger Mubarak bemühte sich zunächst, die Lage zu beruhigen. Er entließ die Intellektuellen aus der Haft und versuchte gleichzeitig, die sogenannten „gemäßigten" Islamisten in sein Herrschaftssystem zu integrieren. Seine eigentliche Schuld aber ist, daß er sich – genau wie seine Vorgänger – gegen demokratische Reformen sperrte. Bis heute herrscht in Ägypten das 1981 verhängte Kriegsrecht. Während die säkulare Opposition immer schwächer wurde, begaben sich die Islamisten auf den Marsch durch die Institutionen und dominierten immer mehr Studentenvertretungen, Berufsverbände und Gewerkschaften. Sie nutzten nicht nur ihre eigenen, sondern auch die staatlichen Zeitungen sowie Rundfunk und Fernsehen als ihre Sprachrohre. Sie vergrößerten ihren Einfluß auf die Justiz und die Universitäten und beherrschten immer mehr Moscheen. Indem sie den physischen Terrorismus in einen geistigen verwandelten und in die Gesellschaft hineintrugen, schufen sie ein Umfeld, in dem ein Mensch vor einem Gericht als Apostat verurteilt und seine Ehe gegen den Willen beider Eheleute geschieden werden konnte. Die Universität nahm immer mehr Rücksicht auf tatsächliche oder möglicherweise zu erwartende Einwände der Islamisten. Auf der Fakultätssitzung wurde zum Beispiel das Vorhaben einer Studentin erwähnt, die eine Arbeit über französische Koranübersetzungen schreiben wollte. Einige Professoren wandten ein, daß der Koran nicht übersetzt werden könne und es daher heißen müsse: „Die Übersetzung der Bedeutungen des Korans". Das ist ein theologischer, aber kein wissenschaftlicher Einwand, und ich hätte mir vorstellen können, daß ein Scheich der Azhar es vorbringt, aber nicht Professoren an der Geisteswissenschaftlichen Fakultät der Universität Kairo. Also mußten wir diskutieren, ob die Studentin ihre Arbeit „Übersetzungen des Korans. Eine Stiluntersuchung" nennen durfte oder sie in „Übersetzungen der Bedeutungen des Korans. Eine Stiluntersuchung" umzubenennen hatte. Es ist die Angst vor der religiösen Strömung und der Versuch, sich ihr anzubiedern, die solche Diskussionen provoziert und schließlich dazu geführt hat, daß in der entscheidenden Sitzung des Universitätssenats am 18. März 1993 niemand gegen den Bericht von Abd as-Sabur Schahin Einspruch erhoben hat.

Nachdem meine Beförderung zum Ordentlichen Professor abgelehnt worden war, haben allerdings die Kollegen in meinem Seminar sowie die Leitung der Geisteswissenschaftlichen Fakultät sofort protestiert. Sie zerpflückten das Gutachten Schahins und bestanden darauf, daß dem Mehrheitsvotum der Gutachter gefolgt und ich befördert würde. Sie sagten, daß sie mich fortan als Ordentlichen Professor betrachteten. Für mich war die Sache damit erledigt. Die Gremien, die befugt waren, den wissenschaftlichen Wert meiner Arbeit zu beurteilen, hatten für mich gestimmt und mich zum Professor erklärt. Dagegen war die Entscheidung des Senats nur ein administrativer Akt. Sie betraf die Erhöhung des Gehalts, und zwar genaugenommen einen Betrag von zehn bis fünfzehn Pfund im Monat. Damit kann man nicht einmal ein Kilo Fleisch kaufen.

Dennoch kam es rasch zu einer Flut von Artikeln und Stellungnahmen, die entweder Schahin und die Universitätsverwaltung oder mich und die Fakultät attackierten. Meine Studenten veröffentlichten eine Erklärung, in der sie schrieben: „Wer unserem Professor den Titel verweigert, der verweigert uns unsere Zukunft." Auch viele islamistische Studenten hatten die Erklärung unterzeichnet. Sie sagten mir, sie würden häufig andere Meinungen vertreten, aber sie respektierten und liebten mich, weil sie bei mir ihre Meinung äußern könnten, ohne Repressalien zu befürchten. Das war für mich ein großes Geschenk, und ich setzte voller Motivation meine Lehrveranstaltungen fort. Aber wie gesagt, das Umfeld war ungünstig, innerhalb und außerhalb der Universität. In der Presse wurden die Angriffe auf mich immer schärfer, in vielen Moscheen begann man, mich zum Ketzer zu erklären, und rasch trafen die ersten Morddrohungen ein. Obwohl es abscheulich war, unter Personenschutz zu lehren, hielt ich weiter meine Vorlesungen und Seminare, bis das Urteil gefällt worden ist. Das war am Samstag, dem 14. Juni 1995. Der Donnerstag war der letzte Prüfungstag gewesen. Mit den Prüfungsbogen in der Tasche und dem Gefühl der völligen Erschöpfung war ich nach Hause gefahren. Die Wohnung war, wie in jenen Tagen üblich, voller Leute. Ich rief den Dekan an und bat ihn, jemand anderes mit dem Korrigieren zu beauftragen. Der Dekan lehnte ab und verlangte, daß ich gerade in diesem Jahr die Korrekturen übernehmen müsse, da andernfalls die Studenten dächten, daß die Fakultät mir ihr Vertrauen entzogen hätte. Er bot mir an, so viele Kollegen, wie ich wollte, zur Unterstützung zu schicken, bestand aber darauf, daß ich die Korrekturen beaufsichtigte. Als ich die Prüfungsbogen zur Hand nahm, entdeckte ich, daß sie voller verschlüsselter Botschaften steckten. Fast alle Studenten hatten an irgendeiner Stelle ein Gedicht von Amal Donqol angeführt; weiß Gott, wie sie das verabredet hatten. Im Unterricht hatte ich es nie behandelt. Das Gedicht trägt den Titel: „Ruhm dem Teufel, dem Gott der Winde", und es spricht vom Teufel, der in der Lage war, nein zu sagen. Es heißt dort:

Ruhm dem Teufel, dem Gott der Winde,
Der allen Jasagern nein gesagt hat.

Nach dem Urteil besuchten mich die Studenten in der „Stadt des 6. Oktobers“ und schufen damit große Probleme für die Sicherheitskräfte. Sie hatten sich eigens einen Bus gemietet. Die Wachen standen schon am Eingang der Straße. Als sie den Bus sahen, stellten sie sich mit ihren Panzerwagen augenblicklich in Position und blockierten die Zufahrt. Die Studenten sagten den Polizisten, daß sie mir nur guten Tag sagen und wieder wegfahren wollten, weil meine Wohnung zu klein für sie sei. Ein Polizist kam erschrocken zu mir an die Wohnungstür. Er hatte Angst, einer von den Studenten würde eine Waffe dabei haben. Ich beruhigte ihn und bat ihn, den Bus vorfahren zu lassen. Ich hatte nie Angst vor meinen Studenten.

Ich trat hinaus auf die Straße. Der Bus stand da – ein Kairiner Bus eben, ein altes, verbeultes Gefährt, dessen Fahrgäste in Trauben aus den Türen und Fenstern hingen. Als die Studenten ausstiegen, sah ich, daß ich nur die wenigsten von ihnen persönlich kannte. Ich entschuldigte mich, weil die Wohnung zu klein war, um sie hereinzubitten, aber sie sagten, daß sie mich nur kurz sehen wollten, um zu zeigen, auf welcher Seite sie stünden.

Es war nicht alles schlecht. Wenn diese Studenten, meine Kinder, sich so verhielten, war alles andere zweitrangig. Gewiß, das allgemeine Niveau der Universität war gesunken, aber es gab natürlich immer noch viele engagierte Studenten. Als ich den Bus sah, wurde mir das wieder deutlich. Die Medien im Westen haben natürlich nur selten über diese Solidarität berichtet. Für sie war mein Fall ein gefundenes Fressen. Nachdem ich Ägypten verlassen hatte, mußte ich immer wieder hervorheben, daß die ägyptische Gesellschaft nicht von Islamisten dominiert wird. Es gibt viele andere Strömungen, es gibt Intellektuelle, Studenten, Menschenrechtsorganisationen und natürlich auch die Mehrheit der einfachen Bürger, die mit den Radikalen nichts zu tun haben. Es ist normal, daß sich die Medien auf das Sensationelle stürzen, aber wenn man allein darüber berichtet, entsteht ein verzerrtes Bild. Viele Menschen und sogar Kinder haben uns Briefe geschickt, Menschen, die wir gar nicht kannten. Ständig klingelte das Telephon. Eine Frau rief an und sagte gleich im zweiten Satz, daß sie fromm sei und das Kopftuch trage; aber sie finde das, was passiert ist, schrecklich. Eine andere Frau sprach von ihrer Tochter, die acht Jahre alt und ebenfalls sehr religiös sei; trotz ihres Alters trage sie schon das Kopftuch. Die Tochter wollte unbedingt mit mir reden. Sie heiße Rihab, stellte sie sich vor. Sie wisse zwar nicht, ob ich auch so religiös wie sie selbst sei, aber das sei auch ganz egal.

„Denn das, was mit Ihnen passiert, ist gegen die Religion."

Die Leute riefen aus der ganzen Welt an, sogar aus Kanada. Ein Marokkaner stellte uns sein Haus am Meer zur Verfügung und wollte uns die Flugtickets schicken. Er fragte noch, ob wir Kinder hätten, und ich verneinte. Er sagte, das Haus sei sehr groß, und würden wir einmal Kinder haben, hätten sie genug Platz.

Stefan Wild rief an, der Professor für Islamwissenschaft an der Universität Bonn. Mit seinem libanesischen Dialekt sagte er: „Geh zur Botschaft. Ich habe dort angerufen, du bekommst sofort ein Visum. Bring Sitt Ibtihal mit und komm. Du weißt, wir haben oben eine Wohnung. Kommt, bleibt bei uns. Dann werden wir weitersehen."

Der syrische Dramatiker Nabil Suleiman rief an: „Also, mein Lieber, du hast das alles gemacht, diese beiden Bücher geschrieben, damit du Ibtihal los wirst. Aber Pech gehabt! Sie hat erklärt, daß sie weiter deine Frau bleiben will. Wir verstehen dich ja, wir wünschen uns auch alle, wieder Junggesellen zu sein. Aber du hast es eben ungeschickt angestellt. Keine Sorge, wir werden nichts verraten." Da habe ich zum ersten Mal nach dem Urteil aus vollem Herzen gelacht.

Weil das ägyptische Recht es den Frauen schwermacht, sich scheiden zu lassen, witzelten manche Zeitungen: Die einzige Frau in Ägypten, die bei ihrem Mann bleiben will, wird geschieden.

Viele Menschen, Organisationen und Institutionen in Ägypten und im Ausland unterstützten uns. Wir hatten eine ganze Gruppe von namhaften Anwälten, die uns nicht einmal die Photokopien bezahlen ließen. Nach dem Urteil gründeten sich in Ägypten zwei Unterstützungskomitees, zahlreiche Protesterklärungen wurden veröffentlicht, es kam zu Solidaritätsveranstaltungen, und manche Zeitschriften gaben ganze Sonderhefte heraus. Der Tenor war, daß es nicht nur um das Schicksal von Ibtihal Yunes und Nasr Hamid Abu Zaid, sondern um das Schicksal Ägyptens geht. Schon lange vor dem Urteil hatte sich an der Universität Bonn ein deutsches Unterstützungskomitee gebildet, dem viele Journalisten, Studenten und Islamwissenschaftler angehörten, unter anderem auch Annemarie Schimmel. Das Komitee war überaus aktiv und bewegte deutsche Politiker und Delegationen dazu, sich bei der ägyptischen Regierung für uns zu verwenden. Das war außerordentlich wichtig. In Bonn habe ich viele Freunde, dort habe ich 1993 zum ersten Mal an einem wissenschaftlichen Kongreß in Deutschland teilgenommen. Die Freunde haben zu mir gehalten, in Ägypten und auf der Welt. Außerdem habe ich durch das, was geschehen ist, viele neue Freunde gewonnen. Ibtihals und meine Familie reagierten wunderbar. Wenn es möglich gewesen wäre, wären sie alle zu uns gezogen. Mein Bruder reiste aus Tanta an und wollte bei uns bleiben. Meine jüngste Schwester Ayat, die ebenfalls in der „Stadt des 6. Oktobers" wohnt, schaute jeden Tag vorbei. Meine Geschwister wohnten dann bei ihr, weil bei uns das Haus voll war. Mein Bruder wollte sogar Urlaub nehmen.

Alle waren überzeugt, daß uns Unrecht widerfährt, selbst die Nachbarn reihten sich ein. Ich habe einen palästinensischen Nachbarn, der mit einer Ägypterin verheiratet ist. Sie waren unbeschreiblich wütend. Viele wollten es nicht glauben. Nur die Fanatiker fanden das Urteil normal; für die normalen Ägypter war es unglaublich, daß jemand bestraft werden sollte, indem man seine Familie zerstört. Eine Zeitung hatte Frauen auf der Straße zu dem Urteil befragt, viele von ihnen Arbeiterinnen, die nicht lesen und schreiben konnten.

Eine Krankenschwester hatte geantwortet, daß sie keine Bücher lese und also nicht wisse, ob das stimmt, was über diesen Mann gesagt wird; sie könne auch den Richter nicht einfach zum Lügner stempeln. Aber niemand zweifle doch daran, daß seine Frau eine Muslimin sei; wenn sie sich nicht von ihm scheiden lassen wolle, wieso lasse man die beiden nicht in Ruhe? Sollte er wirklich ein schlechter Mensch sein, bestünde dann immerhin die Hoffnung, daß sie ihn dazu bewegt, auf den Geraden Weg zurückzukehren.

Die Unterstützung, die uns von allen Seiten zuteil wurde, und die große öffentliche Empörung, die unser Fall hervorrief, brachten die Regierung zum Nachdenken. Sie konnte das Urteil nicht einfach annullieren, weil die ägyptische Justiz immer noch bemerkenswert unabhängig ist, aber sie erließ ein Gesetz, um ähnliche Prozesse in der Zukunft zu verhindern. Unsere Ankläger hatten zu jener Zeit schon angekündigt, noch Dutzende andere Intellektuelle vor Gericht zu zerren, sogar Nagib Machfus. Es war nicht das Gesetz, das wir uns alle erhofft hatten, weil es das Prinzip der *hisba* nicht antastete, sondern es lediglich dem Staatsanwalt überantwortete, die Klage einzureichen. Theoretisch wäre eine Zwangsscheidung also immer noch möglich, praktisch wird es sie jedoch nicht mehr geben, weil kein Staatsanwalt an einem zweiten Fall Abu Zaid interessiert sein wird. Das Gesetz ist einer von jenen Kompromissen, die so typisch für diese Regierung sind. Sie wollte die Islamisten nicht verprellen, mußte aber gleichzeitig auf die Hunderte von Briefen, Erklärungen, Petitionen und Veröffentlichungen reagieren, schließlich war ihr liberales Image, das sie im Ausland pflegt, in Gefahr. Mein Fall war ein unübersehbares Symptom für eine Krankheit. Die Regierung hat dafür gesorgt, daß das gleiche Symptom nicht wieder zum Vorschein kommen wird. Für die Krankheit interessiert sie sich nicht. Immer wenn ein Problem auftaucht, erläßt die Regierung ein Gesetz, und so haben wir heute einen Berg von sich widersprechenden Gesetzen. Es ist eine Technik der Brandbekämpfung, mehr nicht. Die Brände werden gelöscht, aber die Gründe für ihre Entstehung bleiben bestehen. Als Sadat einmal wütend war, hat er ein „Gesetz zum Schutz der Werte gegen ihre Verletzung" erlassen. Er war wütend, weil er immer wieder von der ausländischen Presse angegriffen wurde, insbesondere von Ägyptern, die in den arabischen Zeitungen außerhalb Ägyptens schrieben. Sadat empfand das als Angriff auf die ägyptische Nation, mit der er sich identifizierte. Er sprach durchgehend von den Leuten, die Ägypten kritisieren, nicht von der Kritik an ihm als Staatspräsidenten. Zu der Zeit hatte er eine Diskussion mit den Studenten in der Universität. Einer von ihnen meldete sich und sagte:

„Herr Präsident, Sie haben eine Gruppe von Heuchlern um sich versammelt."

Sadat, der sich gern als „Vater der Jugend" titulieren ließ, verlor die Nerven und schrie den Studenten an, daß er nicht wisse, wo sein Platz in der Rangordnung sei, wenn er es wage, so etwas seinem Präsidenten gegenüber zu äußern. Das Treffen wurde live im Fernsehen übertragen. Wenig später wurde das „Gesetz zum Schutz der Werte gegen ihre Verletzung" verabschiedet. Es ermöglicht den Behörden, politische Kritik als Kritik am Vaterland zu verfolgen. Da gibt es Paragraphen über „die Beleidigung des Glaubens", „die Beleidigung der Nation" oder „die Beleidigung der Religion". Sadats Werte waren die des Dorfes: Solidarität untereinander und Respekt für den Dorfältesten, als den er sich selbst betrachtete. In dieser Werteordnung darf der Dorfälteste nicht in Frage gestellt werden. Wenn er eine Entscheidung trifft, müssen alle sie akzeptieren. Sadat wollte Ägypten in ein Riesendorf verwandeln, dem er vorsteht. Das Gesetz gibt es immer noch.

Die Regierung hat den *hisba*-Paragraphen übrigens nicht nur meinetwegen geändert, sondern auch wegen möglicher weiterer Anklagen gegen Intellektuelle. Sie wollten ihn auch deshalb ändern, weil auf der Grundlage der *hisba* eine Reihe von Klagen gegen ihre

Privatisierungspolitik vorbereitet worden war. Die juristischen Winkelzüge der Islamisten dienten als Vorwand, sich dieser Klagen zu entledigen.

Nach dem Scheidungsurteil weigerte sich der Leiter der Azhar-Universität, Scheich Tantawi, es zu kommentieren. Wenig später veröffentlichte die Zeitung *al-Hayat* ein Interview, in dem der Scheich mich der „offenen Heuchelei" bezichtigt, und versichert, daß das Gericht „sein Urteil nach einer objektiven und sorgfältigen Prüfung gefällt" habe. Nur wenn ich mich von all meinen Schriften lossage und meine Irrtümer eingestehe, könne ich wieder mit meiner Frau zusammenleben. Kurz darauf gab er einer deutschen Zeitschrift ein Interview und distanzierte sich eindeutig von dem Urteil. Die Verurteilung eines Menschen über seinen Kopf hinweg widerspreche „dem elementarsten Gerechtigkeitsempfinden der ägyptischen Gesellschaft und natürlich auch der islamischen Gemeinschaft". Auch als er Deutschland besuchte, sagte er sehr schöne Dinge. Aber er sagt sie nicht in Ägypten. Das eben ist die Heuchelei.

Nicht nur der Westen hat doppelte Maßstäbe. Als Roger Garaudy in Paris verurteilt worden ist, weil er den Holocaust in Frage gestellt hatte, erklärte Scheich Tantawi gemeinsam mit dem koptischen Papst Shenouda, daß es falsch sei, geistige Auseinandersetzungen vor Gericht zu entscheiden. Das hätte er auch nach dem Urteil gegen uns sagen können. Er hätte das Urteil nicht einmal kritisieren zu brauchen, ein einziger Satz wie im Fall Garaudy hätte genügt. Aber Garaudy wurde von der französischen und Abu Zaid von der ägyptischen Justiz verurteilt, das macht für ihn den ganzen Unterschied aus.

All diese sogenannten gemäßigten Islamisten haben sich um eine klare Stellungnahme gewunden. Natürlich finden sie eine Zwangsscheidung irgendwie nicht richtig, aber sie stehen nicht zu ihrer Überzeugung. Sie sind Meister der Doppelzüngigkeit. Als die Scheidungsklage bekannt wurde, traf ich Ahmad Kamal Abul Magd. Er ist Jurist, war Minister und hat heute einen Posten bei den Vereinten

Nationen. Außerdem ist er Mitglied im Hohen Islamischen Rat und anderen islamischen Institutionen in Ägypten. Er begrüßte mich überschwenglich. Als er hörte, daß man Ibtihal und mich scheiden lassen wollte, beruhigte er mich und sagte, die Klage würde spätestens auf der ersten Sitzung des Gerichts abgewiesen werden. Ich fragte ihn, ob er meine Verteidigung übernehmen würde, aber er wich aus. Nach dem Urteil erreichte mich die Nachricht, daß er mich treffen wolle. Ich saß in unserer Wohnung, vor der Tür eine ganze Mannschaft von Sicherheitsleuten, und konnte mich nicht rühren. Ich sagte: Herzlich willkommen. Da sagte mir die Stimme am Telephon, daß Ahmad Kamal Abul Magd mich in seinem Büro zu sehen wünsche. Ich wies darauf hin, daß ich kaum in der Lage sei, die Wohnung zu verlassen, geschweige denn, in die Stadt zu fahren, aber die Stimme sagte, daß Ahmad Kamal Abul Magd meine Wohnung aus Gründen, die seine Stellung betreffen, nicht betreten könne. Ich bat, ihm auszurichten, daß auch ich sein Büro nicht betreten könne aus Gründen, die meine Stellung betreffen.

Alle wissen, daß die für Ägypten maßgeblichen, hanafitischen Schariabestimmungen es ausdrücklich verbieten, jemanden des Unglaubens zu bezichtigen, der von sich sagt, er sei gläubig. Ich habe immer wieder erklärt, daß ich ein gläubiger Muslim bin. Kein Mensch hat das Recht, von mir das Gegenteil zu behaupten. Es gibt eine Überlieferung, wonach der Prophet einen Mann, der einen anderen getötet hatte, zur Rede stellte. Der Getötete sei vom Glauben abgefallen gewesen, verteidigte sich der Mann. Der Prophet war wütend und sagte:

„Hast du sein Herz geöffnet und nachgesehen?“

Das ist es. Auch wenn sie mein Herz öffneten, würden sie nur Blut darin finden. Weder wird darin geschrieben sein, daß ich ungläubig, noch daß ich gläubig bin. Deshalb habe ich es abgelehnt, vor Gericht zu erscheinen und das Glaubensbekenntnis in Anwesenheit des Richters aufzusagen. Ich hätte einfach hingehen können und sagen: Herr Richter, dieser Vorwurf ist falsch. Ich bin Muslim, glaube an Gott und an das Jüngste Gericht. Ich bezeuge, daß es keinen Gott außer Gott gibt und daß Mohammed sein Prophet ist. Die Sache wäre beendet gewesen, ohne daß die Ankläger noch irgend etwas hätten einwenden können. Aber ich habe mich geweigert, das zu tun, weil ich damit den Anklägern oder dem Richter das Recht zugestanden hätte, mich nach meinem Glauben zu befragen – weil ich das Prinzip der Inquisition anerkannt hätte. Aber dieses Prinzip ist im Islam nicht existent. Selbst wenn ich ein Ungläubiger wäre, dürfte man mich nicht verurteilen, weil der Islam die Freiheit des Unglaubens gewährt, mögen die Islamisten auch das Gegenteil behaupten. „Kein Zwang im Glauben", heißt es im Koran (Sure 2:256). Der Koran verbietet mir nicht, den Islam aufzugeben. Er weist dem Menschen den Geraden Weg, aber er überläßt es den Menschen, diesen Weg zu gehen. Entscheidet sich der Mensch gegen die Rechtleitung, wird ihn Gott im Jenseits zur Rechenschaft ziehen. Aber niemand hat das Recht, die jenseitige Strafe schon im Diesseits zu vollziehen.

Sprich: Dies ist die Wahrheit
Von eurem Herrn! Wer will, der glaube!
Und wer da will, der leugne! Doch wir haben
Bereitet für die Sündigen
Ein Feuer, es überspannt sie dessen Decke.
Wenn sie nach Wasser rufen, bringt
Man ihnen Wasser gleich dem Gußerz,
Das senget die Gesichter;
O schlimmer Trank und üble Rast!
Doch die glaubten und das Gute taten,
Wir lassen nicht verlorengehen
Den Lohn des, der da Gutes wirkte.
Dieselben sind in Gärten Edens,

Darunter hin die Ströme fließen,
Geschmückt darin mit Spangen
Von Gold, bekleidet mit Gewändern, grünen,
Von Sundus und von Atlas,
Gelagert drin auf Thronen;
O guter Lohn und schöne Rast!

Koran 18:29–31

Ich habe nie darüber gesprochen, nicht einmal mit Ibtihal, aber während all der Zeit habe ich mich gefragt: Warum das alles? Was habe ich denn getan? Ich habe doch nur eure Kinder unterrichtet. Es war meine Pflicht, sie zum selbständigen und kritischen Denken anzuleiten; ich wollte sie nicht einfach mit Informationen abfüllen. Seitdem ich angefangen habe zu arbeiten, seit meiner ersten Stelle als Funktechniker, war ich ein ehrlicher Arbeiter. Ich habe nie unentschuldigt gefehlt, habe nie eine Bescheinigung gefälscht und nie gestohlen. Ich hätte all dies mit Leichtigkeit tun können, als ich nachts allein mit den Funkgeräten war. Ich hätte mich draußen vergnügen und nur zum Schichtwechsel wieder erscheinen, ich hätte die Geräte verkaufen und viel Geld verdienen können. Aber das einzige, was ich getan habe, war, Selbstgespräche zu führen. Zwölf Jahre bin ich als Techniker durch Ägypten gereist, und kein einziges Mal hat sich jemand beschwert, daß ich unzuverlässig oder faul war. Als ich meine Stelle an der Universität antrat, war ich sehr stolz. Ich hatte das Gefühl, den Studenten ein Vorbild sein zu müssen, so wie ich versucht hatte, für meine Geschwister ein Vorbild zu sein. Als ich nach Japan flog, haben mir alle Kollegen gesagt, daß ich mich falsch entschieden hätte, weil dort kein Geld zu verdienen sei. Kuwait, die Emirate, Saudi-Arabien, das wäre es gewesen. Aber ich dachte, daß ich in Japan mehr lernen und anschließend ein besserer Lehrer sein würde. Mit fünfzig Jahren hatte ich nichts von dem erreicht, nach dem man gewöhnlich strebt: kein Haus, kein großes Auto, keine Ferienwohnung in Alexandria. Ich verließ die Universität mit meinen Studenten und wartete auf den Bus oder setzte mich in ein Sammeltaxi. Nicht ein einziges Mal habe ich meine Frau in den Ahli-Club begleitet. Das war einfach nicht meine Welt.

Im Innern habe ich nicht aufgehört, nach dem Warum zu fragen. Wollte Gott mir eine Lektion erteilen? Ich war zornig und bin es immer noch. Ich bin sehr verletzt. Ich bin auch wütend, nicht auf jemand bestimmtes; ich bin auf mein Land wütend. Auf Ägypten bin ich böse. Ich habe überhaupt keine Gefühle für irgendwen, weder für Schahin noch für meinen Ankläger Abu Samada. Ich bin wirklich und wahrhaftig auf Ägypten böse. Kein einziges Mal bin ich seitdem hingefahren. Ich könnte jederzeit einreisen; niemand würde mich hindern. Aber ich habe überhaupt kein Verlangen hinzufahren. Ich träume nicht einmal davon, nach Ägypten zu fahren. Ägypten, auf das ich so zornig bin, ist meine Heimat, ist meine Liebe, ist meine Mutter. Wieso hat sie das zugelassen? Das war mein Gefühl von Anfang an. Es ist nicht schwächer geworden. Es ist auch nicht erst nach dem Urteil entstanden. Der Albtraum hatte ja schon viel früher begonnen. Das ist es eben, was ich Ibtihal nicht erklären kann. Sie sieht, daß ich zornig bin, aber daß der Zorn nicht weniger geworden ist, das kann ich ihr nicht erklären.

Werde ich erst als Leichnam zurückkehren? Was ist das für eine Heimat, die mich als Lebenden zurückweist und mich erst aufnimmt, wenn ich tot bin? Ägypten soll kein Grab sein. Es lebt ja noch in mir. Ich habe Ibtihal gebeten, sie solle mich nicht in Ägypten begraben, wenn ich sterbe. Ich kann mir Ägypten nicht als mein Grab vorstellen.

In den Vereinigten Staaten hat mich ein Landsmann gefragt, ob ich denn wirklich gesagt hätte, daß ich nicht in Ägypten begraben werden wolle. Das hätte ihn und andere als Ägypter und Intellektuelle geschmerzt. Ich antwortete, daß es mir leid täte, wenn er sich Ägypten als Friedhof vorstellt. Ich will es mir nicht so vorstellen. Ich liebe

Ägypten zu sehr, als daß ich als Leichnam zurückkehren möchte. Ich liebe Ägypten mehr als du. Deshalb bin ich zorniger als du. Man kann nur wirklich wütend auf jemanden sein, wenn man ihn liebt.

Ja, ich bin böse auf Ägypten. Für meine Rückkehr stelle ich eine Bedingung: Eine offizielle Entschuldigung der höchsten Autorität im Staat. Es muß gesagt werden: Wir haben dir unrecht getan. In einer Stunde wäre ich wieder zurück. Sonst nicht. Meine Mutter hat mich hinausgeworfen, hat mich mit einer Grausamkeit behandelt, in der sich vielleicht alle Grausamkeiten, die ich je in meinem Leben erlitten habe, konzentrieren. Ich sehe das jeden Tag vor mir. In seiner Lebensgeschichte „Die Tage" hat Taha Hussein geschrieben, daß das Leid, das er nach 1926 durch die Angriffe gegen ihn erlitten hat, ihm seine Blindheit wieder schmerzlich ins Bewußtsein gebracht hat, die ein Ergebnis von Armut, Unwissenheit und Krankheit war. Warum erinnerte er sich gerade in diesem Augenblick an seine Blindheit?

Ich habe alle Schrecken eines ägyptischen Bürgers durchmessen. Den Kampf, Waisenkinder aufzuziehen, kein Mehl zu haben, um für sie Brot zu backen. Den Kampf, niemanden um Geld anzugehen, weil es so etwas wie Würde gibt. Meine Mutter hat gesagt, sie habe fünf Hochhäuser errichtet. Ich kann auch sagen, ich habe etwas errichtet. Ich habe meine Geschwister großgezogen, Studenten unterrichtet, Bücher geschrieben. Ich bin durch das Tor jener Universität gegangen, die mir durch den Tod des Vaters verschlossen zu sein schien. Ich habe in Amerika, in Europa und in Japan andere Kulturen kennengelernt. Ich bin zurückgekehrt, um das, was ich gelernt habe, zu lehren: Die Welt ist groß, Kairo ist nicht die Welt, Tokio und New York sind auch nicht die Welt, die Welt ist all das zusammen.

Ich wollte von meiner Heimat keinen Dank. Ich wollte, daß sie mich in den Armen hält, bis ich sterbe. Ich wollte bis zu meinem Tod lehren. Das ist der Traum, den zu verwirklichen mir die Heimat verweigert hat.

Ich versuche, Trost zu finden. Ich hatte ja bereits gesagt, daß ich im November 1993 in Bonn war. Da habe ich dich zum zweiten Mal gesehen. Ihr seid alle zum Bahnhof gekommen, um mich zu verabschieden. Ich wollte den Zug nach Frankfurt nehmen und von dort nach Kairo fliegen. Du sagtest:

„Setzen Sie sich ans linke Fenster, dann sehen Sie die Lorelei."

Ich hatte das Gefühl, daß ich Freunde hatte. Wenn Ägypten mich nicht will – hier habe ich Freunde. Wenn ich nach Berlin gehe und Annette sehe, sie in den Arm nehme und ihr sage: Du bist meine Tochter – ist das nichts? Und du, Chérifa, wir sind doch ein prima Team.

Aber ich hätte es viel lieber gehabt, wenn ihr mich alle zu Hause besucht hättet. Dann hätte ich euer Gastgeber sein können. Ich hätte mir gewünscht, daß ihr nach Ägypten gekommen wärt, du und Katajun und Ayda. Ich wäre glücklich gewesen, wenn ich dich noch einmal an der Kairo - Universität gesehen hätte; ich hätte dich meinen Kollegen vorstellen und sagen können: Seht her, meine Leser sind meine Freunde, und sie kommen aus der ganzen Welt. Aber zuerst wärt ihr für eine Weile bei mir zu Hause in der Stadt des 6. Oktober geblieben, und ich hätte mit Ayda gespielt. Ich hätte ihr Kairo zeigen können, so wie du und Andreas mir Köln gezeigt habt. Das sind die Tagträume eines Exilanten.

Wenn dieses Ägypten meine Frau wäre, dann ... ich würde sie natürlich nicht schlagen. Aber ich würde schimpfen mit ihr, ich würde sie anbrüllen, ich würde meinen ganzen Zorn über ihr ausschütten.

In der Wochenzeitung „al-Ahali" hieß es, man müsse etwas unternehmen in meiner Sache. Ich schrieb ihnen einen Brief, den sie veröffentlicht haben: Es ist nett, daß ihr noch etwas unternehmen wollt. Aber was soll ich machen, wenn ich zurückkehre? Werde ich wieder an der Universität lehren können? Und wenn ich dort lehren kann – wird man mir gestatten, Islamwissenschaft zu lehren? Ich habe in Leiden die besten Möglichkeiten. Ich habe Freunde und Studenten und eine großartige Bibliothek. Ich genieße hohes akademisches Ansehen. Man hat mich nie als Opfer behandelt, sondern gesagt: Wir sind froh, Sie als Kollegen unter uns zu haben. Ägypten, das schöne Ägypten, hat eine häßliche Maske aufgesetzt. Wir haben immer versucht, diese Maske herunterzureißen. Hier aus der Entfernung versuche ich es immer noch. Aber seid mir nicht böse, wenn ich sage, ich werde nicht zurückkommen in dieses Ägypten mit dem häßlichen Gesicht.

Ich träume, daß das schöne Ägypten nicht verschwunden ist. Daß das häßliche Gesicht nur eine Maske ist, daß Ägypten sie herunterreißt und lacht: Na, da hast du dich aber schön erschreckt, und daß wir dann beide lachen.

Am 14. Juni 1995 wurde ich von Ibtihal geschieden. Die Wochen nach dem Urteil waren sehr hektisch. Schon seit dem Beginn des Verfahrens stand ich unter Personenschutz, aber das war nicht schlimm. Es saß nur ein Polizist vor unserer Haustür. Am Tag des Urteils wurde es eine ganze Eskorte. Eine Hundertschaft bewachte das Haus, umgab es von allen Seiten. Keiner konnte ohne Durchsuchung herein. Das ging so 24 Stunden täglich, 40 Tage lang, bis wir abgereist sind. Viele Leute kamen zu Besuch, so daß wir den ganzen Tag die Wohnung voll hatten. Wir haben immer wieder über das Urteil diskutiert, seine Folgen und was man noch tun konnte. Die Anwälte habe ich bevollmächtigt, alles Notwendige zu unternehmen. Ich mußte auch, ebenso wie Ibtihal, die Prüfungsbogen korrigieren und mich mit einigen Examensarbeiten beschäftigen. Ich war Mitglied der Kommission, die in Tanta die Magisterarbeiten beaufsichtigt und die Disputationen vorbereitet. Eben standen dort zwei Disputationen an. Die Sicherheitskräfte wollten, daß ich die Termine absage, aber ich hielt es für richtig, meinen Verpflichtungen nachzukommen. Dann erfuhr ich, daß die Universität Tanta keinen Skandal verursachen wollte und die Disputation verschoben hatte.

Eine neue Kommission wurde zusammengesetzt, der ich natürlich nicht mehr angehörte.

Im Juli mußte ich doch noch einmal in die Universität. Diese Erfahrung hat mich in dem Entschluß bestärkt, Ägypten zu verlassen. Ich erfuhr, daß man die Universität schon am Morgen geräumt hatte. Alle Angestellten und Studenten mußten die Hörsäle verlassen. Gewöhnlich geschieht das nur, wenn der Präsident die Universität besucht. Sie haben alle Gebäude geräumt und sie mit Hunden nach Sprengstoff durchsucht. Wir waren noch nicht in der Universität angekommen, da erschien vor unserem Auto ein Panzerwagen der Polizei, in den ich einsteigen mußte, um auf den Campus zu fahren, vorneweg eine Motorradeskorte. Unter anderen Umständen hätte ich es vielleicht lustig gefunden, wie ein Präsident behandelt zu werden. Vielleicht hätte meine Mutter, wäre sie noch am Leben gewesen, gerufen: Was für eine Ehre!

Ein Polizeigeneral empfing mich am Tor. Er begrüßte mich militärisch, mich den Sohn armer Leute, die immer Angst vor dem Dorfgendarmen hatten. Am Eingang der Fakultät stand ein Detektor, wie man sie von Flughäfen kennt. Ich wollte schon hindurchgehen, aber der General sagte mir, daß der Detektor für das Publikum sei. Ich konnte mich einfach nicht daran gewöhnen, daß all diese Polizisten, all diese Gewehre und Apparate hier waren, um ausgerechnet mich zu beschützen. Ständig hatte ich Streit mit den Leibwächtern, weil sie die Studenten daran hinderten, zu mir zu kommen. Die Studentin, deren Doktorarbeit zur Disputation stand, war gebeten worden, die Namen all ihrer Angehörigen der Polizei zu übergeben. Es sollten nicht mehr als fünfzehn anwesend sein, damit sie alle vorher überprüft werden konnten. Die Disputation fand deshalb in einem kleinen Raum statt, nicht wie üblich im großen Hörsaal. Das Thema der Dissertation war „Die rhetorischen Aspekte der nicht kanonisierten Lesarten des Korans“. Die Studentin war nicht sonderlich gut und erhielt eine viel bessere Note, als sie eigentlich verdient hatte; im nachhinein glaube ich, die Korreferenten wollten sich mit mir solidarisch zeigen und haben deshalb meiner Studentin eine gute Note gegeben. Wenigstens einer Person hat mein Fall also genützt, immerhin.

Auf der Fahrt nach Hause habe ich meiner Frau gesagt: Es ist aus. Wir müssen weg. Sie hat überhaupt nicht widersprochen, was gar nicht ihre Art ist. Normalerweise widerspricht sie schon aus Prinzip. Aber sie hat nur gesagt: In Ordnung.

Fred Lemhuijs, der Direktor des holländischen Forschungsinstituts in Kairo, hatte uns zuvor schon eine Einladung der Universität Leiden übermittelt. Ich sollte dort zwei oder drei Jahre als Gastprofessor unterrichten. Als er mir von der Einladung berichtet hatte, war ich noch entschlossen gewesen, in Ägypten zu bleiben. Ich hatte ihm gesagt, daß ich nach Leiden gehen würde, sobald die Krise vorbei sei, aber nicht jetzt. Fred Lemhuijs hatte erwidert, daß die Einladung vorliege und ich sie jederzeit annehmen könne.

Als ich zu Hause ankam, rief ich ihn an. Ich sagte ihm, daß ich die Einladung jetzt annehmen wolle. Ich wollte möglichst schnell weg, noch vor dem Semesterbeginn in Holland. Für den Monat September hatte Ibtihal ein Stipendium, um in Madrid zu forschen. Ich schlug vor, einen Monat früher zu fliegen, ohne jemandem davon etwas zu sagen. Sie war einverstanden. Wir haben unser ganzes Geld abgehoben und die Tickets besorgt. Die einzigen, die von unserer Reise wußten, waren die Sicherheitsleute sowie Ibtihals Bruder und ihre Mutter, die damals fast die ganze Zeit bei uns gewohnt hat. Am 24. Juli haben wir Ägypten verlassen. Wir waren todmüde, vor allem Ibtihal. Aber ich hatte das Gefühl, sie wecken zu müssen. Ich wußte, daß ich nicht zurückkehren würde; das war ein sehr starkes Gefühl. Ich bat sie, meinen Leichnam nicht nach Ägypten zu überführen, wenn ich einmal sterben sollte. „Es sind alles Gottes Länder“, sagte ich pathetisch. Sie sagte: „Gut“, um mich zum Schweigen zu bringen. Sie hat immer so eine Art. Dann sagt sie: „Gut, gut, gut! Fertig!“

Wir erreichten Madrid gegen sechs Uhr morgens. Im Hotel stellte ich meinen Koffer ab und wollte raus. Sie fragte, wo ich hingehe. Ich sagte, ich wolle einfach ins Freie, durch die Straßen laufen, ohne Bewachung.

Wir verbrachten drei Monate in Spanien, bis zum 24. Oktober.

10

Mit meinen Freunden in Ägypten habe ich vereinbart, daß jeder, der nach Europa oder nach Amerika reist, mit der KLM fliegt. Wenn er es eilig hat, fahre ich mit dem Zug zum Flughafen nach Amsterdam und treffe den Freund zwischen Ankunft und Weiterflug. Von Leiden sind das 22 Minuten mit der Bahn. In der Regel können die Freunde aber mindestens ein oder zwei Nächte bleiben. Manche von ihnen sehe ich hier öfter als in Kairo.

Ich verfolge alles, was in Ägypten geschieht. Der Terroranschlag von Luxor zum Beispiel hat mich persönlich so betroffen, als lebte ich noch in Ägypten. Ich habe mich wirklich geschämt. Eine holländische Zeitung bat mich, einen Artikel über die Frage zu schreiben, ob man gegenwärtig nach Ägypten reisen könne oder ob das Land zu gefährlich geworden sei. Ich wollte keine Propaganda für den Staat machen, aber ich forderte die Leser auf, ihren Urlaub unbedingt in Ägypten zu verbringen, es sei ein herrliches Land.

Ich muß hier differenzieren. Es gibt das offizielle Ägypten, die Universität, die Institutionen des Staates, mit denen ich gebrochen habe. Aber das Ägypten seiner Bewohner – das ist mein Land, noch immer und für immer. Ich bin wütend auf den Staat und seine Institutionen, aber nicht auf die Menschen. Ich habe mich nur von Ägypten als einem Ort getrennt. Vor fünf Jahren wäre es mir gar nicht leichtgefallen, einfach hierher zu kommen und bei euch zu übernachten. Ich brauchte immer eine Woche, um an einem neuen Ort einschlafen zu können. Heute geht das ganz leicht. Das bedeutet, daß meine Beziehung zum geographischen Ort aufgehört hat. Jeder Ort ist so gut wie der andere. Auch Freundschaften sind an keine bestimmte Nation gebunden.

Natürlich ist das Exil ein Einschnitt. Es verändert das Leben auf fundamentale Weise. So hat sich etwa die Beziehung zu meiner Frau gewandelt. Was geschehen ist, ist nicht nur meine Krise, sondern die Krise von uns beiden. Sie hat uns zusammengeschweißt. Wir brauchen einander jetzt viel mehr, da wir beide fremd sind, wo wir leben. Auch die Furcht spielt eine Rolle. Sie hat panische Angst davor, daß ich umgebracht werden könnte. Die Angst hat mittlerweile nachgelassen, aber sie ist nicht verschwunden. Wenn ich mich verspäte und nicht anrufe, oder wenn wir eine Zeit ausgemacht haben und ich dann nicht erscheine, gerät sie in Aufruhr.

Diese Nähe hat aber nicht dazu geführt, daß wir einander einengen. Sie besucht Kongresse und ermutigt mich, ebenfalls zu verreisen. Ich bin derjenige, der die ganze Zeit bei ihr bleiben will. Sie war immer der Meinung, daß es seelisch und gesundheitlich besser für mich sei, eine Routine des Hinausgehens und Nachhausekommens zu haben. In der Universität Leiden hat man uns zwei Schreibtische in ein Zimmer gestellt, aber nach einer Weile wollte sie lieber zu Hause arbeiten. Sie hat mich niemals im Büro angerufen, es sei denn, es war wirklich etwas Wichtiges. Ich bin es, der anruft. Ich habe sie gefragt, warum sie nicht anruft. Sie hielt das für überflüssig, ich hätte sie doch am Morgen gesund verlassen. Sie will nicht, daß jemand denkt, sie würde mich belagern. Sie weiß sehr genau, daß die Beziehung sich in eine Fessel verwandeln könnte. Aber die Fremde und das Exil haben ihre eigenen Gesetze. Sie lassen zwei Menschen Zuflucht beieinander suchen. Das ist neu in unserer Beziehung. Es ist positiv, nicht negativ.

Meine Frau hat einen viel höheren Preis bezahlt als ich. Meine berufliche Situation hat sich durch das, was geschehen ist, bislang nicht verschlechtert. Ich habe gewissermaßen nur die Universität gewechselt. Zwar habe ich keine feste Anstellung und weiß nicht, was die Zukunft bringt, dafür genieße ich das Privileg, an einer ausgezeichneten, gut organisierten europäischen Universität mit wunderbaren Kollegen zu arbeiten. Ibtihal dagegen hat ihren Beruf verloren. In Ägypten war sie eine Professorin, die sich ihr Ansehen und ihre berufliche Stellung gegen viele Widerstände erkämpft hat. Hier in Holland fühlt sie sich oft auf ein Dasein als Ehefrau zurückgeworfen; das fällt ihr nicht leicht, auch wenn sie selten darüber spricht. Wohl ist sie nach wie vor wissenschaftlich tätig, sie wird zu Kongressen eingeladen, hält Vorträge und schreibt Aufsätze, aber es ist natürlich etwas anderes, ob man eine freie Wissenschaftlerin oder eine Professorin mit einem eigenen Lehrstuhl ist. Sie hat es auch viel schwerer als ich. Abgesehen davon, daß ich durch das, was geschehen ist, recht berühmt geworden bin und viele Menschen mich zu Vorträgen und ähnlichem einladen, ist es für einen ägyptischen Islamwissenschaftler natürlich einfacher als für eine ägyptische Romanistin, in Europa eine Anstellung zu finden. Und da ist noch etwas anderes: Ich kann sagen, daß ich die Konsequenzen dessen trage, was ich geschrieben habe, selbst wenn ich die Konsequenzen für ungerecht oder unangemessen halte. Aber letztlich war es mein Wille, die Bücher zu schreiben, während sie in die ganze Sache hineingezogen worden ist, ohne irgend etwas selbst getan zu haben – nur weil sie meine Ehefrau ist. Sie ist auf die Rolle der Ehefrau reduziert worden. Ihr ist das gleiche angetan worden wie mir, sie ist gegen ihren Willen von ihrem Mann geschieden worden, wie ich gegen meinen Willen von meiner Frau geschieden worden bin, aber alles drehte sich nur um mich. Einmal erhielt sie von der Sektion „Schriftstellerinnen in Haft" des PEN-Clubs einen Brief. Sie wunderten sich, daß immer nur die Rede von mir ist, als habe sie überhaupt nicht gelitten. Sie würden denken, daß sie mehr leide als ich, und luden sie ein, an ihrer Jahreskonferenz teilzunehmen und einen Vortrag zu halten. Ich wurde als ihr Begleiter eingeladen. Ich war sehr glücklich darüber. Auf dem Empfang kam eine ältere Frau zu mir und fragte:

„Sind Sie Herr Abu Zaid?"

„Ja."

Da schimpfte sie, ich würde immer im Zentrum der Aufmerksamkeit stehen, meine Frau würde man vernachlässigen. Die Schriftstellerinnen im PEN-Club planten, ergänzte sie, Ibtihal auf die erste Seite ihrer Zeitschrift zu bringen und mich auf die letzte zu verbannen. Ich sagte, das sei eine ausgezeichnete Idee.

Ibtihal hat es schwerer als ich, sie hat allerdings auch ein anderes Naturell. Ich bin jemand, der das halbvolle Glas sieht. Ibtihal sieht immer das halbleere Glas. Deshalb ergänzen wir uns so gut. Sie ist auch viel politischer als ich, und sie denkt mehr über alles Geschehene nach. Ich schaue dagegen immer nach vorn. Wenn eine Sache vorbei ist, dann ist sie vorbei. Warum muß ich daran denken? Ich möchte mit meiner Forschungsarbeit weitermachen, sie ist der Mittelpunkt meines Lebens, nicht diese politischen Scharmützel im Namen der Religion. Sie dagegen ist entschlossen, bis zum Schluß weiterzukämpfen. Auch wenn nur eine Wahrscheinlichkeit von einem Bruchteil eines Prozents vorhanden wäre, das Urteil zu revidieren, würde sie entschlossen weiterkämpfen. Manchmal sage ich ihr, sie wolle nur Rache üben. Und sie sagt: Ja. Ich möchte mich rächen, nicht weil ich verletzt wurde, sondern weil sie dich verletzt haben. Sie würde verzeihen, daß man sie verletzt hat, aber sie ist nicht bereit zu verzeihen, daß ich verletzt wurde.

Sie hat tatsächlich panische Angst um mich. In Ägypten war es noch schlimmer. Einmal fuhren wir von zu Hause in die Universität. Sie steuerte den Wagen, weil sie der Meinung ist, daß ich nicht fahren kann. Ich könne den Wagen nur von einem zum anderen Ort bewegen, behauptet sie, aber das Auto fahren, das könne in unserem Haushalt nur sie. Sie sagte mir, sie würde in den Rückspiegel schauen, um zu sehen, ob jemand uns verfolgt. Wenn ich merke, daß sie nervös wird, solle ich unter den Sitz rutschen. Manchmal verlangt sie Sachen von mir, ohne zu bedenken, daß ich sie gar nicht machen kann. Wie soll ich mich unter dem Sitz verstecken? Da passe ich überhaupt nicht hin. Ich kann nicht einmal die Hose so wie jeder schlanke Mensch anziehen, zu schweigen von den Socken. Ich muß die Hose ausziehen, damit ich die Socken anziehen kann. Ich kann meine Schuhe nicht zubinden, indem ich mich einfach bücke. Ich muß den Fuß auf einen erhöhten Gegenstand stellen, erst dann kann ich die Schuhe zubinden. Sie vergißt das oft. Ich glaube, sie kann gar nicht nachempfinden, welche Probleme Dicke haben. Wenn ich fliege, habe ich immer Angst, daß ein Terrorist das Flugzeug entführt und mir befiehlt, den Kopf zwischen die Knie zu legen. Weil ich dazu nicht in der Lage bin, wird er mich bestimmt erschießen. Das alles kann sie überhaupt nicht verstehen. Deshalb sagte sie also ganz ernst:

„Wenn du siehst, daß ich länger in den Rückspiegel schaue, dann rutschst du unter den Vordersitz."

Ich schaute sie ganz erstaunt an. Wie sollte ich das tun? Sie wurde sehr aufgeregt und schrie:

„Wie sollst du das tun, wie sollst du das tun ... was soll *ich* denn tun, wenn sie auf dich schießen? Selbst wenn ich mich auf dich werfe, um dich zu beschützen, werde ich höchstens einen dünnen Streifen, ach was, eine Linie auf deinem Körper bedecken."

Sie ist so dünn, und ich bin so dick. Aber es war ihr Ernst damit. Sie kann man in einer Hand verstecken. Dann sagte sie, es sei vielleicht doch zu etwas nütze, daß ich dick bin. Möglicherweise werde die Kugel die Fettschichten nicht durchbohren können. Da mußten wir beide lachen.

Das war vor dem Urteil. In einer der Nächte nach dem Urteil passierte etwas anderes. Die Gäste hatten sich verabschiedet. Das Haus war leer, und wir gingen rasch schlafen. Wir legten uns hin. Da hörte ich plötzlich ein überaus verdächtiges Geräusch: wie Füße, die schnell laufen. Hinter unserem Schlafzimmer ist die Ödnis, es gibt dort keine anderen Häuser. Die ganze Bewachung konzentrierte sich auf die Vorderseite des Hauses. Wir wollten die Sicherheitsleute auch gar nicht unter dem Schlafzimmerfenster haben, weil sie ohne Pause schwatzten und die ganze Nacht ihre Funkgeräte in Betrieb hatten. Ich stand also ganz leise auf und stahl mich aus dem Zimmer. Ich dachte, sie schläft. Todesmutig öffnete ich die Balkontür, um zu sehen, was draußen los war. Ich fand eine Plastiktüte, die Geräusche machte, weil der Wind sie auf dem Boden des Balkons hin und her und gegen die Hauswand warf. Erleichtert schloß ich die Balkontür und ging zurück ins Bett. Als ich das Schlafzimmer betrat, sagte sie:

„Bist du jetzt sicher, daß es nur eine Plastiktüte ist?"

Sie war also wach. Ich fragte verwundert, woher sie es denn wußte, daß es nur eine Plastiktüte war. Sie wußte es, weil sie die Geräusche des Hauses besser kennt als ich.

„Aber hätte ich dir gesagt, daß es nur eine Plastiktüte ist, dann hättest du es mir nicht geglaubt. Also habe ich dich nachschauen lassen."

Das Exil ist nicht nur mein Schicksal; es ist das Schicksal einer ganzen Generation. Ja, Ägypten hat eine ganze Generation verloren. In einem Gedicht von Ahmad Schauqi heißt es:

> Was bist du für eine Katze,
> Kaum geboren, frißt du deine Kinder,
> Und verlangst nach weiteren Kindern.

Es kommt mir vor, als sei Ägypten oder die ganze arabische Welt diese gefräßige Katze. Wie viele Kinder Arabiens sind im Ausland verstreut; allein die Zahl der irakischen oder sudanesischen Intellektuellen, die im Exil leben, geht in die Tausende. Die arabische Nation vergeudet ihren Reichtum; nicht nur das Erdöl wird vergeudet, sondern ebenso der Reichtum an Menschen. Die Menschen, die im Exil leben, suchen sich gegenseitig, um mit ihrer Trauer fertig zu werden. Ich kenne hier so viele Sudanesen, Iraker, Menschen aus allen arabischen Ländern; das einzige, was mich von ihnen unterscheidet, ist meine relative Bekanntheit.

Aber eigentlich lebe ich gar nicht im Exil. Das Wort Exil hat seine Bedeutung verloren. Vor siebzig Jahren wäre ein Leben in Holland ein wirkliches Exil gewesen. Als Muhammad Abduh von Kairo nach Beirut geschickt wurde – das war ein Exil. Urabi wurde auf die Seychellen verbannt, Abdallah an-Nadim nach Istanbul. Manchmal war es auch ein Exil, von Tanta nach Kairo gehen zu müssen. Der Sudan oder der Sinai waren Orte der Verbannung. Aber heute? Wir sehen hier die arabischen Nachrichten auf CNN und BBC, ehe sie nach Ägypten kommen. Wir bekommen sogar mehr Informationen, als wenn wir in Ägypten lebten. Das Exil hat mit der Entfernung nichts mehr zu tun. Es gibt Telephon, Fax, E-Mail. Das Exil ist kein Ort.

Ich glaube, heute ist das Exil eine sprachliche Erfahrung; daß man dazu verurteilt wird, eine andere Sprache als die Muttersprache zu sprechen und schließlich zu denken. Solange man vorübergehend im Ausland lebt, stellt sich das Problem nicht, aber wenn der Aufenthalt dauerhaft ist, muß man die andere Sprache nicht nur verstehen, sondern sich ganz und gar auf sie einlassen. Das ist aber nur möglich, wenn ich mich von meiner ursprünglichen Sprache löse. Das ist – hierin liegt das Dilemma – fast unmöglich. Heute muß ich auf englisch sprechen und schreiben. Das hat Nachteile, weil sich manche der koranischen Begriffe nur schwer übersetzen lassen. Allerdings hat es auch Vorteile. Manche Begriffe, die im Arabischen verdächtige Konnotationen aufweisen, lassen sich auf englisch ohne Schwierigkeiten verwenden. Wenn ich zum Beispiel *historical criticism* schreibe, dann versteht darunter niemand „die historische Kritik an den religiösen Texten“. Benutzte ich jedoch den entsprechenden arabischen Begriff, *an-naqd at-târîchî*, würde ich eben so verstanden werden, außer wenn ich meine Intention lang und breit erklärte. Die Aufregung um meine Bücher hat gerade damit zu tun, daß ich bestimmte Begriffe aus dem Englischen ins Arabische eingeführt habe. *Historical text* hört sich anders an als *nass târîchî*, obwohl es auf den ersten Blick das gleiche bedeutet. Das Wissen um diese von den Wörterbüchern und Lexika nicht erfaßte Dimension des Wortes ist bei mir natürlich in bezug auf die arabische Sprache viel größer; das ist ein Manko, wenn ich in einer Fremdsprache schreibe, zumal mein Fachgebiet der Islam und die arabische Literaturwissenschaft ist. Es ist oft kompliziert und manchmal unmöglich, all das, was in einem arabischen Wort mitschwingt, in einer anderen Sprache auszudrücken. Viele Freunde sagen mir, daß ich anders rede, wenn ich Arabisch spreche, daß ich dann präziser und überzeugender bin. Ich bin immer froh, wenn ich einen Vortrag auf Arabisch halten kann. Allerdings habe ich bemerkt, daß mein Arabisch sich durch den Aufenthalt hier verändert hat, daß die beiden Sprachen, die ich spreche, sich gegenseitig beeinflussen, aufeinander einwirken, sich in ihren Konnotationen, in ihrer Syntax, in ihrer Wortwahl manchmal annähern. So erfordert das Englische ein hohes Maß an Präzision und Reduktion – nach der Maxime „get to the point". Ein arabischer Redner oder Autor neigt dagegen zu vielen einleitenden Bemerkungen und ausschweifenden Exkursen. Man erwartet das beinahe von ihm. Seitdem ich oft auf englisch schreibe, bin ich auch im Arabischen präziser und direkter; für meine Leser ist das zwar manchmal ungewohnt und gelegentlich fast provokant, dennoch ist es positiv. Allerdings haben sich durch die neue Zweisprachigkeit auch Schwierigkeiten ergeben. Im Englischen ist das Passiv eine oft benutzte und manchmal notwendige Form, einen Sachverhalt auszudrücken. Wenn ich das jedoch ins Arabische übertragen möchte, stehe ich vor einem Problem. Das Passiv ist im Arabischen äußerst schwerfällig und wirkt bemüht. Es ist zudem ein Zeichen, daß der Sprecher das Subjekt als nicht besonders wichtig erachtet. Das Subjekt aber hat einen zentralen Stellenwert im Arabischen. Vielleicht hängt das mit der Theologie zusammen, weil Gott das erste Subjekt, der erste Beweger ist, mit allen weiteren Implikationen: Nichts geschieht von selbst, es gibt immer jemanden, der es geschehen läßt.

Wenn ich heute arabisch schreibe, ertappe ich mich oft dabei, das Passiv zu verwenden, weil ich eine englische Formulierung im Kopf habe. Das klingt dann seltsam, und ich muß nach einem neuen Ausdruck suchen. Ich kämpfe dann mit der Sprache. Mein Bewußtsein von der Sprache ist inzwischen viel ausgeprägter.

Für Ibtihal ist das Problem der Sprache noch akuter, da sie neben Arabisch und Englisch auch Französisch, Spanisch, Italienisch und Deutsch spricht. Gegenwärtig lernt sie Niederländisch. Sie sagt, daß sie manchmal aufwacht und nicht weiß, welche Sprache an der Reihe ist. Als wir kürzlich in Berlin waren, hat sie festgestellt, daß sie eine Mischung aus Deutsch und Niederländisch gesprochen hat. Nur zu Hause sprechen wir immer Arabisch. Wir schauen auch das arabische Fernsehprogramm. Ich habe Angst, vieles zu verlieren, zuallererst natürlich meine Sprache, aber auch anderes mehr. Werde ich noch derselbe Mensch sein, wenn ich zurückkehre? Wird sich mein Umgang mit den Menschen nicht verändert haben, meine Art, auf Leute zuzugehen, auf sie zu reagieren, Höflichkeiten zu verteilen und durch die Blume zu sprechen, bestimmte Nuancen in der Stimme zu bemerken und meiner eigenen Stimme diese Nuance zu verleihen. Werde ich noch in der Lage sein, einen Witz zu verstehen? Und während eines Vortrags selbst einen Witz präzise zu plazieren und so zu erzählen, daß die Zuhörer darüber lachen? Der ägyptische Humor ist mir wertvoll, und ich habe Angst um ihn. Ich schaue mir alte Filme im Fernsehen an und lache von ganzem Herzen. In Ägypten habe ich sie nicht so komisch gefunden, aber heute lache ich. Ich werde auch richtig wütend, wenn ich einen schlechten ägyptischen Film sehe; früher habe ich mich über so etwas nicht aufgeregt. Ich merke, daß es schwerer wird zurückzukehren, je länger das Exil dauert. Die Angst wird größer, daß auch die Heimat einst nichts als ein Exil sein könnte.

Ich rieche das Gras, den Geruch des Backofens. Manchmal steigt mir der Geruch von frischgebackenem Brot in die Nase, als sei ich noch das Kind, das zu Hause am Backofen sitzt. Seit fünfzig Jahren gibt es weder einen Backofen noch frischgebackenes Brot in meinem Leben. Das Gras, das ich rieche, ist das Gras von Quhafa. Den Geruch von Kuhmist, den ich in Leiden wiedergefunden habe, finde ich seit neuestem wundervoll. Am sonderbarsten ist wohl, daß ich manchmal den Gebetsruf höre, obwohl es in Leiden überhaupt keinen Muezzin gibt. Ich höre einen Laut, und schon verwandelt er sich in den Gebetsruf. Das ist die Resonanz auf eine Musik, die in meinem Inneren fortwährend spielt. Als ich in Kairo war, habe ich gern europäische klassische Musik gehört. Jetzt kann ich sie nicht mehr ertragen. An einem Abend saß ich mit einer Gruppe von Irakern zusammen. Einer von ihnen, kein Musiker, sondern ein Regisseur, sagte mir: Ich werde dich fröhlich stimmen. Er begann, die Lieder von Abd al-Wahhab und Umm Kulthum zu singen, jenen Sängern, die ich als Jugendlicher immer hörte, ohne sie sonderlich zu mögen. Er hatte eine wunderbare Stimme. Ich habe so eine Wehmut verspürt. Vor unserer Abreise aus Ägypten besuchte mich Muhsina Taufiq, eine sehr bekannte Schauspielerin. Es war an meinem Geburtstag am 10. Juli. Sie sagte, sie wolle etwas für mich singen, und begann mit dem Lied „Bringe mich ins Land des Geliebten" von Umm Kulthum. Mit ihrer wunderbaren Stimme hat sie fast fünf Stunden gesungen. Ab und zu legte sie eine Pause ein und seufzte:

„Ich habe lange nicht mehr gesungen. Ich singe nur für dich!"

Manchmal erinnere ich mich an ihre Stimme, als käme sie von einem Ort hinter den Wolken. *Aber . . . der Geliebte ist bei mir.* In der Fremde löst sich die Heimat in ihre schönsten Bestandteile auf. In der Fremde ist deine Heimat so schön, so ungetrübt. Deshalb hat man Angst, zurückzukehren und sie nicht so vorzufinden, wie sie in den Träumen geworden ist.

Ibtihal arbeitet über die Autobiographien der Spanier, die nach dem Bürgerkrieg nach Frankreich geflüchtet sind. Sie haben französisch geschrieben. Auch nach dem Ende des Franco-Regimes konnten sie nicht nach Spanien zurückkehren. Du willst in deine Heimat zurückkehren und sie so vorfinden wie in dem Augenblick, indem du sie verlassen hast, aber das ist unmöglich. Exil heißt, daß man gezwungen wird, den Geliebten zu verlassen. Es vergehen viele Jahre, und du denkst, du wirst ihn so vorfinden, wie du ihn verlassen hast, genauso jung und schön wie damals. Du merkst gar nicht, daß du selbst alt geworden bist. Im Laufe der Jahre wird dir klar, daß der Geliebte nicht mehr derselbe sein wird, wenn du ihn wiedersiehst, und du fürchtest dich zurückzukehren. Du fürchtest, ihn alt und grau zu finden, du fürchtest dich, in den Augen des Geliebten dein eigenes Spiegelbild zu sehen, du fürchtest dich, deiner eigenen Vergänglichkeit, deinem eigenen Tod ins Auge zu sehen.

Der Sufi ist ein sehr armer Mensch. Aber er ist auch sehr reich, weil er das Gefühl hat, nichts zu brauchen. Die Dialektik von Armut und Reichtum im Sufismus ist die Dialektik von Nähe und Ferne für den Exilanten. Je ärmer der Sufi ist, desto reicher ist er; je ferner ich von Ägypten bin, desto näher ist es mir. Leiden ist phantastisch – es ist fast ein Dorf. Ich hasse das Gedränge. Ich verliere mein Gleichgewicht im Gewühl. Es ist offensichtlich, daß ich noch ein Dörfler bin. In jenen Straßen fühle ich mich wohl, in denen ich nicht immer nach hinten schauen muß, damit mich kein Auto überfährt. Manchmal behandelt mich Ibtihal wie ein Kind, wenn wir zusammen auf der Straße sind. Ich gehe so ängstlich wie ein Kind, dem alles, was ihm begegnet, gewaltig vorkommt. Ich habe diese merkwürdig kindliche Seite in mir, auf die ich erst aufmerksam geworden bin, seitdem ich mit Ibtihal zusammenlebe.

Ich will auf der Straße gehen, ohne ständig nach hinten und vorne schauen zu müssen. Ich möchte gehen, wie ich es als ein Dörfler gewohnt bin: Der geht auch auf den Straßen seines Dorfes, ohne Angst zu haben, daß ein Auto ihn überfährt. Das schlimmste, was ihm passieren könnte, wäre, daß ihn ein Wasserbüffel streift.

Ich liebe es, durch die Straßen von Leiden zu gehen. Der Vorort, in dem wir wohnen, ist noch ruhiger als ein Dorf. Deshalb habe ich das Gefühl, daß ich zu Hause bin. Wenn wir allerdings nach Amsterdam fahren, muß ich ständig meine Taschen kontrollieren und meinen Kopf anfassen, um zu sehen, ob alles noch an seinem Ort ist. Japan habe ich geliebt, weil es ein großes Dorf ist. Die Häuser sind dörfliche Häuser, sogar die Toiletten sind in die Erde gegraben. Selbst Osaka, wo ich gewohnt habe, ist ein Dorf. Die Menschen schlafen auf dem Fußboden, ohne Betten. Ich habe das erste Mal in einem Bett geschlafen, als ich zwanzig Jahre alt war. Die Japaner tragen zu Hause den Kimono, der ist nicht viel anders als unsere Galabiyya. Ibtihal sagt immer: Du gehst, ohne nach vorne oder nach hinten zu schauen – man kann nicht einfach so gehen. Sie hat immer Sorge, daß ich hinfalle. In Leiden schaut sie mir jedesmal aus dem Fenster nach, wenn ich aus dem Haus gehe, um den Bus nehmen. Sie warnt mich auch, daß hier und dort eine lose Platte liegt, aber wenn ich tatsächlich mal stolpere, freut sie sich diebisch. Das letzte Mal bin ich in London hingefallen, mitten aufs Gesicht. Wie ein Sack! Meine Knie waren geschwollen, und ich hatte Verletzungen im Gesicht. Ich bin nicht wegen meines Körperumfangs so ungeschickt gefallen, sondern weil ich mit dem Kosmos der Stadt und ihren Bewegungen nicht vertraut bin. Ich sage das, obwohl ich so viel gereist bin. Ich habe eigentlich nur jene Städte gemocht, die wie Quhafa waren. New York zum Beispiel verzaubert jeden, bloß ich kann es nicht ausstehen. Schon die U-Bahn dort bereitet mir eine Höllenangst. Köln dagegen mag ich; es hat eine Altstadt mit vielen kleinen Gassen, und wo ihr wohnt, riecht es überall nach Kebab. Nur die Kirche ist ein bißchen größer als unsere Dorfmoschee. Der Dörfler in mir riecht den Backofen, das Gras und das Vieh. All das gibt es in Holland. Es ist mein neues Dorf.

Wenn ich unter anderen Bedingungen nach Leiden gekommen wäre, um hier für einige Jahre zu arbeiten, wäre ich der glücklichste Mensch der Welt. Nirgends hätte ich in den drei Jahren, seit ich hier bin, so viel lernen können wie hier. In Ägypten war ich zuletzt nur damit beschäftigt, Brände zu löschen – hier eine Attacke, dort ein Feuer, verstrickt in eine fruchtlose Kontroverse, eine mir aufgezwungene Verteidigung. Ich hatte nahezu aufgehört, wissenschaftlich zu schreiben. In Leiden profitiere ich von der Ruhe und dem Austausch mit der europäischen Islamwissenschaft. Sie hat sich bekanntlich gewandelt, vom feindseligen Diskurs im Mittelalter über die ersten Versuche des Verstehens zu den Fragen nach dem Verfasser des Korans, nach der Authentizität der Hadithe, den Methoden des Bibelstudiums, die in der Lektüre der islamischen Texte angewendet wurden, obwohl sie häufig nicht paßten und zu falschen Schlüssen führten. Heute gehen die meisten Islamwissenschaftler mit dem Islam als einer Religion um, die sie achten und die es verdient, ernsthaft untersucht zu werden. Man ist zurückhaltender in den Urteilen und gewissenhafter in den Untersuchungen. Es gibt natürlich Ausnahmen, aber im großen und ganzen habe ich diesen Eindruck gewonnen. Es ist bedauerlich, daß die Muslime die Ergebnisse der modernen Islamwissenschaft nicht zur Kenntnis nehmen. Die Übersetzungsbewegung, die Anfang des Jahrhunderts sehr breit war und häufig den direkten Dialog zwischen Übersetzern und Verfassern einschloß, ist fast zum Stillstand gekommen. Renan, Goldziher, Margoliouth, Wellhausen sind alle übersetzt worden, aber von den neueren Werken der Islamwissenschaft finden wir fast nichts auf Arabisch. Selbst die alten Übersetzungen sind kaum noch zugänglich.

Natürlich gefällt mir nicht alles. Besonders in den Vereinigten Staaten scheint mir das Studium der islamischen Welt zu sehr auf die Anthropologie und Soziologie fixiert zu sein. Die Untersuchungen beziehen sich auf bestimmte Gesellschaften, mag es ein Staat sein oder ein Stamm; das geistige Erbe interessiert nur am Rande. Ich meine, daß anthropologische oder soziologische Studien über die heutigen islamischen Gesellschaften oberflächlich bleiben, wenn sie nicht deren politische, kulturelle und religiöse Geschichte berücksichtigen. Ich spreche hier natürlich nur über Tendenzen. Das Interesse der amerikanischen Universitäten an der islamischen Welt ist auf die Ereignisse der Gegenwart fixiert. Dem sogenannten Fundamentalismus wird dabei eine übertriebene Aufmerksamkeit gewidmet. Ich selbst bin ja ein Objekt dieser Aufmerksamkeit: Ich wäre im Westen nur von einigen wenigen Gelehrten wahrgenommen worden, wäre ich nicht mit den Fundamentalisten in Berührung gekommen. Ich sage das als jemand, der ein Opfer des Fundamentalismus ist: Der Fundamentalismus ist nur ein winziger Teil dessen, was die islamische Welt kulturell, religiös und historisch ausmacht. Die Kritik, die ich hier an der Islamwissenschaft äußere, gilt natürlich noch verschärft für die westlichen Medien. Die „islamische" oder „fundamentalistische" Gefahr – mittlerweile ist das schon ein Synonym – ist in Europa ein beliebtes Thema. Um diese Gefahr besonders plastisch zu beschreiben, muß man sich auf die Gruppierungen konzentrieren, die einen islamischen Staat propagieren. Alle anderen Gruppierungen werden ausgeblendet, alle anderen Erklärungen für ein Ereignis, eine Entwicklung, eine Situation interessieren nicht, alle Faktoren, die nichts mit dem Islam zu tun haben, werden ignoriert. Bei einer Krise wird eine einzige Ursache herausgegriffen, die alles erklären soll: der Islam. Das ist ein Fehler in der Methode, dem auch Wissenschaftler verfallen: ein komplexes Phänomen aus einer einzigen Ursache abzuleiten. Es ist ein intellektueller Fundamentalismus. Im Umgang mit dem Fundamentalismus werden Wissenschaftler manchmal selbst fundamentalistisch, allerdings unter umgekehrten Vorzeichen. Sie schüren die Angst vor dem Islam unter dem Beifall des dankbaren Publikums, das ohnehin nur bestätigt bekommt, was es immer schon geahnt hat. Anscheinend braucht der Westen ein Schreckgespenst. Der Fundamentalismus eignet sich hierfür bestens. Wenn man jetzt noch hinzufügt, daß der Fundamentalismus finanziell und geistig von Staaten wie Saudi-Arabien gefördert wird, die beste Beziehungen zum Westen haben, und denkt man daran, daß viele islamistische Terroristen im Westen Unterschlupf gefunden haben, kommt man ins Grübeln. Die Erklärung des *Dschihad,* mich umbringen zu wollen, wurde in der Schweiz veröffentlicht, nicht in Ägypten. Aber nein, keine Verschwörungstheorien.

Ich glaube, nur wenn man die arabische Welt aus eigener Anschauung kennt, wenn man lange Jahre in ihr gelebt hat, kann man die Einseitigkeit und das Ausmaß der meist unbewußten, oft genug jedoch mutwilligen Verfälschung ermessen, die in der Berichterstattung über den Nahen und Mittleren Osten vorliegt. Das Bild, das die westlichen Massenmedien von der arabischen und allgemein von der islamischen Welt zeichnen, ist eine Karikatur. Man kann einwenden, daß das Bild des Westens in den arabischen Medien auch nicht eben ausgewogen ist, aber das hieße, das Schlechte mit dem Schlechten zu rechtfertigen.

Meine eigentlichen Adressaten bleiben natürlich die Muslime im allgemeinen und die Araber im besonderen. Nach meiner Abreise habe ich einen „Brief an das ägyptische Volk“ geschrieben, den eine Kairiner Zeitschrift veröffentlicht hat. Darin heißt es:

> Ich weiß, daß ich nicht allein bin. Mit Eurer Unterstützung habt Ihr getan, was Euch würdig ist. Es ist an mir, Eure Freundlichkeit zu beantworten und zu beweisen, daß ich Eurer Unterstützung würdig bin. Und der einzige Weg hierfür ist, in der Arbeit, der Forschung und im Schreiben fortzufahren, an irgendeinem Platz auf Gottes weiter, unbeengter Erde. Meine Stimme wird immer mit Euch sein, in jedem Kampf für die Wahrheit, die Gerechtigkeit, die Ehre. Meine Bücher und meine geistigen Bemühungen werden Euch von jedem Platz der Erde erreichen. Die Heimat ist nicht nur ein Ort, an dem wir leben. Sie ist auch ein Traum, der in uns lebt.

Seit meiner Abreise habe ich von den arabischen Ländern Tunesien und Jordanien besucht. Es ist wichtig für mich, in der arabischen

Welt präsent zu sein; wenn ich dort bin, erreiche ich auch Ägypten. In Tunesien, wo mich eine Universität eingeladen hatte, gab es keine Probleme, in Jordanien war es etwas schwieriger. Es war offensichtlich, daß meine Anwesenheit den Behörden Sorgen bereitete. Ich hatte wieder Personenschutz, und man interessierte sich für mich. In Tunesien hat man viel weniger Aufhebens davon gemacht.

Ich sollte auch in die Türkei fliegen, aber die Reise fand nicht statt. Denn als bekannt wurde, daß die Theologische Fakultät der Universität Ankara mich zu einer Konferenz eingeladen hatte, kam es zu einem Eklat. Die konservative Presse richtete schwere Vorwürfe an die Verantwortlichen, und meine Einladung mußte zurückgenommen werden.

Dem Professor, der mich eingeladen hatte, hatte ich am Telephon gesagt:

„Sie wissen, daß ich ...".

„Natürlich, wissen wir das", fiel er mir ins Wort. „Aber wir kennen auch Ihr Werk. Wir laden Sie übrigens unter anderem deshalb ein, um Sie besonders zu ehren. Und deshalb werden wir Ihre Gattin ebenfalls einladen."

Drei Tage vor der Abreise rief derselbe Mensch noch einmal an, um sich unter Tränen zu entschuldigen. Er teilte mir auch mit, daß die ganze Konferenz abgesagt worden sei, weil sämtliche Professoren der Theologischen Fakultät ihre Teilnahme zurückgezogen hätten, als sie erfuhren, daß ich ausgeladen werden sollte. Er war stolz auf das Verhalten seiner Kollegen.

Ein ähnliches Erlebnis hatte ich in Malaysia. 1996 richtete die Universität von Kuala Lumpur gemeinsam mit der Konrad-Adenauer-Stiftung ein Symposion über den Fundamentalismus aus und lud mich ein. Gleich nach meiner Ankunft im Hotel kam Professor Nurani zu mir. Ich kannte sie vom Telephon und hatte immer mit ihr gescherzt und sie *nûr 'ainî* genannt, „das Licht meiner Augen". Sie war von Kopf bis Fuß in Schwarz gekleidet. Ich vermutete, daß jemand in ihrer Familie gestorben wäre, zumal sie erschöpft aussah und Ringe unter den Augen hatte, wollte sie aber nicht gleich mit meinen Beileidsbekundungen überfallen. Also begrüßte ich sie und fragte, was geschehen sei. Sie sagte, eine Katastrophe sei geschehen, die Konferenz wäre beinahe abgesagt worden. Die Islamisten seien zum Erziehungsminister gegangen und hätten dagegen protestiert, daß drei Atheisten eingeladen worden seien. Gemeint waren Sadiq al-Azm, der in Ägypten lebende Sudanese Haydar Ibrahim Ali und ich. Die beiden anderen hatten dann aber wegen Schwierigkeiten mit dem Visum ohnehin abgesagt.

„Seit drei Tagen laufen die Diskussionen, weil der Erziehungsminister die Konferenz absagen wollte. Wir mußten die Konferenz retten, weil die meisten Leute schon im Flugzeug saßen. Es gab nicht einmal Zeit, sich bei ihnen zu entschuldigen. Wir haben unseren Namen als Veranstalter zurückziehen müssen. Jetzt wird die Konferenz nur von der deutschen Stiftung ausgerichtet."

Sie zeigte mir die entsprechenden Konferenzdokumente, wo überall der Name der Universität durchgestrichen war.

„Ich hätte Sie nie ausgeladen, und wenn es mich das Leben gekostet hätte. Aber wir mußten Ihren Namen durchstreichen. Offiziell nehmen Sie also gar nicht teil. Sie sitzen nur im Publikum. Aber alle Diskussionsleiter haben die Empfehlung bekommen, Ihnen so viel Zeit für Ihre Redebeiträge zu geben, wie Sie wollen. Das muß auch so sein, denn viele Leute und vor allem die Studenten sind nur gekommen, um Sie zu hören. Wenn ich sagte, Sie dürften nicht reden, würden sie mich aus dem Saal jagen."

Sie hatte eigens eine Kopie der Konferenzdokumente für mich aufgehoben, auf der unsere Namen nicht durchgestrichen waren. Ich fragte sie dann, ob sie wegen der Probleme mit uns Trauer trage. Sie sagte, sie hätte sich dem traurigen Anlaß entsprechend angezogen. Sie tat mir wirklich leid.

Ich ging also in den Konferenzsaal hinein und setzte mich in eine hintere Reihe, ohne bemerkt zu werden. Plötzlich hob ein Mann, der aus dem Sudan zu stammen schien, die Hand und rief:

„Ich will wissen, wo Professor Abu Zaid bleibt!"

„Hier bin ich!" meldete ich mich.

Alle fingen an zu klatschen.

Die Konferenz dauerte drei Tage. Ich habe faktisch drei Vorträge gehalten und mich außerdem an den Diskussionen beteiligt.

Diese islamische Welt ist ein trauriger Verein. Die Regierungen wollen keine Kopfschmerzen haben. Sie sagen sich, wenn wir Abu Zaid einladen, bekommen wir womöglich Ärger. Einmal sah ich im ägyptischen Fernsehen einen Moderator, der über das Diplom der Handelsfakultät sprach. Er erklärte den Studenten, wie sie mit Schecks umgehen sollten, also: ausfüllen, einreichen und so weiter. Ein Ausdruck, den er mehrmals gebrauchte, ist mir im Sinn geblieben: Ohne großes Kopfzerbrechen macht ihr dies und jenes. Am nächsten Tag habe ich das den Studenten erzählt und ihnen eingeschärft, daß das Wesen des Lernens darin besteht, Kopfschmerzen auszuhalten, und nicht, sie zu vermeiden. Alles verursacht Kopfschmerzen, vor allem die Freiheit. Auch die Einladung an Abu Zaid verursacht Kopfschmerzen. Also laden sie mich lieber nicht ein. Die ganze Politik unserer Regierungen besteht darin, Kopfschmerzen zu vermeiden. Einige Kollegen wollen mich nach Indonesien einladen. Aber ich weiß, daß das schwierig ist. Einige wollen mich nach Iran einladen. Aber auch hier weiß ich, daß die Lage noch immer schwierig ist. Ich würde mir sehr wünschen, nach Iran zu reisen; dort ist alles in Bewegung, und was immer dort geschieht, wird Auswirkungen auf die arabischen Länder haben. Ich habe sogar erfahren, daß Präsident Chatami mein Buch „Der Begriff des Textes" gelesen hat. Einige meiner Aufsätze und Teile von „Der Begriff des Textes" sind ins Persische übersetzt worden, und außerdem ist ein ganzes Buch über mich erschienen. Ich bin zuversichtlich, daß die Zeit bald reif ist, um nach Iran zu reisen.

Aber nun ist mir vor einigen Wochen doch noch eine beglückende Reise in ein arabisches Land vergönnt gewesen, mit der ich kaum noch gerechnet hätte. Die Universität Damaskus hatte mich vor zwei Jahren schon eingeladen, aber die Zustimmung der syrischen Behörden stand aus. Dieses Jahr konnte ich endlich reisen. Ich bin dort im Rahmen einer Kulturwoche aufgetreten. Jeden Abend fand eine Podiumsdiskussion mit vier Gästen statt. Als ich mich das erste Mal zu Wort meldete, um den Beitrag eines Podiumsteilnehmers zu kommentieren, haben die Leute geklatscht, als sei ich ein Popstar. So etwas hatte ich noch nie erlebt; es hat mich zutiefst berührt, ja beschämt. Die Diskussionen waren ohnehin gut besucht, der Saal mit tausend Stühlen praktisch voll, aber die Veranstalter rechneten nach der ersten Veranstaltung damit, daß die Zahl der Zuhörer sich bei meinem Vortrag noch erhöhen würde. Sie stellten deshalb einen Monitor im Saal nebenan auf, der ebenfalls tausend Besuchern Platz bot. Aber auch dies reichte nicht aus. Als ich an der Reihe war, öffneten sie einen weiteren Saal von derselben Größe. Und immer noch fanden nicht alle Platz. Außerhalb des Gebäudes standen die Besucher, von denen mindestens die Hälfte Frauen waren, Schlange, so daß die Straße abgesperrt werden mußte. Ich habe das als eine Form von Solidarität gedeutet und beschloß, den Vortrag zu kürzen, um der Diskussion breiten Raum zu geben. Drei Stunden dauerte die Veranstaltung. Die Diskussion war zwar kontrovers, aber alle Redner waren höflich und freundlich zu mir.

Zu meinen wichtigsten Erfahrungen in Syrien gehört die Begegnung mit Scheich Fadlallah, dem Generalsekretär der libanesischen *Hizbollah*. Viele Menschen im Libanon und in der arabischen Welt unterstützen den Widerstand der *Hizbollah* gegen die israelische Besatzung, aber nicht ihre Ideologie, denn sie ist dogmatisch und fundamentalistisch. Sie kennt nur eine Auslegung des Befreiungskampfes, nämlich die religiöse. Der Generalsekretär der *Hizbollah* war aber einer der wenigen islamistischen Gelehrten, die das Urteil und die ganze Affäre als Farce bezeichnet haben. Er hat gesagt, daß im Islam niemand den anderen zum Ketzer erklären darf. Das war die einzige Kritik eines Islamisten an dem Scheidungsurteil, die ohne „Aber Nasr Abu Zaid hat allerdings auch dies und jenes gesagt ..." ausgekommen ist. Fadlallah hat die Entscheidung des Richters unter rein religiösen Gesichtspunkten betrachtet und erklärt, sie sei mit dem Islam nicht zu vereinbaren. Er sagte zwar auch, daß er mit vielen meiner Ideen nicht übereinstimmen würde, betonte aber, daß sie nicht das Urteil rechtfertigen oder auch nur verständlicher machen würden. Er hat nicht mich in Schutz genommen, sondern den Islam, der durch das Urteil beleidigt worden ist.

Während eines Gesprächs in Damaskus habe ich erwähnt, ich wünschte, ich hätte ein Visum für den Libanon, um Scheich Fadlallah zu besuchen. Ein Student versprach, ihn in Beirut anzurufen. Fadlallah sagte ihm, daß er selbst nach Damaskus kommen würde. Er hat mich eingeladen in sein Haus, das etwas außerhalb von Damaskus in einem schiitischen Viertel liegt, das nach der Enkelin des Propheten, Sayyida Zeinab, benannt ist. Sie soll dort begraben sein. Es ist ein großes, aber nicht luxuriöses Haus mit Garten und vielen Wachleuten. Von innen habe ich es nicht gesehen, denn wir saßen die ganze Zeit auf dem Balkon. Eingeladen hatte er auch andere schiitische Theologen, unter anderem aus Bahrain und den Vereinigten Arabischen Emiraten, die alle freundlich waren und sagten, daß sie mich aufgrund meiner Bücher achten würden. Sie bedauerten die Rückständigkeit der heutigen muslimischen Institutionen und meinten, daß sie jene Rolle spielten, die die Kirche im Mittelalter gespielt habe. Fadlallah fragte mich dann, ob ich tatsächlich geschrieben habe, daß die Interpretation des Korans durch den Propheten menschlich und damit fehlbar sei. Er habe dies in meinen Schriften nicht gefunden, aber davon gehört. Ich bestätigte es ihm, verstand aber, daß dies für das schiitische Denken eine äußerst bedeutsame Frage war. Für die Schiiten erben die Imame das prophetische, unfehlbare Wissen des Propheten, das fast eine Erscheinungsform des göttlichen Wissens ist. Wenn das prophetische Wissen menschlich und an seine Zeit gebunden ist, dann ist auch die Autorität der Imame in Frage gestellt. Ich würde nur vom Wissen reden, das der Prophet ausgedrückt hat, erklärte ich. Was der Prophet im Kopf gehabt habe, könne ich nicht wissen und sei überhaupt eine Glaubensfrage, die ich als Wissenschaftler nicht beantworten könne. Ich glaube, daß er mit dieser Erklärung einverstanden war, weil sie die Möglichkeit offen ließ, daß der Prophet manche Dinge bewußt für sich behalten hat. Ich habe aber insistiert, daß ich als Wissenschaftler nicht behaupten kann, der Prophet hätte mehr Wissen gehabt als das, was er ausgedrückt hat.

Zu den europäischen Klischees gehört, daß die Sunniten die gemäßigten und die Schiiten die radikalen Muslime sind. Der Akt der Interpretation *(ta`wîl)* ist im schiitischen Denken zentral. Deshalb haben Schiiten auch weniger Probleme mit meinen Büchern. Dem Propheten und den zwölf Imamen wird zwar ein absolutes, nicht zu hinterfragendes Wissen zugesprochen, aber da sie nicht auf Erden sind, ist der Mensch auf seine Vernunft angewiesen, um die Bedeutung der Verse zu verstehen. Das sunnitische Denken betrachtet die Interpretation dagegen mit Mißtrauen; sie wird nicht unbedingt abgelehnt, aber der Begriff *ta`wîl* hat im Laufe der Zeit eher negative Konnotationen bekommen.

Während der Woche in Syrien kamen regelmäßig Gruppen von Studenten zu mir ins Hotel. Darunter war auch eine Gruppe von 25 jungen Leuten, die man wohl Fundamentalisten nennen würde. Sie hatten die Nullnummer einer Zeitschrift herausgebracht, die sie mir zeigten. Es war eine beeindruckende, ernsthafte Zeitschrift. Sie enthielt Aufsätze über Foucault und Mohammed Arkoun und widmete sich vor allem Fragen der Exegese und der Hermeneutik. Wenn der fundamentalistische Nachwuchs überall solche Debatten führte, wäre es so schlecht um ihn nicht bestellt.

Sie waren überrascht und freuten sich, daß ich überhaupt bereit war, sie zu treffen. Ich sagte, ich hätte niemals Angst vor Studenten. Wir hatten nicht genug Zeit, um wirklich zu reden, also kündigte ich an, am nächsten Tag den Diskussionsleiter zu bitten, einem von ihnen ohne zeitliche Beschränkung das Wort zu geben, damit wir öffentlich debattieren. Das war das Schönste an meinem Besuch in Syrien, daß ich mit ganz verschiedenen Gruppen von jungen Leuten zusammengetroffen bin. Ich leide in Holland darunter, daß ich kaum noch eine Beziehung mehr zu der Generation habe, die im Alter meiner Studenten ist. In dieser Woche habe ich diese Beziehung wieder hergestellt. Ich habe auch festgestellt, daß ich mit ihnen noch kommunizieren kann und meine Bücher immer noch gelesen werden, vielleicht sogar mehr und aufmerksamer als früher. Die Studenten, die ich kennengelernt habe, waren hungrig nach Erkenntnis und Wissen. Bedauerlicherweise haben gerade sie, wie überall in der arabischen Welt, keine Chance, sich Gehör zu verschaffen. Die Massenmedien sind unter der Kontrolle der Regierungen. Ich habe in Damaskus offen ausgesprochen, daß es keine durch demokratische Wahlen legitimierte arabische Regierung gibt. Mit diesem Satz habe ich das ausgedrückt, was die meisten denken und fühlen. Einer der Studenten dort hat mir gesagt:

„Wir sind mit vielem, was Sie schreiben, nicht einverstanden. Aber wir respektieren Sie, weil Sie immer Distanz zur politischen Macht gewahrt haben."

Manche dieser Menschen greifen zur Gewalt, weil sie keine anderen Kanäle haben, um sich Gehör zu verschaffen, und mit der Gewalt der Staatsmacht konfrontiert sind, die verschiedene Formen annehmen kann. Sie haben dringliche Fragen an Intellektuelle wie mich, weil sie meinen, daß wir dem Koran Schaden zufügen würden. Es ist ihr Recht, daß wir auf ihre Fragen antworten.

Viele ägyptische Freunde sagen, ich sollte zurückkehren und wieder an der Universität arbeiten. Ich sage ihnen, daß ich nicht zurückkehren kann, solange ich nicht an der Universität unbehelligt Koranwissenschaften unterrichten darf. Ich fliehe nicht vor der Auseinandersetzung. Im Gegenteil: Ich möchte mich mit den Studenten auseinandersetzen, auch mit denen, die meine Gedanken ablehnen. Aber das kann ich in Ägypten nicht. Viele Male habe ich den Informationsminister Safwat asch-Scherif gebeten, mir Sendezeit im ägyptischen Fernsehen zu geben. Ich weiß, daß ich die Herzen der Menschen erreichen würde. Mich interessiert die ganze juristische Seite der Affäre kaum noch – ob das Urteil nun gültig oder aufgehoben oder die Vollstreckung, wie immer sie denn aussehen soll, ausgesetzt ist. Ich möchte zu den gläubigen Muslimen durchdringen, an die sich meine Bücher richten. Ich möchte ihnen erklären, daß meine Methoden keine Gefahr für den Islam darstellen, daß wir auf moderne Weise die großartige islamische Tradition fortführen können, die sich zu ihrer Zeit nicht vor neuen Strömungen gefürchtet hat. Wir streben alle die Befreiung der Gesellschaft von den repressiven, diktatorischen Systemen an, von den Informationsapparaten, die nur Lügen und Denkverbote verbreiten. Sie sind unser gemeinsames Problem.

Ich überlege oft, wie aus dem Glauben der Muslime so viele Komplikationen erwachsen können. Der Islam ist ein einfacher Glaube, ohne Komplikationen. Er verbindet den einzelnen Menschen mit dem Absoluten und also mit dem Universum oder dem Sein. Als Muslim lebe ich in einer Beziehung mit dem Absoluten und spüre den Herzschlag des Universums in mir. Ich lebe in diesem Rhythmus. Womöglich ist das Mystik; nein, ganz sicher ist es das. Die Mystik ist das Innere aller Religionen. Der Gehalt des Islams enthüllt sich umfassend und praktisch im Sufismus. Der Muslim, so heißt es im Koran, wendet sein Antlitz dem Gott der Welten zu. Er unterwirft sich nicht Gott, wie manche Orientalisten den Begriff „Islam" übersetzt haben; er gibt sich ihm hin. Das ist eine absolute Hingabe, gewiß; aber gleichzeitig ist es eine freiwillige.

Und wer hätt' schön're Religion,
Als wer sein Antlitz hingibt Gott und handelt schön.
Koran 4:125

Das bedeutet Islam für mich: Was kannst du geben? Welche Spuren hinterläßt du? „Von Adams Sohn wird nur bleiben dreierlei: stetige fromme Gaben, ein Wissen, aus dem man Nutzen zieht, oder ein guter Sohn, der für ihn Barmherzigkeit erbittet." Mein Vater hat das Hadith immer zitiert und gesagt: „Ich habe keine stetigen frommen Gaben aufzuweisen, ich hinterlasse kein Geld. Ich kann kein nützliches Wissen weitergeben, ich bin kein Gelehrter. Bleibt nur der gute Sohn, der für mich um Barmherzigkeit bittet. Ich möchte, daß du dieser gute Sohn wirst."

Er wollte durch mich weiterleben. Ich habe mir Mühe gegeben, seinen Wunsch zu erfüllen und ein guter Sohn zu sein. Ich bete immer für meine Eltern und bitte Gott, sich ihrer zu erbarmen. Ich versuche, „Wissen zu hinterlassen, aus dem man Nutzen zieht". Fromme Gaben werde ich dagegen wohl nicht hinterlassen, Geld gespart habe ich nicht. Nur Wissen. Ich bin nicht sicher, ob das Wissen, das ich hinterlassen werde, wirklich nützlich sein wird. Aber ich will auch Kinder hinterlassen, die um Barmherzigkeit für mich bitten – meine Studenten.

Der Islam ist sehr einfach, und gleichzeitig ist er eine Ordnung, viel umfassender als alle Theologie und alle Rituale. Er ist eine Religion der Gemeinschaft. Muslim ist, vor dessen Hand und Zunge die Menschen sicher sind, heißt es in einem Hadith. Diese Definition unterstreicht den gemeinschaftlichen oder gesellschaftlichen Aspekt des Islams. Der Islam spiegelt sich in der Beziehung des Einzelnen zu den anderen Menschen – und umgekehrt. Mohammed sagte: „Der Glaube besteht aus den Beziehungen der Menschen untereinander." Jeder ist Muslim, der mit seinen Mitmenschen und dem Universum sorgsam umgeht und sich bemüht, eine gute Spur zu hinterlassen. Ich kann einen Arzt, der den Menschen dient und sein Leben ihrem Leben unterordnet, nur als Muslim betrachten, gleich ob er Abdullah oder Georg heißt. Ich kann ihn nicht auf eine Stufe mit dem Muslim stellen, der die *schahâda* sagt, aber mit dem Blut der Menschen Handel treibt. Ich kann nicht den Glauben eines Menschen beurteilen, sondern nur sein Verhalten. Wer der Gesellschaft, wer der Menschheit nutzt, wer dem Reich Gottes etwas Gutes hinzufügt, ist Sohn dieser Gemeinschaft, ob Christ, Jude, Atheist, Druse oder was immer er sein mag. Gott hat dieses Universum geschaffen und uns darin einen Ort zugewiesen, nicht damit wir ihn zerstören, sondern damit wir etwas hinzufügen. Gott hat uns schöpferische Gaben verliehen. Der Mensch kann Gutes in Gottes Universum schaffen.

Früher einmal, sehr viel früher, bin ich einer Handleserin begegnet. Ich glaube, ich stand gerade vor der Vollendung meiner Magisterarbeit. Ich glaubte natürlich nicht an solche Sachen. Sie schaute sich meine Hand an und sagte:

„In deinem Herzen trägst du eine leuchtende Moschee Gottes!"

„Moschee" *(masdschid)* bedeutet auf arabisch: der Ort, an dem man sich vor Gott niederwirft. Mein Herz ist ein solcher Ort. Ich habe ihr geglaubt. Deshalb erscheint mir die Behauptung, daß ich ein Ketzer sein soll, wie ein geschmackloser Witz. Ich will überhaupt nicht daran denken und niemals wieder darauf antworten müssen.

Es gibt etwas in mir – nenne es Gewißheit, nenne es das Licht Gottes, es ist unwichtig, wie du es nennst. Ein großes Kunstwerk bestärkt das – ein Film, ein Gemälde, ein Musikstück, ein Gedicht, eine Erzählung. Ich sage dann:

Lâ ilâha illâ l-lâh - Allâhu akbar!

„Es gibt keinen Gott außer Gott – Gott ist am größten!"

Ich sehe Gott in allen schönen Dingen. Ich kann nicht bestimmen, was Gott ist. Die Mu´taziliten haben präzise Definitionen und Erklärungen darüber gegeben, was Gott ist, und vor allem, was er nicht ist. Aber es gibt etwas, das viel größer ist als alles, was Worte bezeichnen können. Vielleicht ist Gott in mir. „Der Thron Gottes ist das Herz des Gläubigen", sagt Ibn Arabi. Ja, es ist Mystik.

Wenn ich so wäre, wie sie von mir behauptet haben, wäre ich vernichtet worden. Niemand leistet so viel Widerstand, wenn er keinen Glauben hat. Es ist der Glaube, der ihn dazu treibt, Dinge zu tun, die man nicht erklären kann, im Guten wie im Bösen. Einmal, als ich noch in Ägypten war, haben sie das Gerücht aufgebracht, ich schlottere vor Angst. Ich lebte im Keller. Wenn jemand klopfe, bekäme ich einen Anfall, als sei ich von Sinnen. Sie stellen sich das so vor, weil sie selbst verhuschte Mäuse sind. Ich bin es nicht. Ich bin zornig, aber ich hatte nie Angst, daß mich jemand ermorden könnte. Wenn mich jemand danach fragte, habe ich immer gesagt: Ich kann doch aus allen möglichen Gründen sterben. Statistisch gesehen ist es aufgrund meines Gewichts viel wahrscheinlicher, daß ich wegen zu hohem Blutdruck sterbe. Autofahren ist auch gefährlich, und Fliegen erst. Es kann sein, daß das Flugzeug entführt wird und die Entführer von den Passagieren verlangen, das Gesicht auf die Knie zu legen. Dann kann ich nur noch die *Fâtiha* aufsagen und warten, bis sie mich erschießen. Der Tod lauert hinter jeder Ecke, schon gar in den Ländern der Dritten Welt. In Ägypten kann der Tod im Krankenhaus auf dich warten. Du gehst dorthin, um behandelt zu werden, und sie verpassen dir aus Versehen eine tödliche Dosis. Es ist unmöglich, in einer Gesellschaft wie der unseren zu leben und Angst vor dem Tod zu haben. Das würde heißen, Angst vor dem Leben zu haben. Du brauchst nicht die Terroristen, um zu sterben. Ein Elektrokabel kann dir mitten auf der Straße auf den Kopf fallen. Du kannst in einen offenen Gully stürzen. Viele Kinder sterben so. Die haben weder über die Religion geschrieben, noch werden sie von Extremisten verfolgt. Das gibt es tatsächlich; es war ein Skandal im ägyptischen Fernsehen. Der zuständige Minister hatte nichts Besseres zu sagen, als daß solche Berichte dem Ruf Ägyptens schaden würden. Der Reporter sagte ihm, daß in Japan das Kabinett zurücktreten würde, wenn so etwas geschähe. Der Minister antwortete:

„Willst du etwa, daß ich zurücktrete, nur weil ein Kind in einen Gully gestürzt ist?"

Letztlich war es mein Glaube, der mich durch die letzten Jahre geführt hat. Weil ich an Gott und das Jenseits glaube, habe ich keine Angst vor dem Tod. Ich bin mir gewiß, daß ich ins Paradies kommen werde und dann selbst für andere Fürbitte leisten kann. Nicht nur das: Ich habe sogar die Gewißheit, daß ich für zirka fünf Millionen Menschen Fürbitte werde leisten können.

Vielleicht solltest du das nicht schreiben. Das gibt wieder eine Katastrophe. Das versteht man, das nimmt man nicht ernst.

Ich werde hinzufügen, daß wir alle gelacht haben, als Sie das sagten, und Sie selbst am lautesten.

Aber mir ist es Ernst damit. Bei Gott, dem Allmächtigen, ich habe das Gefühl, daß Gott mich am Tage der Auferstehung zu sich rufen und fragen wird:

„O Nasr, Sohn der Na´ima" – das war der Name meiner Mutter –, „hast du deine Pflicht erfüllt?"

„Gott, ich habe mich bemüht", werde ich antworten. „Ich kann nicht behaupten, daß ich alles getan hätte. Ich habe mich bemüht."

„Hast du nichts falsch gemacht?"

„Natürlich habe ich Fehler gemacht. Wer hat das nicht? Aber du, Gott, bist verzeihend und gnädig."

Gott hat uns nicht geschaffen, um uns zu quälen. Alle Verse, die von den Höllenqualen berichten, haben den einzigen Zweck, die Menschen zu erziehen. Abu Nuwas, der Dichter des Weins, sagt:

O Herr! Wenn die Zahl meiner Sünden unendlich ist,
Weiß ich doch, daß deine Gnade sie übertrifft.
Wenn nur der Rechtschaffene Zuflucht suchen darf bei dir,
Bei wem findet der Sünder Beistand dann?

Mein Dorf ist zu einem verlorengegangenen Paradies geworden. Es war keins, aber seit es verlorengegangen ist, ist es zu einem Paradies geworden. Das Dorf meiner Kindheit ist ein Traum. Das wirkliche Quhafa ist heute wie der Rest Ägyptens. Die Menschen feiern den Ramadan, indem sie die ganze Nacht vor dem Fernseher sitzen. Kein Mensch steht mehr in der Morgendämmerung auf, um das Gebet zu verrichten und aufs Feld zu gehen. Es ist ein Dorf, voll mit Angestellten und Arbeitern, ein Teil der faulen unproduktiven Stadt.

Wenn ich ins Dorf zurückkehren sollte, dann würde ich sofort zum Friedhof gehen, um meinen Vater, meine Mutter und meine Schwester zu besuchen und die *Fâtiha* aufzusagen. Natürlich kann man die *Fâtiha* überall aufsagen, aber am Grab hat es eine besondere Bedeutung. Der Paßbeamte würde mich sicher ohne weiteres passieren lassen: wahrscheinlich würde er meinen Namen kennen... Er würde mich passieren lassen, aber er würde die Sicherheitsorgane informieren. Ich stelle mir vor, ich komme spät nachts am Flughafen Kairo an. Der Paßbeamte erkennt mich nicht. Ich nehme ein Taxi und fahre sofort ins Dorf. Wenn wir ankommen, dirigiere ich den Fahrer zum Friedhof, zahle ihm sein Geld und steige aus. Ich gehe zu den Gräbern meiner Familie und trage die *Fâtiha* vor. Anschließend besuche ich as-Sayyid Abu Zaid, der im Sterben liegt. Er war für mich wie ein Vater. Ibtihal ruft immer bei ihm an und spricht mit ihm. Dann macht sie ihn nach, das kann sie gut:

„Sag ihm, uns geht es gut, uns geht es gut. Wichtig ist, daß er auf sich aufpaßt."

Ich habe auch phantasiert, ich würde am Flughafen ankommen und in einen offenen Wagen mit Megaphon steigen, den ein Freund vorher für mich gemietet hat. Ich würde durch die Straßen Kairos fahren und ins Megaphon rufen:

„O ihr Bewohner des behüteten Ägyptens! Ich bin Nasr Hamid Abu Zaid. Tötet mich, und ihr bekommt den Lohn der Gotteskämpfer."

Der Mystiker al-Halladsch hat das getan. Er lief vor tausend Jahren durch die Straßen Bagdads und rief:

„O ihr Bewohner von Bagdad! Tötet mich, und ihr werdet belohnt! Ihr bekommt den Lohn der *Mudschâhidîn* und ich den Lohn der Märtyrer."

Als Halladsch im Gefängnis war, fragte ihn ein Derwisch: „Was ist Liebe?" Er sprach: „Du wirst es heute sehen und morgen sehen und übermorgen sehen." An jenem Tage töteten sie ihn, am nächsten Tag verbrannten sie ihn, und am dritten Tage gaben sie seine Asche dem Wind.

Chronik der neueren ägyptischen Geschichte:

1517–1798	Ägypten ist eine Provinz des Osmanischen Reichs
1798	Napoleon besetzt Ägypten, um England den kürzesten Land- und Seeweg nach Indien zu versperren
1801	britische und osmanische Truppen erzwingen den Abzug der Franzosen aus Ägypten
1805	Muhammad Ali wird vom osmanischen Sultan zum Gouverneur von Ägypten ernannt; er leitet eine erste Industrialisierungsphase und eine Verwaltungsreform ein; 1839 wendet er sich gegen die Osmanen und bekommt 1839 von einer Koalition europäischer Mächte die erbliche Statthalterschaft in Ägypten zugesprochen
1863–1879	unter Muhammad Alis Enkel Ismail erlebt Ägypten zunächst einen neuen Entwicklungsschub (u. a. Bau des Suezkanals), aber auch den Bankrott der Staatsfinanzen
1875	um Schulden zu begleichen, verkauft Ismail die ägyptischen Suezkanal-Aktien an die britische Regierung und öffnet das Land massivem britischem Einfluß
1881	sogenannter „Orabi-Aufstand"; Militärrevolte unter Führung Ahmad Orabis gegen die Dominanz der Briten
1882	die zunehmenden Forderungen der Ägypter nach Unabhängigkeit nehmen die Engländer zum Anlaß, Ägypten zu besetzen; nominell autonome Provinz des Osmanischen Reiches, wird Ägypten de facto von England beherrscht
1914	England erklärt Ägypten formell zum Protektorat,

nachdem die Türkei an der Seite Deutschlands in den Ersten Weltkrieg eintritt

1919 als die Engländer einer Delegation (arab. *Wafd*) unter Saad Zaghlul verwehren, die ägyptischen Forderungen vor der Friedenskonferenz von Versailles zu vertreten, kommt es zu landesweiten Unruhen, der „Revolution von 1919"

1922 England erklärt Ägypten für unabhängig, sichert sich aber weitreichende militärische und politische Rechte

1923 Ägypten wird konstitutionelle Monarchie; bei den ersten Parlamentswahlen siegt der als Partei auftretende *Wafd*

1952 mit dem Ziel sozialer Gerechtigkeit und nationaler Unabhängigkeit stürzen die „Freien Offiziere" unter Führung von Oberstleutnant Gamal Abdel Nasser die Regierung und zwingen König Faruk zur Abdankung; Ägypten wird zur Republik erklärt; neuer Premierminister und später erster Staatspräsident wird der angesehene General Muhammad Nagib

1954 Nasser setzt Nagib ab und wird zwei Jahre später selbst zum Staatspräsidenten ernannt; er etabliert sich in der arabischen Welt als Wortführer eines gegen Kolonialismus und Imperialismus gerichteten, sozialistischen Pan-Arabismus; in einem Abkommen mit Großbritannien wird der Abzug britischer Truppen innerhalb von 20 Monaten festgelegt

1956 nachdem Nasser den Suezkanal verstaatlicht, greifen England, Frankreich und Israel Ägypten an; als die Sowjetunion mit dem Einsatz von Raketen drohten und auch die Vereinigten Staaten diplomatisch intervenieren, ist die Dreier-Koalition zum Rückzug gezwungen; trotz der militärischen Niederlage geht Nasser politisch gestärkt aus dem Konflikt hervor

1958 in einem ersten Schritt zur panarabischen Einheit schließen sich Ägypten und Syrien zur „Vereinigten Arabischen Republik" zusammen; nach drei Jahren trennt sich Syrien wieder von Ägypten

1967 nachdem Ägypten den Golf von Akaba gesperrt hat, greift Israel an und besetzt im sogenannten „Sechstagekrieg" den Sinai bis zum Suezkanal

1970 nach Nassers plötzlichem Tod wird Anwar as-Sadat neuer Präsident

1971 mit einem Staatsstreich von oben, der sogenannten „Korrektiv-Bewegung", entledigt sich Sadat seiner innenpolitischen Gegner, die überwiegend dem moskaufreundlichen Lager angehören

1972 Sadat weist 17 000 sowjetische Militärberater aus und wendet sich in zunehmendem Maße den Vereinigten Staaten zu

1973 Überraschungsangriff gegen Israel mit psychologisch und strategisch wichtigen Teilerfolgen („Oktoberkrieg")

1974 Sadat legt die Rahmenbedingungen der neuen „Öffnungspolitik" vor: die Wirtschaft soll liberalisiert, ausländische Kapitalgeber durch ein neues Investitionsgesetz angelockt werden

1977 Preiserhöhungen für subventionierte Güter lösen die schwersten Unruhen seit der Revolution aus; Sadat reist nach Jerusalem

1979 Friedensvertrag mit Israel im amerikanischen Camp David; mehrere arabische Staaten brechen aus Protest die diplomatischen Beziehungen zu Ägypten ab

1980 die Scharia wird in einer Verfassungsänderung zur Hauptquelle der Gesetzgebung erklärt

1981 Sadat nimmt gewalttätige Auseinandersetzungen zwischen Muslimen und Kopten zum Anlaß, 1500 Oppositionelle verhaften zu lassen, darunter linke Intellektuelle, koptische Geistliche, führende Muslimbrüder, aber auch Journalisten und Politiker; einen Monat später, am 6. Oktober, wird Sadat bei einer Militärparade von Mitgliedern der radikalen islamistischen Untergrundgruppe „Dschihad" ermordet; Nachfolger wird der bisherige Vizepräsident Hosni Mubarak

Quelle: Friedemann Büttner & Inge Klostermeier, *Ägypten*, Beck'sche Reihe 842, Aktuelle Landeskunde, München 1991

Personen

Muhammad Abduh (gest. 1905): Theologe an der Azhar-Universität und Mitbegründer des islamischen Reformismus in Ägypten

Abu Nuwas (gest. 814): Dichter der Abbbasidenzeit, der vor allem mit seinen Trinkliedern berühmt geworden ist

Muhammad Ali (gest. 1849): zunächst Kommandeur der albanischen Söldner im Osmanischen Reich; später Begründer der Dynastie der Khediven in Ägypten

Muhammad Ahmad Chalafallah (gest. 1997): ägyptischer Wissenschaftler, löste mit seiner Dissertation über die Erzählkunst des Korans einen Skandal aus und mußte die Universität verlassen

Amin al-Chuli (gest. 1967): Begründer der sogenannten „literarischen Exegese" *(at-tafsîr al-adabi)*, einer Schule innerhalb der modernen ägyptischen Koranexegese, die einen literarurwissenschaftlichen Ansatz vertritt; Doktorvater von Muhammad Ahmad Chalafallah

Taha Hussein (gest. 1973): Schriftsteller und Literaturwissenschaftler, trat für die Einführung westlich-wissenschaftlicher Methoden und die Öffnung zum Westen bei Wahrung des arabischen Erbes ein; 1950–1952 Unterrichtsminister

Muhyiddin Ibn Arabi (gest. 1240): spanisch-arabischer Dichter und Mystiker, gilt als der Systematiker des Sufismus

Abd ar-Rahman ibn Muhammad Ibn Chaldun (gest. 1406): Geschichtsphilosoph und eine der hervorragendsten Persönlichkeiten der arabischen Geistesgeschichte; die *Muqaddima* („Einleitung") zu seiner Weltgeschichte „Buch der lehrreichen Beispiele" gilt als die erste soziologische Betrachtung der Menschheitsgeschichte

Umar Ibn al-Farid (gest. 1235): gilt als der bedeutendste mystische Dichter arabischer Sprache

Ahmad Ibn Hanbal (gest. 855): Begründer der vierten sunnitischen Rechtsschule, Gegner der Mu´taziliten

Ibn Mas`ud (gest. 652): Gefährte des Propheten Mohammed, der den Koran vorgetragen hat

Abul ´Ala al-Ma´arri (gest. 1057): arabischer Dichter und Prosaist

Muhammad Hosni Mubarak: seit 1981 ägyptischer Staatspräsident

Ali Muhammad Nagib (gest. 1984): war am Staatsstreich der Armee gegen den ägyptischen König Faruk beteiligt und wurde anschließend Ministerpräsident und Staatspräsident; 1954 im Konflikt mit Nasser abgesetzt und bis 1964 unter Hausarrest

Mustafa an-Nahhas (gest. 1965): ägyptischer Jurist und Politiker, Nachfolger von Saad Zaghlul als Vorsitzender der Wafd-Partei

Gamal Abdel Nasser (gest. 1970): 1952 am Sturz König Faruks beteiligt; 1956–1970 ägyptischer Staatspräsident

Sayyid Qutb (gest. 1966): ägyptischer Literat, der sich zum Vordenker des modernen Islamismus entwickelte; unter Nasser lange Jahre in Haft und schließlich hingerichtet

Muhammad Raschid Rida (gest. 1935): Herausgeber der islamischen Zeitung „al-Manar“ und Schüler Muhammad Abduhs, dessen Erbe er betreute

Anwar as-Sadat (gest. 1981): 1952 am Sturz König Faruks beteiligt; von 1970 bis zu seiner Ermordung durch islamistische Terroristen 1981 ägyptischer Staatspräsident

Scheich Scha´rawi (gest. 1998): populärer ägyptischer Fernsehprediger

Muhammad Sayyid al-Tantawi: Theologe und seit 1996 Leiter der Azhar-Universität

Saad Zaghlul (gest. 1927): Jurist und Politiker; setzte sich für die Unabhängigkeit Ägyptens ein und gründete die Wafd-Partei; 1924 wurde er nach den ersten ägyptischen Parlamentswahlen Ministerpräsident

Begriffe

al-Azhar-Universität: älteste Bildungseinrichtung Ägyptens und bis heute religiöses Lehrzentrum der gesamten sunnitischen Welt

Fâtiha: Eröffnungssure des Korans

Hadith („Erzählung"): Überlieferung vom normsetzenden Reden und Handeln Mohammeds beziehungsweise das Korpus dieser Überlieferungen

Kalifat (von *chalîfa*, „Nachfolger"): Amt oder Reich eines Kalifen, also eines Herrschers, der in der Nachfolge des Propheten Mohammed zu stehen beansprucht

Mu´tazila („die sich absondernde Gemeinde"): älteste spekulative Schule in der Glaubenslehre innerhalb der sunnitischen Welt, die in der ersten Hälfte des 8. Jahrhunderts in Basra entstanden ist; rationalistisch ausgerichtet

Muslimbrüder: religiös-politische Organisation, 1928 von Hassan al-Banna in Kairo gegründet, deren Ziel eine strikt islamische Ausrichtung von Staat und Gesellschaft und die Errichtung eines islamischen Großreichs ist

Rechtgeleitete Kalifen: die vier ersten Nachfolger des Propheten, also Abu Bakr, Umar, Uthman und Ali

Scharia: das islamische Recht beziehungsweise die offenbarten Religionsvorschriften

Salafiten: neuzeitliche geistige Strömung in der islamischen Welt, welche die Wahrheit in der Vergangenheit beziehungsweise bei den Altvordern sucht (von *salaf*, „Vorfahr")

Schia („Anhängerschaft, Partei"): die Gemeinschaft jener Muslime, die Ali, den Schwiegersohn des Propheten, als dessen rechtmäßigen Nachfolger anerkennen; rund 10 Prozent der Muslime sind Schiiten

Sufismus: der mystische Islam

Sunna („Brauch, Sitte"): die im Hadith gesammelte Überlieferung über Leben, Wirken und die Aussprüche des Propheten Mohammed; bezeichnet auch die Gemeinschaft jener Muslime, die an die Rechtmäßigkeit der vier „rechtgeleiteten Kalifen" glauben; rund 90 Prozent der Muslime sind Sunniten

Tadschwîd („schönmachen"): der Kodex der Ausspracheregeln für die Koranrezitation sowie der Angaben zur emotionalen Haltung der Teilnehmer

Wafd („Abordnung"): Partei, die sich besonders in den zwanziger und dreißiger Jahren für die nationale Souveränität Ägyptens eingesetzt hat; Keimzelle war eine von Saad Zaghlul geführte Delegation, die nach dem Ersten Weltkrieg in London und Paris die völlige Unabhängigkeit Ägyptens forderte

Editorische Notiz

In den ersten Tagen des Jahres 1999 besuchten mich Nasr Hamid Abu Zaid und Chérifa Magdi in Köln, damit wir das Material für das vorliegende Buch erstellen. Die meiste Zeit befragten Chérifa Magdi und ich Nasr Abu Zaid nach seinen Erfahrungen, Eindrücken und Ideen, aber mitunter ging die Befragung auch in eine offene Diskussion über. Einzelne Gedanken oder Informationen, die in den Text eingeflossen sind, stammen daher ursächlich nicht von Nasr Abu Zaid selbst, werden aber in jedem Fall von ihm mitgetragen.

Chérifa Magdi hat die Bänder, die wir aufgenommen haben, aus dem Arabischen ins Deutsche übertragen. Ihre übersetzte Mitschrift diente mir als Grundlage, um das Buch zu schreiben. An manchen Stellen habe ich Erklärungen aus anderen seiner Bücher oder Interviews hinzugefügt oder auch Thesen und Deutungen Abu Zaids in anderen Worten und mit Hilfe eigener Beispiele erklärt und illustriert. Im Juni haben wir uns noch einmal getroffen, um das Ergebnis zu überprüfen und zu ergänzen.

Die Schreibweise arabischer Namen und Begriffe folgt einer vereinfachten Umschrift, die auf alle Sonderzeichen verzichtet und dem Lautwert in der Aussprache recht nahekommt. Lediglich die Längungszeichen auf den Vokalen habe ich bei arabischen Begriffen durch ein /^/ eigens markiert. In Deutschland bekannte Namen habe ich in der hier üblichen Zeitungsform geschrieben, also etwa Abdel Nasser anstatt – korrekt – Abd an-Nassir. Den arabischen Artikel, der im ägyptischen Arabisch zumeist *el-* ausgesprochen wird, sich aber in bestimmten Fällen an den darauffolgenden Buchstaben assimiliert, habe ich der Einheitlichkeit halber durchgängig mit *al* beziehungsweise der assimilierten Form geschrieben, also al-Amidi, anstatt el-Amidi und at-Tantawi anstatt el-Tantawi. Gelegentliche Inkonsequenzen waren unvermeidlich.

Die Koranübersetzungen stammen in der Regel von Friedrich

Rückert (und zwar aus der von Hartmut Bobzin herausgegebenen Ausgabe, Würzburg 1995), wurden aber zum Teil von mir bearbeitet; einige Verse habe ich selbst übersetzt. Die kursiv gesetzte Passage am Ende des Textes ist ein Stück aus den „Berichten von den Heiligen“ des persischen Dichters Faridoddin Attar; die Übersetzung folgt Annemarie Schimmel (Mystische Dimensionen des Islams, Köln 1985, S. 100).

Für wertvolle Hinweise danke ich Professor Stefan Wild, Katajun Amirpur und Andreas Jacobs.

Als weiterführende Literatur sei verwiesen auf Nasr Hamid Abu Zaid, Islam und Politik. Kritik des religiösen Diskurses, Frankfurt a. M. 1996, und Navid Kermani, Offenbarung als Kommunikation. Das Konzept *wahy* in Nasr Hamid Abu Zayds Mafhum an-nass, Frankfurt a. M. 1996.

N. K.

Die Welt des Islam

Idries Shah
Die fabelhaften Heldentaten des weisen Narren Mulla Nasrudin
Band 5208
Hintergründige Geschichten mit den schönsten Narrheiten des großen Meisters verdeckter Spiritualität.

Peter Heine
Kulturknigge für Nichtmuslime
Ein Ratgeber für den Alltag
Überarbeitete Neuausgabe
Band 5144
Das Buch vermittelt die Einsicht: Nachbarschaft im eigenen Land kann gelingen! Informatioen über Kultur- und Wertvorstellungen.

Annemarie Schimmel
Rumi
Meister der Spiritualität
Band 5093
Die wohl bedeutenste Rumi-Forscherin bietet eine hinreißende Einführung in sein Leben, seine geistig-kulturellen Hintergründe, seine poetische Mystik und seine spirituelle Welt.

Emma Brunner-Traut
Die fünf großen Weltreligionen
Islam, Judentum, Buddhismus, Hinduismus, Christentum
Band 5087
Eine prägnante, präzise und umfassende Einführung in die fünf großen Weltreligionen. Das Standardwerk für grundlegende Information.

Jamal J. Elias
Islam
Band 4824
Die konzise Darstellung des muslimischen Glaubens und seiner Praxis im Lebenskreis der Gläubigen in Geschichte und Gegenwart.

HERDER spektrum